온라인 플랫폼 경제학

온라인 플랫폼 경제학

Economics on Online Platforms

● 예상한 지음

율곡출판사

들어가는 글

경제학의 아버지들은 대부분 그리 경제적이지 않게 쓴 책을 남겼다. 아담 스미스의 *The Wealth of Nations*(1976)는 1,092페이지, 존 스튜어트 밀의 *Principles of Political Economy*(1987)는 1,013페이지, 칼 마르크스의 *Capital 1* (1977)은 1,141페이지에 달한다. 물론 예외가 있었는데, 그것은 바로 데이비드 리카르도(David Ricardo)로 그가 1817년에 출판한 *The Principles of Political Economy and Taxation*(2004)은 320페이지에 불과했다. 더욱 놀라운 것은 이 책이 1970년 노벨 경제학상을 수상했던 폴 새뮤얼슨(Paul Samuelson, 1915～2009)이 1969년에 모든 사회과학 중에서 가장 "논리적으로 진실하면서도 결코 가볍게 볼 수 없는(logically true and non-trivial)" 개념이라고 말한 '비교우위(comparative advantage)'를 제시하였다는 점이다. 이로부터 언젠가 내가 책을 쓴다면 리카르도를 본받아 오직 필요한 내용만을 담아 짧게 쓰겠다고 결심했고, 이 책에서 처음으로 실천에 옮기려 했다. 그렇지만 능력 부족으로 그냥 짧은 글을 썼다는 느낌을 지울 수 없다.

이 책을 쓰게 된 직접적인 동기는 아이러니하게도 그동안 접한 국내외의 온라인 플랫폼에 대한 연구들이 온라인 플랫폼의 특징으로 거의 모두 언급하고 있는 "양면성(two-sidedness)"에 대한 의문 때문이었다. 글의 맥락을 보면 대충 이해할 수 있는 것 같았지만 보다 분명하게 구분하기 위해 떠올려 본 그 상대 개념인 "일면성(one-sidedness)"에서 늘 막혔다. 이때부터 적어도 나에게는 "밝음"을 모르는데 "어둠"을 알 수 있을까 하는 의문이 들었고 처음부터 제대로 온라인 플랫폼을 공부해 보자는 결심으로 이어졌다. 그 과정에서 글로 표현하지 못한다면 결코 이해한 것이 아니라는 원칙을 세우고 나아가다 보니 어느덧 이 책에 이르렀다. 물론 "양면성(two-sidedness)"에 대해 분명하지 않았다고 해서 기존의 생각들이 모두 잘못되었다는 것은 아니다. 예를 들어 누구도 원주율 파이(π)의 값을 정확하게 알지 못하지만 사람들은 원을 그리는 데, 원을 이해하고 가르치는 데, 그리고 심지어 초정밀하게 원형의 제품을 만들어 우주선을 띄우는 데 별 어려움을 겪지 않기 때문이다. 그런데 누군가가 원의 면적이나 원형 제품의 부피를 구하고자 할 경우에는 최대한으로 근사(近似)한 파이(π)값을 사용할 수밖에 없다. 이 책이 온라인 플랫폼에 대해 바로 그 역할을 할 수 있기를 기대한다.

이 책을 쓰기까지 너무 많은 사람들로부터 큰 도움을 받았다. 먼저 나를 낳고 키워 주시고 공부시켜 주신 돌아가신 부모님께 다시 한 번 감사의 마음을 표한다. 그분들의 은혜는 아마 죽어서도 다 갚지 못할 것이다. 다음으로 University of Southern California에서 나의 지도교수였던 고(故) 엘리옷(John E. Elliott, 1931~2001) 교수님을 얘기하지 않을 수 없다. 많은 것이 부족한 나에게 학위를 줘 졸업시켜 줌으로써 공식적으로 더 이상 학생이 아니어도 되게 해주셨으니 학문적으로 그 은혜는 부모님 못지않다고 생각한다. 이제야 엘리옷 교수님이 영면(永眠)하신 곳을 찾아볼 용기가 생긴 느낌이다. 나의 아내 김희숙은 이 책의 첫 번째 독자로서 조언을 아끼지 않았고, 멀리 미국 볼티모어에서 연구원으로 일하고 있는 딸 예지희는 항상 나를 앞으로 나아갈 수 있게 해준 용기의 원천이었다. 마지막으로 국민대학교와 김도현 교수님께 감사의 말씀을 전하고 싶다. 1년 전까지만 해도 온라인 플랫폼을 그저 정보나 찾고 물건이나 사는 데 이용하기만 했던 나에게 온라인 플랫폼을 학문적으로 들여다볼 수 있는 너무 귀한 기회를 주셨기 때문이다. 당연한 것이지만 이 책이 혹시 담고 있을지 모를 실수나 틀린 부분은 온전히 저자인 나의 몫이다.

모두 고맙습니다.

2022년 5월

예상한

차 례

들어가기 1장

언제부턴가 사람들은 기술기업들 중 성장을 거듭하고 있는 몇몇 기업의 상호 앞 글자를 따서 국내에서는 네카라쿠배(네이버, 카카오, 라인플러스(라인), 쿠팡, 배달의 민족), 그리고 해외에서는 가마(Google, Apple, Facebook(Meta), Amazon ; GAMA), 팡(Facebook, Amazon, Apple, Netflix, Google ; FAANG) 등으로 부르고 있다. 산업 측면에서 이들 기업들은 한 번 들으면 알 것 같지만 아직 누구도 속 시원하게 정의하지 않고 있는 '온라인 플랫폼(on-line platform)'으로 분류되고 있다. 이 단어들이 친숙해지는 만큼 국내외에서 점점 더 많은 사람들이 네카라쿠배와 가마, 팡 혹은 온라인 플랫폼을 통해 미래를 그리고 있는 증거가 쌓이고 있다.

첫째, 온라인 플랫폼은 국내에서 대학생들이 사회생활의 첫발을 내딛길 가장 원하는 기업들이 되었다. 2021년 취업포탈사이트인 잡코리아와 인쿠르트가 각각 7월과 8월에 주식 시가총액 상위 150개 사와 100개 사를 대상으로 대학생

표 1-1 2021년 대학생들이 가장 취업하고 싶어 하는 기업

(단위 : %)

	잡코리아 조사*		인쿠르트 조사**	
	기업명	비율	기업명	비율
1	카카오	15.3	카카오	12.7
2	삼성전자	9.0	삼성전자	10.7
3	네이버	6.5	CJ ENM	7.0
4	아모레퍼시픽	6.4	CJ 제일제당	5.9
5	넷마블	6.3	네이버	5.1
6	대한항공	5.3	SK 하이닉스	4.6
7			현대자동차	4.1
8			아모레퍼시픽	3.4
9			LG화학	3.2
10			BGF리테일	2.4

주 : 복수응답에 근거.

출처 : * "대학생 선호기업, 카카오 1위 … 이공계는 삼성전자", NEWSIS, 2021년 8월 4일.

** "대학생이 일하고 싶은 기업 2위 '삼성' … 1위는?", YTN, 2021년 7월 21일.

1,079명과 1,106명에게 가장 취업하고 싶어 하는 기업에 대해 설문한 결과를 발표했다. 이에 따르면 카카오는 두 조사에서 삼성전자를 누르고 1위를 차지했고 네이버는 잡코리아 조사에서는 3위, 그리고 인쿠르트 조사에서는 5위를 차지했다. 앞으로 한국을 이끌 젊은이들이 한국 경제의 미래를 과거 세대의 젊은이들이 재벌기업에 했던 것처럼 온라인 플랫폼에 두지 않는다면 결코 나올 수 없는 순위라고 할 수 있다.

둘째, 주식가격에 있어서도 온라인 플랫폼은 이미 최고를 차지하고 있어 이들의 미래에 대해 시장은 매우 긍정적으로 평가하기 시작했다. 2021년 발표된 경제지 *Fortune*의 'Fortune 500'을 보면 미국의 대표적인 온라인 플랫폼인 아마존이 3,860억 640만 달러 매출로 월마트에 이어 2위를 차지했지만 주식 시가총액은 3

표 1-2 **2021년 Fortune 500 기업 순위**

(단위 : 백만 달러)

순위	기업명	매출	시장가치(2021년 3월 31일 기준)
1	Walmart	559,151	382,642.8
2	Amazon	386,064	1,558,069.6
3	Apple	274,515	2,050,665.9
4	CVS Health	268,706	98,653.2
5	United Health Group	257,141	351,725
6	Berkshire Hathaway	245,510	587,823
7	McKesson	231,051	31,044
8	American Bergen	189,893.9	24,169.7
9	Alphabet	182,527	1,392,561.8
10	Exxon Mobil	181,502	236,355.4
34	Facebook	85,965	838,742.2
115	Netflix	26,392	276,596

출처 : Fortune 500.

월 31일 기준 1조 5,580억 6,960만 달러로 2조 506억 6,590만 달러인 애플과 1조 7,782억 2,820만 달러인 마이크로소프트의 뒤를 이어 3위에 올랐다. 구글의 모회사인 Alphabet은 주식 시가총액이 1조 3,925억 6,180만 달러로 아마존의 뒤를 이었고, 매출액 기준 34위인 페이스북은 주식 시가총액 8,387억 4,220만 달러로 1위인 월마트보다 높았으며, 매출액 순위 115위인 넷플릭스는 주식 시가총액이 2,765억 9,600만 달러로 대표적인 에너지 기업인 매출액 10위의 Exxon Mobil이 기록한 2,363억 5,540만 달러를 넘어섰다.

국내에서도 같은 현상이 목격된다. 무엇보다 2021년 3월 11일 미국 뉴욕증시에 상장된 한국에서 활동하고 있는 온라인 플랫폼인 쿠팡의 주식 시가총액이 첫날 약 100조 원에 달했던 것이 국민들에게는 신선한 충격이었다.

> 11일(현지시간) 미국 뉴욕증권거래소(NYSE)에 상장된 쿠팡 주식이 공모가인 35달러에서 40.71%(14.25달러) 오른 49.25달러에 거래를 마감했다. 이날 쿠팡 주식의 시초가는 공모가에서 81.4%나 상승한 63.50달러였다. 장중 69.0달러까지 오르기도 했지만, 이후 상승폭이 줄었고 장 막판 50달러 선을 내줬다. 파이넌스에 따르면 쿠팡의 시총은 종가 기준으로 886억 5,000만 달러(약 100조 4,000억 원)를 기록했다.
>
> — 서울신문, 2021년 3월 12일

비록 현지시간 2021년 11월 15일 오후 4시 미국 뉴욕증시 장 마감 기준으로 쿠팡의 가치가 주가 하락으로 인해 58조 692억 원으로 평가되고 있지만 국내에 대입해 보면 여전히 4위 수준인 것을 알 수 있다. 2021년 11월 16일을 기준으로 할 경우 네이버는 66조 9,373억 원으로 3위, 카카오는 56조 8,265억 원으로 5위에 올랐다. 나머지 기업들이 모두 전통적인 재벌에 속한 제조 대기업이라는 점을 고려하면 이들 온라인 플랫폼에 대한 사람들의 기대가 어느 수준에 도달했는지를 쉽게 짐작할 수 있다.

표 1-3 2021년 11월 16일 오후 1시 기준 주식시장가치 10대 기업

(단위 : 원)

순위	기업명	주식시장가치
1	삼성전자	428조 6,304억
2	SK하이닉스	81조 5,363억
3	네이버	66조 9,373억
4	삼성바이오로직스	57조 8,944억
5	카카오	56조 8,265억
6	LG화학	54조 9,914억
7	삼성전자우선주	54조 4,751억
8	삼성SDI	52조 1,235억
9	현대차	44조 1,225억
10	기아	34조 1,316억

출처 : 증권정보, 네이버.

셋째, 온라인 플랫폼에 대한 이런 주관적, 그리고 시장의 객관적인 높은 평가는 새로운 성공신화로 연결되고 있다. 즉, 부자의 서열도 온라인 플랫폼의 영향을 크게 받는 시대가 열린 것이다. 먼저 국내에서는 1995년 2월 설립된 (주)다음커뮤니케이션을 전신으로 하는 카카오의 창업자인 김범수 씨가 한국 최고 재벌인 삼성의 상속자이자 총수인 이재용 부회장을 개인 재산에서 앞섰다는 것이 또 다른 신선한 충격이었다.

> 김범수 카카오 창업자 겸 이사회 의장(사진)이 이재용 삼성전자 부회장을 제치고 한국 최고 부자에 등극했다. 재벌가 출신의 '상속형' 부자가 압도적인 한국 재계에서 맨손으로 창업 신화를 일군 김 의장의 소식은 신선한 충격을 불러일으키고 있다. 블룸버그는 29일(현지시간) 블룸버그 억만장자지수(BBI)를 인용해 "브라이언 김(김 의장의 영문 이름)의 자산이 올해 60억 달러 이상 늘어나 한국 부자 랭킹 1위를 차지했다"며 자수성가한 IT 기업인이 수십 년간 한국 경제를 지배한 대기업 총수를 제친 기념비적 사건이라고 평가했다.
>
> — 매일경제, 2021년 7월 30일

전 세계적으로도 '온라인 플랫폼의 창업자 = 새로운 부자' 의 공식이 이미 분명해졌다. 2021년 11월 14일 현재 Bloomberg Billionaires Index는 '세계 500대 부자(World' s 500 Richest People)' 를 아래와 같이 보여주고 있다. 아마존 창업자인 베이조스(Bezos, Jeff)가 2,030억 달러의 재산으로 2위, 구글을 창업한 페이

표 1-4 **2021년 11월 14일 현재 세계 500대 부자** (단위 : 10억 달러)

순위	이름	재산 규모	국적
1	Elon Musk	285	미국
2	Jeff Bezos	203	미국
3	Bernard Arnault	174	프랑스
4	Bill Gates	138	미국
5	Larry Page	132	미국
6	Sergey Brin	127	미국
7	Mark Zuckerberg	127	미국
8	Steve Ballmer	120	미국
9	Larry Ellison	112	미국
10	Warren Buffett	104	미국
107	Laurene Powell Jobs	18.7	미국
210	Brian Kim	11.2	한국
258	Jay Y. Lee	9.88	한국
394	Seo Jung-Jin	7.20	한국
401	Kim Jung-Ju	7.15	한국
418	Reed Hastings	7.04	미국

출처 : 불룸버그(https://www.bloomberg.com/billionaires).

지(Page, Larry)와 브린(Brin, Sergey)이 각각 1,320억 달러와 1,270억 달러로 3위와 4위, 그리고 페이스북의 주커버그(Zuckerberg, Mark)가 1,270억 달러로 7위를 차지했다. 네플릭스 창업자인 헤이스팅스(Hastings, Reed)는 약 70억 달러로 418위였다.

자본주의에서 무언가 새로워 보이는 것이 사람들의 마음을 사로잡은 경우는 결코 낯설지 않다. 거품을 가져오고 이것이 붕괴하면서 큰 폐해를 끼치기도 했지만 지금까지 있었던 모든 산업혁명에서 보았듯이 자본과 인재를 소수의 '몽상가들(visionaries)' 휘하에 집중시키며 새로운 산업을 일으키고 새로운 시대를 여는 데 핵심적인 기능을 했다고도 할 수 있다[Chancellor (2000) 참고]. 이 책은 후자의 시각에서 사람들이 온라인 플랫폼에 거는 기대가 얼마나 합리적인지를 "점검하려는(to make sense)" 시도다. 즉, 젊은이들이 그들의 경력을 설계하고, 한국이 경제를 다시 한 번 도약시키며, 개인이 창업을 통해 성공하는 데 있어 얼마나 온라인 플랫폼이 의미가 있는지를 이론적 · 경험적으로 평가해 보고자 한 것이다. 이를 바탕으로 사람들이 가지고 있는 온라인 플랫폼에 대한 기대를 실현하려면 어떤 정책적 환경을 조성해야 하는지 또는 하지 말아야 하는지, 그리고 장기적으로 어떤 미래가 다가올지도 논의하고자 했다.

과학철학자인 포퍼(Popper, Karl, 1902~1994)는 1962년에 펴낸 그의 대표작인 *Conjectures and Refutations*(추측과 논박)에서 '과학(science)'이 어떻게 다른지 아래와 같은 말을 남겼다.

> 따라서 과학은 신화로부터 시작할 수밖에 없는데 이 신화는 비판이 허용된 신화다. 단지 관찰한 것을 모았거나 어떤 새로운 실험의 발명이 아닌 신화 그 자체와 이를 동반할지 모를 놀라운 새로운 기술과 실행에 대한 비판적인 토론이 반드시 보장되어야 한다. 과학적 전통은 과학 이전의 방법론과 비교해 한 가지를 더 가지고 있다고 할 수 있다. 과학도 과학 이전의 방법론처럼 그 이론을 다음 세대로 전달하는 것은 같다. 그러나 과

학은 동시에 이론에 대한 비판적인 태도도 전달한다. 이론은 그 생명력을 이어나갈지 모르지만 결코 하나의 교리로서가 아닌 이를 자유롭게 논의하고 발전시키고자 하는 도전이 허용된 환경에서다. (Thus science must begin with myths, and with the criticism of myths; neither with the collection of observations, nor with the invention of experiments, but with the critical discussion of myths, and of magical techniques and practices. The scientific tradition is distinguished from the pre-scientific tradition in having two layers. Like the latter, it passes on its theories; but it also passes on a critical attitude towards them. The theories are passed on, not as dogmas, but rather with the challenge to discuss them and improve upon them.)

—Popper, 1962, p.50

포퍼에게는 세상을 이해하는 방법이 신화와 과학으로 나눠지는데 과학은 비판에 열린, 즉 "논박 가능한(refutable)" 신화인 '추측(conjecture)'으로부터 시작한다. 포퍼를 인용하면 이 책은 글자 그대로 어쩌면 이 시대의 또 다른 '신화(myth)'일 수 있는 온라인 플랫폼에 대한 하나의 추측이 되고자 노력한 결과물이다. 이 신화가 통제할 수 없을 정도로 많은 사람들을 도취시키기 전에 작은 물거품으로 끝나게 하거나 혹은 사람들이 기대하는 대로 실현하는 데 모두 "훌륭한" 논박이 필요함은 아무리 강조해도 지나치지 않다.

2장

온라인 플랫폼, 이론적 접근

1. 수요와 공급, 그리고 잉여(surplus) / 2. '플랫폼(platform)'과 경제적 잉여
3. 오프라인 플랫폼, 플랫폼의 시작 / 4. '외부적 창조적 파괴자(Creative Destroyer Without)'

기업은 인터넷상에서 온라인 플랫폼을 통해 '재화(goods)'와 '용역(service)'을 팔고 소비자는 이를 구매한다. 온라인 플랫폼의 존재와 활동은 특정 재화와 용역에 대한 공급과 수요가 만나지 않는다면, 즉 시장이 만들어지지 않는다면 무의미해진다. 온라인 플랫폼은 그 재화와 용역을 생산하거나 소비하는 주체가 아니고 이들이 활동하는 무대에 해당한다고 할 수 있다. 이는 마치 배우들이 연기할 경우에만 무대가 의미 있는 것처럼 온라인 플랫폼을 제대로 이해하려면 어떤 재화나 용역의 공급과 수요로부터 출발해야 한다는 것과 다름 아니다.

1965년 노벨 물리학상 수상자였던 미국의 파인만(Feynman, Richard, 1918~1988)에게 한 번은 같은 칼텍(Caltech)의 동료 교수가 'spin 1/2 particles'이 왜 Fermi-Dirac 통계량을 따르는지를 물었다고 한다. 이에 대해 파인만은 대학교 1학년 학생들이 이해할 수 있는 강의를 만들어 설명하겠다고 했지만 며칠 후 그 동료 교수를 찾아가서는 도저히 대학교 1학년 학생들이 이해할 수 있는 수준의 강의를 준비할 수 없었다고 양해를 구하면서 "그렇다면 우리가 정말로 이를 이해한다고 말할 수 없다(That means we don' t really understand it)"(Feynman 2011, p.xxii)는 말을 남겼다고 한다. 이때부터 대학교 1학년 학생들의 이해 정도가 복잡한 현상을 우리가 얼마나 잘 파악하고 있는지를 판정하는 하나의 기준이 되어버렸다. 온라인 플랫폼을 이해하는 데 있어 경제현상을 설명하는 가장 첫 걸음이라고 할 수 있는 수요와 공급으로부터 출발하는 것은 이런 파인만의 기준에도 부합한다.

1. 수요와 공급, 그리고 잉여(surplus)

10명의 소비자와 10명의 생산자로 구성된 경제를 그려볼 수 있다. 여기서 각 소비자는 사과 100개, 사과 한 상자를 구입하고자 하고 각 생산자는 사과 100개, 사과 한 상자만을 생산한다고 가정한다. 사과의 품질은 구별할 수 없다고 가정한다. 하지만 사람마다 서로의 생김새가 다른 것처럼 각 소비자가 사과 한 상자의 가치를 평가하는 것은 차이가 나야 정상이다. 또한 각 생산자가 사과 한 상자를 생산하는 능력도 역시 차이가 날 수밖에 없다. 소비자들의 선호를 가격으로 치환할 수 있다면 가장 높게 평가한 소비자로부터 시작해서 가장 낮게 평가한 소비자까지 일렬로 배열하는 것이 가능할 것이다. 생산자들의 경우에는 사과 한 상자를 생산하는 생산비로 그 능력을 나타낼 수 있다. 가장 낮은 생산비의 생산자로부터 시작해서 가장 높은 생산비의 생산자까지 역시 일렬로 배열하는 것이 가능할 것이다.

〈표 2-1〉은 이를 나타낸 것이다. 이에 따르면 소비자들은 사과 한 상자를 145원으로 가장 높게 평가했고 반대로 가장 낮게는 100원으로 평가했다. 생산자들 중에서 가장 능력이 높았던 생산자는 55원의 생산비로 사과 한 상자를 생산했고 가장 능력이 떨어졌던 생산자는 100원의 생산비가 필요했음을 알 수 있다.

표 2-1 가상 경제에서의 소비자와 생산자의 평가

(단위 : 원)

순위	소비자의 사과 한 상자 평가 가격	생산자의 사과 한 상자 생산비
1	145	55
2	140	60
3	135	65
4	130	70
5	125	75
6	120	80
7	115	85
8	110	90
9	105	95
10	100	100

이를 [그림 2-1]과 같이 가격과 양이 구성하는 2차원 평면에도 표시할 수 있다. 사과시장에서 사과 한 상자의 가격, 즉 균형가격은 사과 열 상자의 수요량과

그림 2-1 사과 한 상자, 사과 100개에 대한 소비자와 생산자의 평가 배열

(a) 소비자의 평가 배열

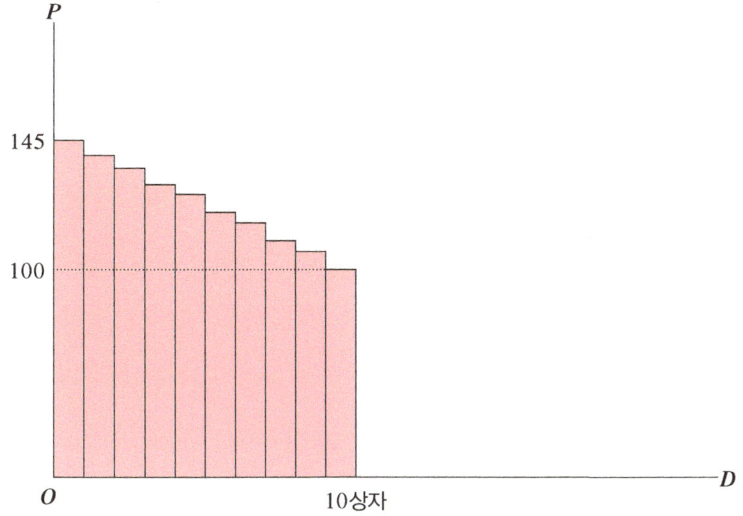

(b) 생산자의 생산비에 따른 배열

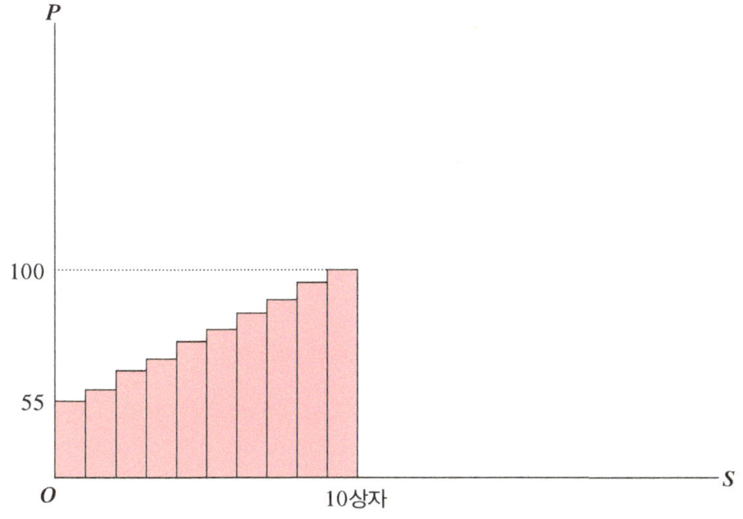

사과 열 상자의 공급량이 일치하는 곳에서 100원으로 결정됨을 알 수 있다. 그런데 이렇게 될 경우 사과 한 상자를 100원으로 평가했던 소비자의 경우에는 달라

질 것이 없지만 105원으로 평가했던 소비자의 경우에는 5원의 주관적인 이득을 보게 된다. 110원으로 평가했던 소비자의 경우에는 10원, 115원으로 평가했던 소비자의 경우에는 15원 등의 순서로 증가해서 마지막에는 45원의 주관적인 이득을 보게 된다. 이런 주관적인 이득은 어떤 재화를 구입하기 위하여 지불할 용의가 있는 최대 금액과 실제 지불하는 금액인 시장가격과의 차이라고 할 수 있으며 '소비자잉여(consumer surplus)' 라고 부른다. 소비자잉여가 발생할 수 있었던 큰 이유는 두 가지다. 하나는 다수, 여기서는 10명이 사과라는 보통의 재화를 원했다는 것이다. 다른 하나는 시장에서 개별 소비자들의 선호와 관계없이 같은 가격, 즉 100원에 사과 한 상자를 구입할 수 있었다는 것이다. 이는 바꿔 말하면 소수만이 원하는 특별한 재화를 소비자들의 선호를 정확히 반영해 가격을 매겨 판매할 경우 소비자잉여가 발생하지 않음을 의미한다.

생산자의 경우 사과 한 상자를 100원을 들여 생산했다면 달라질 것이 없지만 95원의 생산비를 투입했던 생산자에게는 5원의 이득이 발생한다. 90원의 생산비가 필요했던 생산자는 10원, 85원의 생산비를 투입했던 생산자는 15원 등의 순서로 늘어나다가 가장 생산능력이 높았던 생산자는 45원의 이득을 볼 수 있다.

이런 이득은 어떤 상품을 판매하여 얻는 실제 수입이 생산자가 그 상품을 판매하여 최소한 받아야겠다고 생각하는 금액을 초과하는 부분이라고 할 수 있으며 '생산자잉여(producer surplus)' 라고 부른다. 생산자의 정상적인 인건비가 포함된 '보통이윤(normal profit)' 을 넘어서는 모든 형태의 '초과이윤(extra profit)' 이 이에 들어간다고 할 수 있다. 생산자잉여가 발생할 수 있었던 가장 큰 이유는 두 가지다. 하나는 다수, 여기서는 10명의 생산자가 사과라는 보통의 재화를 생산하였다는 것이다. 다른 하나는 시장에서 결정된 가격이 생산자들의 능력과 관계없이 일률적으로 사과 한 상자당 100원을 부과하였다는 것이다. 이는 반대로 오직 소수의 소비자만이 찾는 재화를 생산하고 소비자가 정확하게 생산자의 능력을 파악해서 이를 반영한 가격을 제시할 경우 생산자잉여가 생기지 않음을 가리킨다.

표 2-2 사과 한 상자의 시장가격이 100원인 가상경제에서의 소비자와 생산자의 평가와 '잉여(surplus)'

(단위 : 원)

순위	소비자의 사과 한 상자 평가 가격	소비자잉여	생산자의 사과 한 상자 생산비	생산자잉여
1	145	45	55	45
2	140	40	60	40
3	135	35	65	35
4	130	30	70	30
5	125	25	75	25
6	120	20	80	20
7	115	15	85	15
8	110	10	90	10
9	105	5	95	5
10	100	0	100	0
합계	1,225	225	775	225

당연히 소비자잉여와 생산자잉여는 개별 소비자나 생산자를 넘어 경제 전체로 확대할 수 있다. 가상의 경제에서 소비자들이 사과 한 상자에 대해 얻은 주관적인 이득을 모두 합치면 225원, 그리고 생산자가 얻은 이득을 모두 합치면 225원이 된다. 이때 전자와 후자를 각각 이 경제의 소비자잉여와 생산자잉여라고 부른다. 그리고 이 둘을 합친 450원을 '경제적 잉여(economic surplus)'라고 칭한다. 우리의 가상경제에서 소비자잉여는 소비자들이 사과 한 상자를 평가한 가격을 모두 합한 것, 즉 1,225원에서 실제로 지불한 비용 1,000원(= 100원 × 10)을 뺀 것, 그리고 생산자잉여는 생산자들이 얻은 수입의 전체 합, 즉, 1,000원(= 100원 × 10)에서 각각의 생산비를 합한 것, 775원을 뺀 것과 일치함을 확인할 수 있다.

위의 가상경제에서 확인한 잉여 발생을 많은 소비자와 생산자가 많은 재화와 용역을 구매하고 판매하는 현실의 경제 속에서 일반화할 수 있다. '수요(demand)'는 사전적으로 "어떤 재화나 용역을 일정한 가격에 사고자 하는 욕구"로 정의할 수 있다. 이는 [그림 2-1]의 (a)에서 소비자의 평가 배열의 외곽선을 연결한 것이라고 간주할 수 있다. 보통의 재화나 용역을 가정하면 그 재화나 용역의 가격이 상승하면 수요는 줄어들고 반대로 가격이 하락하면 수요는 늘어난다고 말할 수 있다. 즉, 수요는 가격과 부(負)의 관계에 있다. 이런 가격과 수요와의 관계를 간단한 수식으로 표현하면 다음과 같다.

$$D = f(P),\ \text{여기서 } D\text{는 수요, } P\text{는 가격을 의미}$$

$$\frac{dD}{dP} < 0$$

이런 관계를 또한 D와 P로 구성된 2차원 공간에서 표현할 수 있다. 여기서 만약 이 재화나 용역에 대해 OD_0의 수요가 발생한다면 $OabD_0$는 이를 위해 부담

그림 2-2 보통의 수요곡선

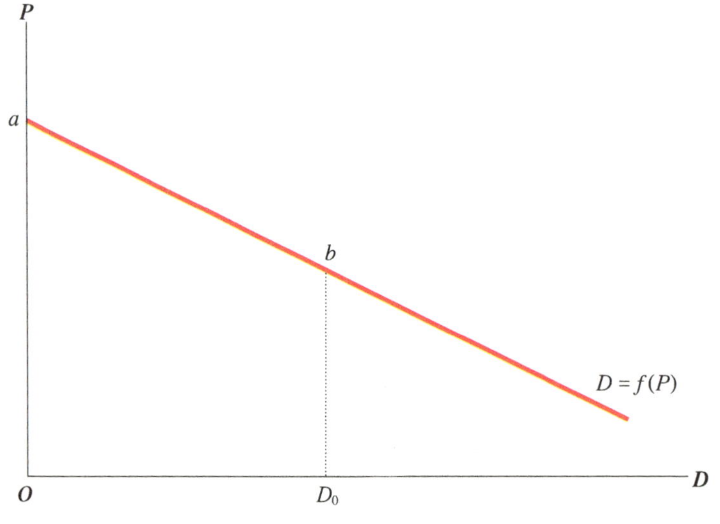

할 용의가 있는 비용의 규모를 나타낸다고 할 수 있다. 이는 〈표 2-2〉에서 소비자들이 사과 한 상자에 대해 평가한 가격을 모두 합친 1,225원에 해당한다.

'공급(supply)' 은 사전적으로 "어떤 재화나 용역을 일정한 가격에 제공하고자 하는 욕구" 로 정의할 수 있다. 이는 [그림 2-1]의 (b)에서 생산자들의 생산비 배열의 외곽선을 연결한 것이라고 간주할 수 있다. 보통의 재화와 용역을 가정한다면 그 재화나 용역의 가격이 상승하면 공급은 늘어나고 반대로 가격이 하락하면 공급은 줄어든다고 말할 수 있다. 즉, 공급은 가격과 정(正)의 관계에 있다. 이런 가격과 공급의 관계를 간단한 수식으로 표현하면 다음과 같다.

$$S = g(P),\ \text{여기서 } S\text{는 공급, } P\text{는 가격을 의미}$$

$$\frac{dS}{dP} > 0$$

이런 관계를 또한 S와 P로 구성된 2차원 공간에서 표현할 수 있다. 여기서 만

그림 2-3 보통의 공급곡선

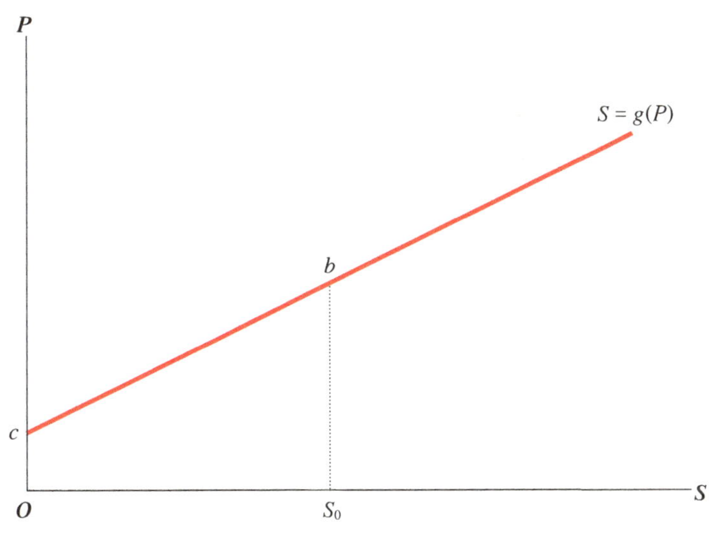

약 이 재화나 용역에 대해 OS_0의 공급이 발생한다면 $OcbS_0$는 이로부터 공급자가 얻을 것으로 기대하는 수입을 나타낸다고 할 수 있다. 이는 〈표 2-2〉에서 각각의 생산자들이 사과 한 상자를 생산하는 데 투입한 비용을 모두 합친 775원에 해당한다.

어떤 재화나 용역을 일정한 가격에 사고자 하는 욕구와 그 재화나 용역을 일정한 가격에 제공하고자 하는 욕구가 일치할 경우 시장이 성립되고 균형거래량 규모의 재화나 용역이 균형가격에 사고팔린다. 이를 역시 2차원 평면에 표시할 수 있다. 수요곡선과 공급곡선이 교차하는 b에서 수요(D_0)와 공급(S_0)이 일치한다. 이로부터 균형거래량($D_0 = S_0 = Q_0$)과 균형가격(P_0)을 표시할 수 있다. 즉, 시장에서 소비자는 OQ_0의 재화나 용역을 P_0의 가격에 구입하고 생산자는 OQ_0의 재화나 용역을 P_0의 가격에 판매한다.

여기서 $OabQ_0$는 OQ_0의 수요가 발생할 경우 수요자가 감수할 용의가 있는 비용, 그리고 $OcbQ_0$는 OQ_0의 공급이 발생할 경우 이로부터 공급자가 얻을 것으로

그림 2-4 수요와 공급의 일치

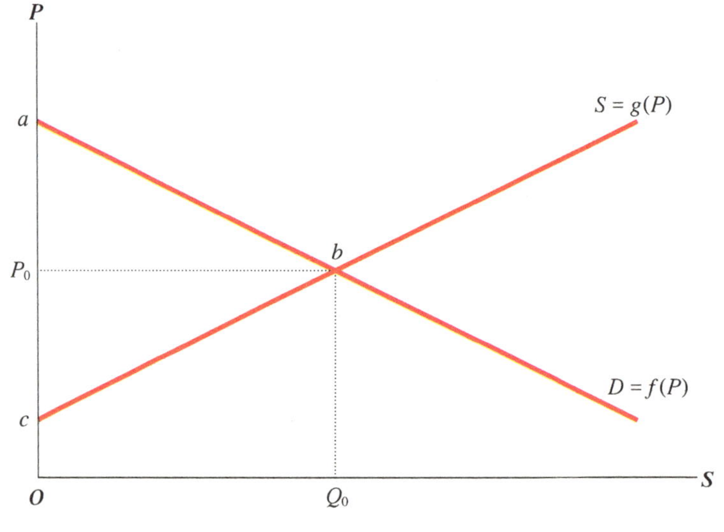

기대하는 수입을 나타낸다. 그런데 소비자는 OQ_0의 재화나 용역을 OP_0bQ_0를 지불하고 구입하였고 생산자는 OP_0bQ_0의 수입을 얻었다고 할 수 있다. 즉, OP_0bQ_0는 앞의 가상경제에서 1,000원에 해당한다. 따라서 이 시장거래를 통해 소비자는 ΔabP_0(= $OabQ_0 - OP_0bQ_0$)(가상경제에서 225원), 그리고 생산자는 ΔcP_0b(= $OP_0bQ_0 - OcbQ_0$)(가상경제에서 225원)의 추가적인 이득을 얻었다고 할 수 있다. 그러므로 ΔabP_0와 ΔcP_0b는 각각 소비자잉여와 생산자잉여를 , 그리고 이 둘을 합친 Δabc는 경제적 잉여를 의미한다.

2. '플랫폼(platform)'과 경제적 잉여

누가 봐도 온라인 플랫폼(혹은 인터넷 플랫폼)은 온라인이라는 단어가 '플랫폼(platform)' 이라는 단어 앞에 와 합쳐져 만들어진 말이다. '온라인(online)' 이라는 단어가 여기서는 형용사로 사용되기 때문에 '온라인 플랫폼' 은 '플랫폼' 의 한 형태를 가리킨다고 말할 수 있다. '온라인' 은 "어떤 시스템, 특히 인터넷과 같이 컴퓨터나 통신시스템에 연결되거나, 서비스를 받거나 혹은 도움을 받는 것(connected to, served by, or available through a system and especially a computer or telecommunications system)" (Merriam-Webster)을 의미한다. 이에 대비되는 개념으로 '오프라인(offline)' 이 있으며 "어떤 시스템, 특히 컴퓨터나 통신시스템에 연결되지 않거나 도움을 받지 않는 것(not connected to or served by a system and especially a computer or telecommunications system)" (Merriam-Webster)을 뜻한다. 논리적으로 오프라인 플랫폼의 등장이 온라인 플랫폼에 앞설 수밖에 없다. 현재 온라인 플랫폼과 구별되는 오프라인 플랫폼이 존재하며 이 둘은 플랫폼이라는 전체 집합을 구성하는 두 개의 부분집합이라고 할 수 있다. 따라서 온라인 플랫폼이 오프라인 플랫폼과 플랫폼의 특성을 공유하는 것은 어찌 보면 당연하다고 하겠다.

'플랫폼(platform)'은 "근처의 지대보다 보통 높이가 더 높은 평평한 표면(a flat horizontal surface that is usually higher than the adjoining area)" (Merriam-Webster)을 의미한다. 특히 컴퓨터와 관련해서는 "운영체계(operating system), 특정 서비스가 제공되는 발판 역할을 하는 어플리케이션이나 웹사이트(an application or website that serves as a base from which a service is provided)" (Merriam-Webster)를 뜻한다고 한다. 그런데 앞에서 본 것처럼 사람들이 플랫폼이라는 과학기술적인 단어를 또 다른 과학기술적인 단어인 온라인과 결합해서 혹은 이를 전제하고 사용할 경우 그 말은 더 이상 과학기술의 영역에만 머물지 않는다. OECD는 온라인 플랫폼을 "인터넷 서비스를 이용해서 서로 영향을 주고받는 두 개체(사람 또는 기업) 혹은 그 이상의 상호의존적인 사용자들 사이에서 상호작용을 촉진하는 디지털 서비스(a digital service that facilitates interactions between two or more distinct but interdependent sets of users (whether firms or individuals) who interact through the service via the Internet)" (OECD 2019, p.20)로 정의하고 있다. 여기서 상호작용이라는 단어를 이해하는 데 있어 수요와 공급이 만나는 것보다 확실한 것은 없다고 할 수 있다. 이는 플랫폼을 "구매자와 판매자들 같이 두 명 혹은 그 이상의 구분되는 사용자들이 재화, 용역, 정보 등을 교환하기 위해 만날 수 있는 시장(a market where two or more distinct types of users (for instance buyers and seller) can meet to exchange goods, services, information, etc)" (Bertin 2016, p.10)으로 해석한 최근의 시도와도 부합한다.

이제 문제는 자연스럽게 시장과 플랫폼의 관계로 옮겨진다. '시장(市場, market)'은 "상품으로서의 재화와 서비스의 거래가 이루어지는 추상적인 영역"으로 정의할 수 있다. 시장은 분명 우리가 정확히 기원을 알 수 없는 오랜 역사를 가졌지만 그렇다고 현생 인류 이외의 다른 생명체 중에서 발견되는 것도 아니다.

리들리(Ridley, Matt, 1958~)는 약 20만 년 전으로 거슬러 올라 이전과 다른 현생 인류의 조상격인 인류의 출현과 그들이 보여준 기술적인 혁신을 '교역(trade)'에서 찾았다. 그는 특히 '교환(exchange)'이 없었다면 인간이 사회를 이루고 발전할 수 있었던 원동력인 '신뢰(trust)'가 결코 자라나지 못했을 것이라고 주장했다(Exchange breeds trust as much as vice versa)(Ridley 2011, p.100). 즉, 시장은 인류에게는 20만 년 전부터 함께한 개념이자 전통이었다고 할 수 있다. 이는 반대로 플랫폼이 자연발생적인 것과 거리가 있고, 특히 아래의 주장은 플랫폼을 만들어진, 즉 비자연발생적인 시장으로 받아들여도 문제가 없음을 가리킨다.

> 오프라인 플랫폼은 판매자와 구매자들이 사용할 수 있게 내어준 공간에 대해 이용료를 부과하는 그 마을 지도자(플랫폼 운영자라고 할 수 있음)의 감독 하에서 거래가 이뤄지던 보통의 마을 시장의 형태로 수천 년 동안 존재해 왔다. (Offline platforms have existed for millennia as ordinary village markets where sellers and buyers exchange their wares under the supervision of the village chief (the platform operator) who may levy tax for the use of the physical space that the village put at their disposal.)
>
> —Bertin 2016, p.10

따라서 플랫폼은 소비자도 생산자도 아닌 제3자가 이들의 수요와 공급을 만

그림 2-5 시장과 플랫폼

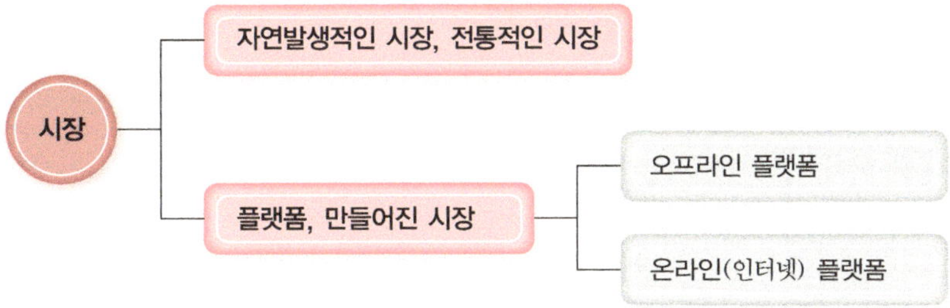

나게 해주는 것에서 이득을 취할 목적으로 만든 시장이라고 할 수 있다. 온라인 플랫폼은 시스템에의 연결성에서 오프라인 플랫폼과 차이가 나지만 온라인 플랫폼은 시스템 안에서 그러나 오프라인 플랫폼은 시스템 밖에서 앞의 제3자의 역할을 한다고 말할 수 있다. 온라인 플랫폼이 재화와 용역을 생산하거나 소비하는 주체가 아니고 이들의 생산자와 소비자가 활동하는 무대가 될 수 있었던 것은 온라인 때문이 아니고 플랫폼이기 때문이라는 것도 알 수 있다.

그러면 플랫폼은 어떻게 존재하는가의 질문이 자연스럽게 따라온다. 소비자는 원하는 재화나 용역을 구매함으로써 '효용(utility)'을 얻는다. 소비자는 해당 재화나 용역의 가격이 효용을 초과하지 않는다고 판단하는 한 거래에 참여한다. 생산자는 재화나 용역을 판매함으로써 '수입(revenue)'을 얻고 이로부터 '비용(cost)'을 뺀 나머지인 '이윤(profit)'을 취한다. 또한 생산자의 정상임금이 포함된 비용이 수입을 초과하지 않는 한, 즉 이윤이 음(陰)이 되지 않는 한 거래에 참여한다. 이를 이미 익숙해진 P와 Q가 구성하는 2차원 평면에서 설명하면, 플랫폼이 소비자와 생산자를 만나게 해준다면 소비자는 소비자잉여인 ΔabP_0, 그리고 생산자는 생산자잉여인 ΔcP_0b를 그 최대한의 비용으로 지불할 용의가 있다는 것이다. 즉, 플랫폼은 이 시장에서 발생하는 경제적 잉여인 Δabc를 그 수입의 원천으로 한다. 현실에서는 플랫폼을 이용하는 소비자와 생산자에게 서비스 비용을 부과하는 방법으로 소비자잉여와 생산자잉여의 일부를 수입으로 취하는 형태가 될 수밖에 없다. 따라서 플랫폼이 이윤을 극대화하는 데 있어 어떻게 전체 경제적 잉여를 확대하는가와 얼마나 정교하게 소비자와 생산자에게 이용 서비스 비용을 부과할 수 있는가가 중요하다고 할 수 있다. 그리고 이제야 비로소 온라인 플랫폼에 대한 국내외의 연구들에서 항상 언급하는 "양면성(two-sidedness)"이 보다 분명해진다. 자연발생적인 시장은 "단면성(one-sidedness)"이 특징이다. 즉, 소비와 생산을 통해서 소비자는 소비자잉여, 그리고 생산자는 생산자잉여를 각각

취한다. 그러나 플랫폼이 등장할 경우 오프라인과 온라인 플랫폼은 소비자잉여의 일부, 그리고 생산자잉여의 일부를 수입으로 취하는, 글자 그대로 양면적인 모습을 보인다.

그림 2-6 플랫폼의 수입원

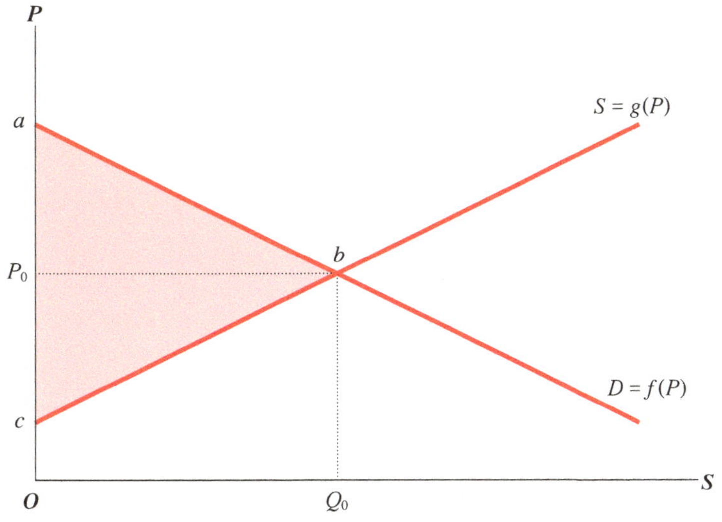

그러면 이렇게 경제적 잉여를 수입원으로 삼을 수 있는 플랫폼의 핵심적인 능력은 무엇인가? 즉, 무엇이 플랫폼을 가능하게 하는가? 이에 대한 답은 플랫폼이 속한 더 큰 영역인 시장이 발생하는 이유로부터 찾을 수 있다. 그것은 바로 '정보(information)' 이다. 이는 왜 어떤 재화나 용역에 대해서는 이를 사고파는 시장이 존재하고 성장하지만 다른 재화나 용역에 대해서는 시장이 존재하지 않거나 쇠퇴하는지의 질문에 대한 이론적인 접근을 통해서도 증명된다. 2001년 스펜스(Spence, Michael A.), 그리고 스티글리츠(Stiglitz, Joseph E.)와 함께 "비대칭적 정보라는 측면에서 시장을 분석한 공로(for their analyses of markets with asymmetric information)" 로 노벨 경제학상을 수상했던 에컬로프(Akerlof, George

A. 1940~)는 공급자와 소비자가 각기 가지고 있는 정보의 격차로 이를 설명하고 있다.

1970년 에컬로프는 *The Quarterly Journal of Economics*에 "The Market for 'Lemons' : Quality Uncertainty and the Market Mechanism"이라는 제목의 논문을 발표했는데, 이는 2009년 7월 현재 5,800번 이상 인용된 현대경제학에서 가장 인기 있는 논문(Wikipedia) 중 하나로 간주되고 있다. 여기서 레몬(lemon)은 '나쁜 중고차'를 뜻하는 속어로 '좋은 중고차'를 의미하는 '오렌지(orange)'와 대비되며, 자동차시장을 넘어서 모든 겉모습만 그럴듯한 질 나쁜 재화나 용역을 가리키는 말로 확대할 수 있다. 당연히 이때 오렌지는 겉모습만큼이나 질 좋은 재화나 용역을 의미한다.

그림 2-7 완벽한 정보가 오고가는 중고차시장

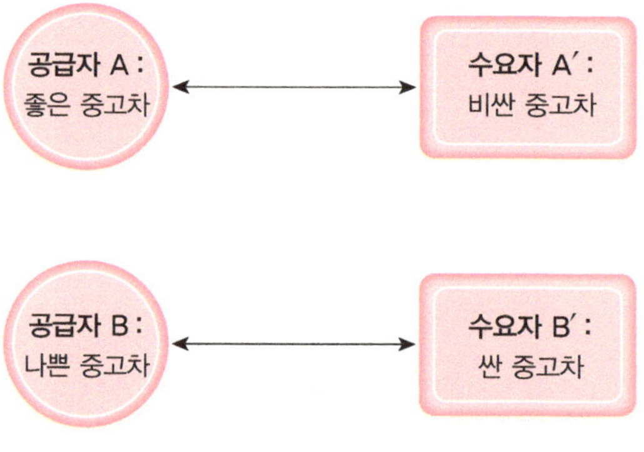

에컬로프는 왜 중고차를 구입한 사람들 중에는 불만인 사람만 많은가를 연구의 출발점으로 삼았다. 그의 논리를 2명의 중고차 공급자(A와 B), 그리고 2명의 중고차 수요자(A′과 B′)로 구성되어 있는 중고차시장으로 설명할 수 있다. A와 B는 같은 모델과 연식의 겉보기에 상태가 같은 중고차를 가지고 있는데 그 성능은 A의 중고차는 좋고 B의 것은 나쁘다고 가정한다. 수요 측면에서 A′은 좋은 중고차를 비싼 가격에 구입할 용의가 있지만 B′은 중고차의 성능에 관계없이 가격에만 관심이 있다고 가정한다. 먼저 공급자 A와 B가 팔려는 중고차의 성능을 A′과 B′이 정확하게 알고 있다고 가정한다. 공급자 A가 가지고 있는 좋은 중고차를 A′이 비싼 가격에 사고 공급자 B가 가지고 있는 나쁜 중고차를 B′이 싼 가격에 삼으로써 거래가 성립한다.

그런데 중고차 성능에 대한 정보를 공급자만 알고 있고 수요자는 모른다고 가정하면 상황은 달라진다. 공급자 B는 수요자가 중고차의 성능을 모르기 때문에 A가 가지고 있는 중고차와 같은 가격으로 수요자에게 표시함으로써 이윤을 극대화할 수 있다는 것을 발견한다.

그림 2-8 정보가 오고가지 않는 중고차시장

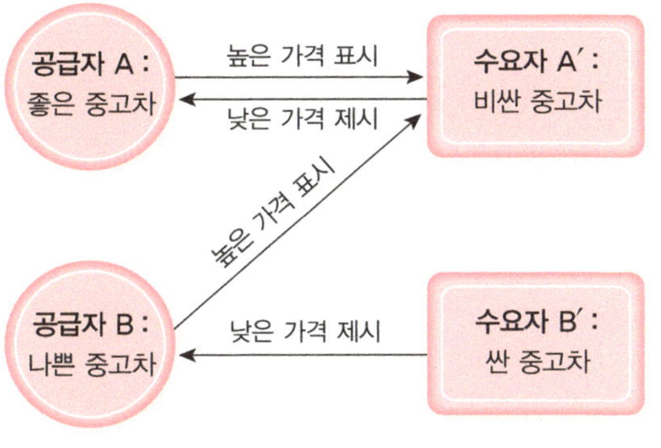

반대로 수요자 A′은 좋은 중고차와 나쁜 중고차를 구별할 수 없기 때문에 좋은 중고차가 아닌 나쁜 중고차에 적합한 가격을 제시하는 것이 효용을 극대화는 것임을 발견하게 된다. 이럴 경우 좋은 중고차는 거래가 성사될 수 없다.

이런 중고차 성능에 대한 '정보 비대칭(asymmetry of information)'이 지속된다면 좋은 중고차는 중고차시장에서 사라지고 오직 싼 가격의 나쁜 중고차만 남게 된다. 당연히 중고차시장에는 구입 후 성능에 만족하지 못하는 중고차 운전자

그림 2-9 정보의 비대칭성이 장기적으로 지배할 때의 중고차시장

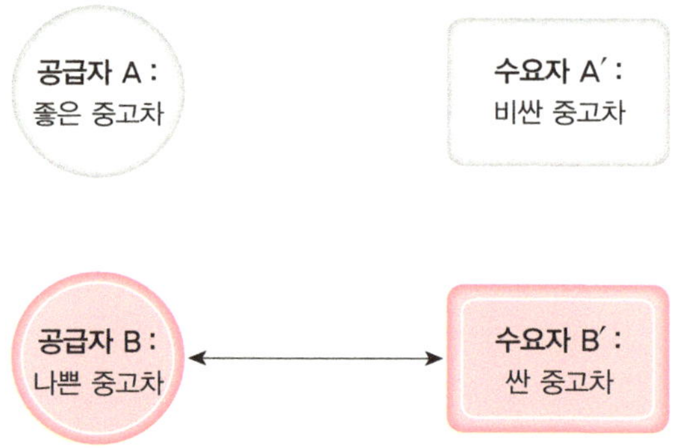

들만 넘쳐나게 된다.

반대로 공급자 대신에 수요자의 정보를 공급자가 몰라서 시장이 성립할 수 없는 상황도 역시 설명 가능하다. 모든 사람과 사회는 행복을 추구한다. 하지만 모든 사람과 사회가 늘 행복한 것은 아니다. "인생은 고(苦)다" 라는 부처님의 말씀은 개인과 사회마다 차이가 있지만 행복하지 않은 긴 기간들 사이에 짧은 행복한 시간들이 불규칙적으로 삽입되는 것이 현실이라는 것을 가리킨다. 그러면 왜 불행을 보상해 주는 보험이 존재하지 않는 것일까? 가장 큰 이유는 불행은 주관적인 것으로 개인의 특성에 기인하고 보험사가 이를 구분할 방법이 없기 때문이다.

A′과 B′이라는 두 명의 불행에 대한 보험 수요자를 가정한다. A′은 같은 상황에서 더 불행하다고, 반대로 B′은 덜 불행하다 느낀다고 가정한다. 보험사는 불행하다고 느끼기 쉬운 고객에게 높은 보험료를, 그렇지 않은 고객에게는 낮은 보험료를 부과해야 이윤을 극대화할 수 있다. 만약 보험사가 고객 A′과 B′의 개인적인 특성을 정확하게 알고 있다면 A′에는 높은 보험료를, 그리고 B′에게는 낮은 보험료를 부과해 불행에 대한 보험시장이 성립한다.

하지만 보험사가 개인의 특성을 알 수 없을 경우 사정이 달라진다. A′은 보험사가 자신이 불행하다고 느낄 가능성이 높다는 것을 모른다는 것을 아는 순간 B′

그림 2-10 완벽한 정보가 오고가는 불행에 대비한 보험시장

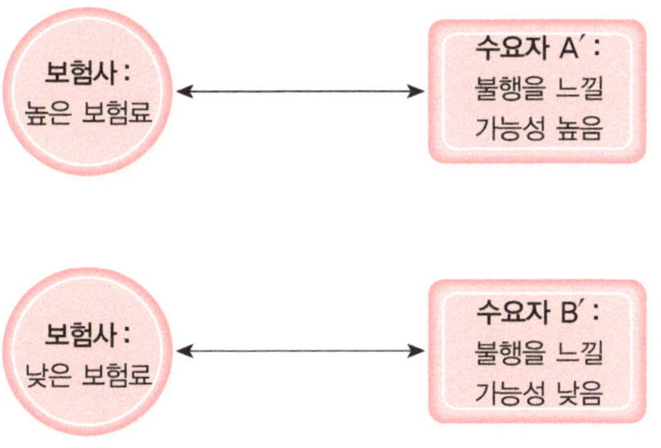

그림 2-11 정보가 오고가지 않는 불행에 대비한 보험시장

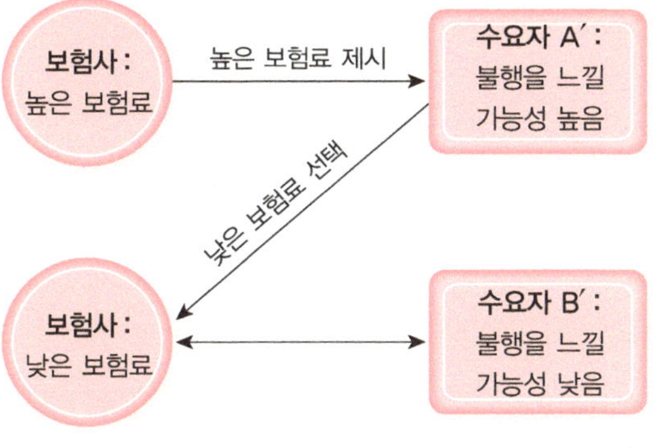

처럼 보임으로써 낮은 보험료로 불행을 이전처럼 대비하는 것이 가능하다는 것을 발견한다. 즉, 보험사는 A′에 높은 보험료를 부과해야 하지만 A′은 B′처럼 행동해 낮은 보험료를 지불하고 이전과 같은 혜택을 누리려고 한다는 것이다. 이럴 경우 보험사는 손해를 볼 수밖에 없기 때문에 불행에 대비한 보험을 만들지 않고 시장은 성립하지 않는다.

그러나 현실은 위의 모델과 다르다. 중고차는 팔리고 있고 불행을 대비한 보험은 없지만 불행하게 만들 수 있는 일들을 대비한 보험은 만들어지고 팔린다. 먼저 현실에서의 중고차시장을 보면 수요자가 중고차의 이력을 잘 알고 있어 공급자와 개인적으로 거래하거나, 공급자가 중고차의 정비이력을 자세히 공시하거나, 팔려는 중고차에 대해 철저히 점검하고 정비를 거치거나, 공급자가 중고차의 품질을 보증하거나 하는 등의 특징이 발견된다. 다음으로 불행을 가져올 수 있는 일들을 대비한 보험이라고 할 수 있는 생명보험, 손해보험 등은 잠재적 수요자들의 통계적인 특성을 과학적으로 분석해 적절한 보험료를 부과하고 있다. 즉, 정보의 비대칭성을 줄이려는 노력 덕분에 현실에서 시장이 만들어지고 운영되고 있다.

플랫폼 이전에는 소비자가 자기가 원하는 재화나 용역을 가지고 있거나 만드는 생산자를 발견할 때, 반대로 생산자가 자기가 가지고 있거나 만드는 재화나 용역을 원하는 소비자를 발견할 때 또는 동시에 두 가지 현상이 발생할 때 시장이 성립했다. 즉, 잠재적인 소비자나 생산자들의 자연스러운 정보 활용이 시장을 성립시켰다. 그러나 플랫폼은 소비자도 생산자도 아닌 제3자로서 위와 같은 정보를 활용해서 소비자에게는 생산자를, 그리고 생산자에게는 소비자를 만날 수 있게 해줌으로써 시장을 발생시킨다고 할 수 있다. 따라서 플랫폼의 효과는 불확실성의 추가적인 감소로 나타나며 소비자와 생산자는 각각의 잉여 중 일부로 그 비용을 지불한다고 할 수 있다. 이런 특성은 우리가 플랫폼을 "소비자나 생산자가 아닌 정보를 생산하고 퍼뜨리는 제3자로서 시장이 창출하는 경제적 잉여의 일부 또는 전부를 실현하고 취하고자 하는 존재(an information-producing and disseminating entity that as a third party between consumers and producers, tries to materialize and acquire part or whole of the economic surplus the market creates)"로 정의할 수 있게 해준다.

20만 년이 넘는 역사를 가진 시장이 겉모습은 달라졌을지 모르지만 정보를 기반으로 만들어지고 운영되는 원칙에는 변화가 없음을 알 수 있다. 또한 이런 정보의 역할은 자연발생적인 시장과 만들어진 시장인 플랫폼, 그리고 플랫폼 안에

그림 2-12 자연발생적인 시장 vs. 플랫폼

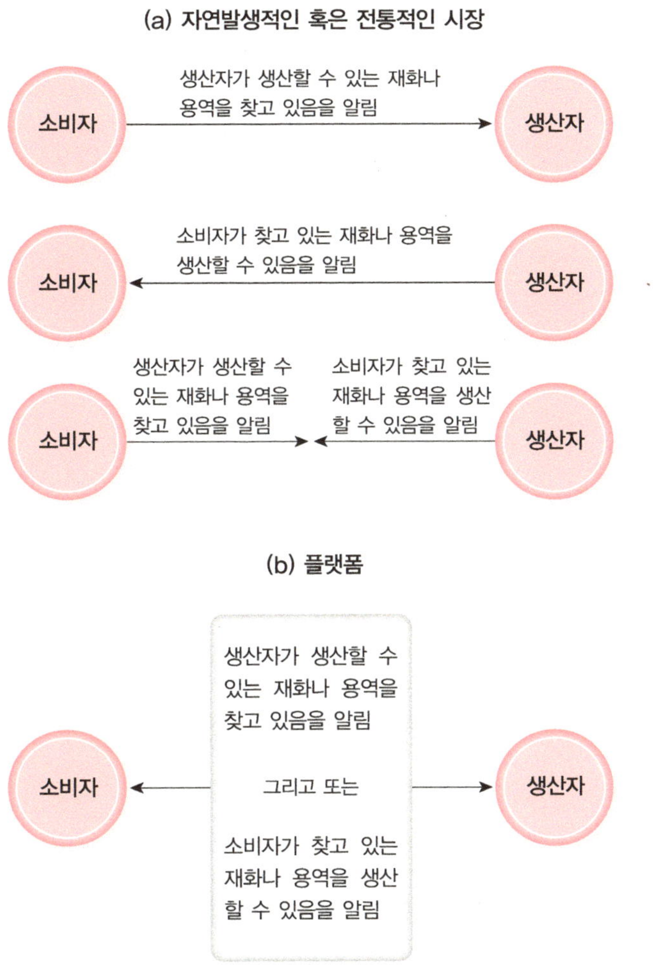

주 : 여기서 화살표는 정보의 흐름을 의미.

서 오프라인 플랫폼과 온라인 플랫폼이 서로를 어느 정도 대체할 수 있는 가장 큰 이유라고 할 수 있다.

그림 2-13 정보, 모든 시장을 가능하게 하는 요소

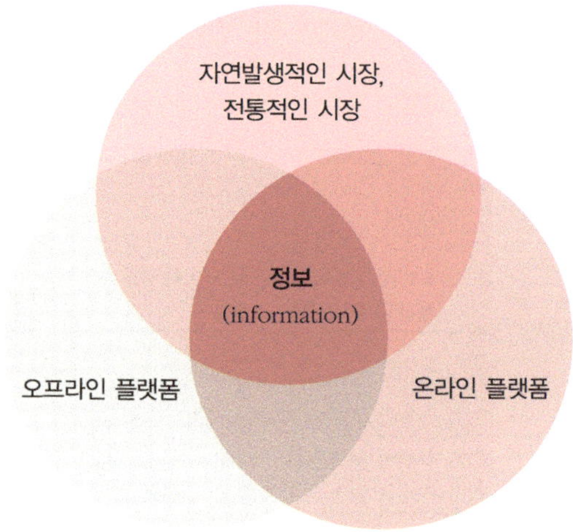

3. 오프라인 플랫폼, 플랫폼의 시작

온라인 플랫폼은 인터넷과 정보통신산업의 발달 이후에 등장하였다. 따라서 오프라인 플랫폼은 그 이전에 등장해서 지금까지 이어지는 만들어진 시장을 가리킨다. 온라인 플랫폼은 오프라인 플랫폼과 다르지만 공유하는 부분도 많다. 이 둘은 무엇보다 플랫폼이다. 온라인 플랫폼을 이해하려면 플랫폼을 이해해야 하고 이는 현재도 활동하는 오프라인 플랫폼이 그 출발점이 되어야 한다는 것을 가리킨다.

우리는 이미 오프라인 플랫폼에 익숙해 있다. 대표적으로 역사가 오래된 백화점이 있다. 여기에 대형마트, SSM(Super Supermarket), 아울렛, TV홈쇼핑, 편의점 등이 추가된다. 이들을 편의상 유통업체라고 부를 수 있다. [그림 2-14]는 이를 표시하고 있다.

그림 2-14 시장과 오프라인 플랫폼의 구성

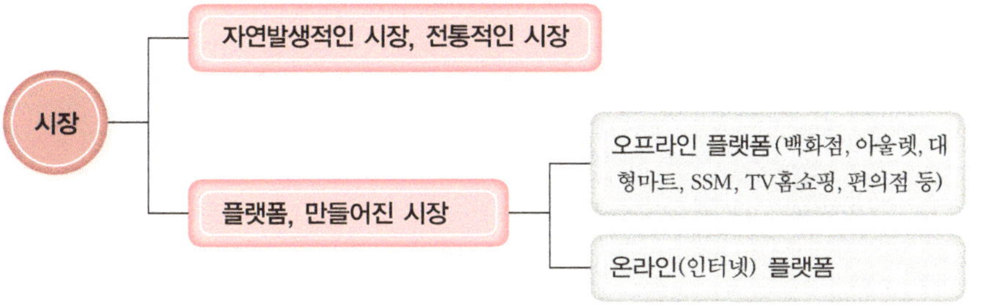

물론 이들이 모두 항상 오프라인 플랫폼인 것은 아니다. 경우에 따라서는 스스로 공급자가 돼 전통적인 자연발생적인 시장의 역할을 한다. 또한 인터넷과 정보통신의 발달과 더불어 대부분은 온라인 플랫폼의 기능도 가지고 있다.

백화점, 대형마트, SSM, 아울렛, TV홈쇼핑, 편의점 등 유통업체들은 특정 공간을 지배하기 때문에 "공급량이 제한된 재화나 서비스를 독과점하는 방식으로 쉽게 이익을 얻으려고 하는 것을 뜻하는 '지대 추구(地代追求, rent-seeking)'"(네이버 지식백과)에 제격이다. 백화점을 예로 든다면 백화점은 공급자가 공간을 이용하는 데 대해 추가적인 공급자를 위한 추가적인 공간을 확보하는 데 필요한 비용만큼만 부과하는 것, 즉 재화나 용역의 완전경쟁시장에서처럼 가격을 '한계비용(marginal cost ; MC)'과 일치시키는 것이 아니고 이론적으로는 이 비용에 더해 얼마든지 비용을 더 추가할 수 있다.

이들의 영업 모델은 크게 직매입, 위 · 수탁, 매장 임대차, 그리고 특약매입의 네 가지 정도로 구분되는데 [그림 2-15]는 이를 정리한 것이다. 여기서 위 · 수탁, 매장 임대차, 그리고 특약매입은 주어진 경제적 잉여 하에서 유통업체가 수익을 극대화하는 방법들이라 할 수 있다. 반면에 직매입은 자연발생적인 시장, 여기서는 생산자로서의 이익 추구가 일으킨 시장이라고 말할 수 있다.

그림 2-15 유통업체 영업 모델

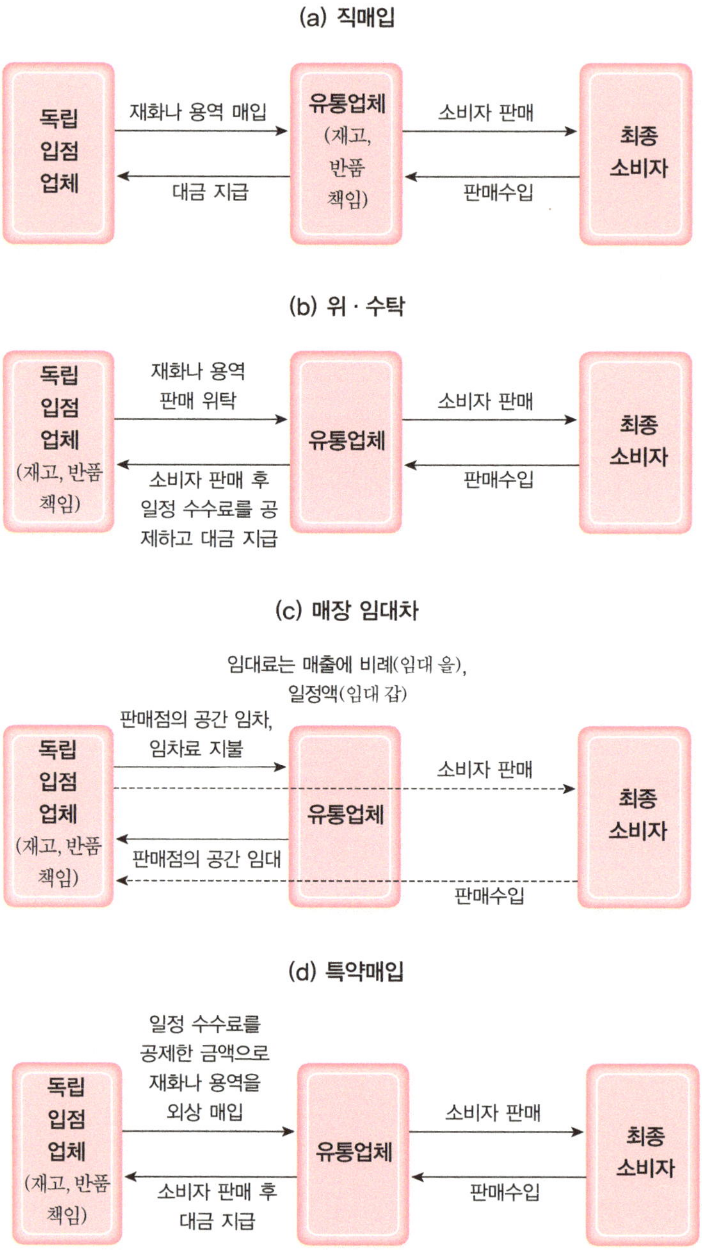

2021년 자료에 따르면 위의 유통업체들에 온라인쇼핑을 포함한다면 이들과 납품업자(입점업체)들 간의 거래액 20조 3천억 원 중에서 47%가 직매입이었고 특약매입은 21%, 위 · 수탁은 18%, 매장 임대차는 14%의 순서였다(*KDI Focus*, 2021년 3월 3일). 즉, 유통업체들 중에서 50% 정도가 오프라인 플랫폼이었다는 얘기다. 물론 모든 유형의 유통업체들이 다 그랬던 것은 아니다. 같은 자료를 보면 편의점, SSM, 그리고 대형마트의 직매입 비율은 각각 99%, 90%, 그리고 68%였던 반면 백화점과 아울렛에서는 매출액의 95% 이상이 특약매입과 매장 임대차로 발생했고 TV홈쇼핑의 경우 위 · 수탁이 75%를 차지했다. 참고로 온라인 쇼핑에서는 직매입이 33%에 달했다고 한다. 다시 말해서 한국에서는 백화점과 아울렛이 오프라인 플랫폼의 전형을 보여준다고 할 수 있다. 하지만 이것이 전 세계적인 일반적인 모델이라고 볼 수는 없다. 미국 백화점들의 경우 직매입이 80~90%를 차지(중앙일보, 2016년 9월 30일)한다고 알려져 있기 때문이다. 이런 특성은 역설적으로 한국 백화점들이 온라인 플랫폼들과 경쟁하면서 생존하고 성장할 수 있는 비결로 보이기도 한다. 포브스의 2020년 보도에 따르면 미국에서 2018년 이후 백화점의 22%, 매장 수로는 789곳이 문을 닫았다고 한다(*Forbes*, Jul 21, 2020). 이에 대해 국내에서는 백화점들이 성장할 수 있었던 이유의 일부를 특약매입에서 찾기도(한국경제신문, 2020년 8월 18일) 하였다. 이는 미국의 백화점들이 겉모습은 세련되었을지 모르지만 본질적으로 직매입에 의존하기 때문에 자연발생적인 혹은 전통적인 시장인 반면에 한국의 백화점들은 온라인 플랫폼이 등장하기 이전에 이미 오프라인 플랫폼이었거나 또는 오프라인 플랫폼으로 변신했고 이 때문에 또 다른 플랫폼인 온라인 플랫폼과의 경쟁에서 살아남을 수 있었다는 추정을 가능하게 한다. 최근 새롭게 문을 여는 대형 유통매장들의 철저한 오프라인 플랫폼 추구 또한 이를 뒷받침한다. 복합쇼핑몰이 대표적인데 2016년 9월에 영업을 시작한 신세계그룹의 '스타필드 하남'은 300여 개의 브랜드를 유치했지만 이들로부터 임대료만 받는 것으로 알려져 있다(프라임경제, 2018년 4월 2일).

오프라인 플랫폼은 지대(地代) 외에 공급자와 소비자들의 의도하지 않은 협조를 통해서 추가적인 이윤을 창출할 수 있다. 먼저 사용료 혹은 임대료 부과에 있어 공급자들이 스스로를 차별하도록 하는 것이다. 19세기 프랑스의 경제학자인 듀푸이(Dupuit, Emile, 1804~1866)는 당시 열차승객들을 위한 시설과 서비스가 1등 칸, 2등 칸, 그리고 3등 칸의 순서로 왜 급격하게 나빠지는지를 설명하고자 했다. 열차회사들이 승객들의 경제적 능력에 따라 스스로 구별하게 하고 이들에게 요금에서 큰 차이가 나는 열차표를 팔아 이윤을 극대화하려는 의도라는 것을 아래와 같이 밝혔다. 이를 좀 더 현대적으로 풀이하면 비행기 1등석의 높은 가격은 다른 무엇보다도 이코노미 클래스의 좁고 불편한 좌석으로 합리화할 수 있다는 말이다.

> 열차회사들이 3등 열차 칸의 지붕을 없애고 딱딱한 나무로 된 좌석을 설치한 것은 이에 필요한 수천 프랑의 돈이 없었기 때문이 아니다. … 이들 회사들이 노린 것은 2등 열차 칸 기차표를 살 수 있는 승객들이 3등 열차 칸으로 여행하면서 비용을 아끼지 못하도록 하려는 것이다. 이로 인해 3등 열차 칸 표를 살 수밖에 없는 가난한 사람들이 피해를 보게 되는데 이는 열차회사들이 그들을 힘들게 하려는 것보다는 그들보다 금전적으로 여유 있는 사람들이 잔머리를 굴리지 못하게 하려는 의도로부터 기인한다. … 3등 열차 칸 승객들을 아주 험하게, 그리고 그 다음으로 2등 열차 칸 승객들을 이보다는 덜하지만 역시 험하게 다루었던 이 열차회사들이 1등 열차 칸 승객들에게 최고의 서비스를 제공하는 것은 역시 같은 이유라고 할 수 있다. 결과적으로 가난한 승객들에게 최소한의 것을 제공하지 않음으로써 부자들에게는 필요 이상의 너그러움을 베푸는 셈이다. (It is not because of the few thousand francs which would have to be spent to put a roof over the third-class carriage or to upholster the third-class seats that some company or other has open carriages with wooden benches … What the company is trying to do is prevent the passengers who can pay the second-class fare from traveling third

class ; it hits the poor, not because it wants to hurt them, but to frighten the rich … And it is again for the same reason that the companies, having proved almost cruel to the third-class passengers and mean to the second-class ones, became lavish in dealing with the first-class customers. Having refused the poor what is necessary, they give the rich what is superfluou.)

— Varian 2003, pp.444~445

백화점과 같은 오프라인 플랫폼이 제공하는 모든 매장이 같은 정도의 사업 잠재력을 가지고 있는 것은 아니다. 오프라인 플랫폼은 당연히 이윤을 극대화하기 위해 소비자들의 접근성이 우수한 공간을 많이 만들고 여기에 높은 임대료나 수수료를 부과해야 한다. 특히 사업 잠재력이 높은 공간일수록 더 높이 부과할 수 있어야 한다. 오프라인 플랫폼은 이 목표를 상대적으로 낮은 임대료나 수수료를 부과하는 매장을 소비자 접근성이 나쁜 곳에 배치함으로써 성취할 수 있다. 여기서 사업 잠재력이 낮은 곳에 위치한 매장은 듀푸이의 예에서는 3등 열차 칸이고 비행기의 경우는 이코노미 클래스라고 할 수 있다. 즉, 성공하고자 하는 업주들은 오프라인 플랫폼이 사업 잠재력이 낮은 매장과 대비시켜 차별적으로 제시하는 사업 잠재력이 높은 매장을 높은 임차료나 수수료를 지불하고 이용할 수밖에 없고 이때 오프라인 플랫폼의 이윤은 그렇게 하지 않았을 때보다 크게 늘어난다.

같은 원리가 수요의 측면에서 고객에게－겉보기에 긍정적으로－적용될 수 있다. 백화점이 고객을 대하는 태도를 표현하는 데 있어 "손님은 왕(王)이다"라는 말보다 적절한 표현은 아마 없을 것이다. 백화점이 매장을 방문하는 모든 고객을 귀하게 대우하는 것은 분명하지만 백화점은 일부 고객들을 더 귀하게 대우함으로써 수입을 극대화할 수 있다. 이는 이론적인 근거도 있는데 그것은 바로 "대부분의 경우 성과의 80%는 20%의 원인으로부터 발생한다"(Wikipedia)로 요약되는 '파레토 법칙(Pareto principle, law of the vital few)'이다. 이에 따르면 백화점 판매액의 80%는 방문하는 고객의 20%가 만들어내고 판매액의 20%를 고객의 80%가 만들어내는 셈이니 백화점의 입장에서는 20%의 고객을 어떻게 유지하고 이들의 소비를 어떻게 늘리느냐가 중요한 문제일 수밖에 없다. 20%의 고객을 80%의 고객보다 더 귀하게 취급해야 하는 이유는 충분할 뿐만 아니라 합리적이라고 할 수 있다.

그림 2-16 신세계백화점의 신세계 VIP 클럽

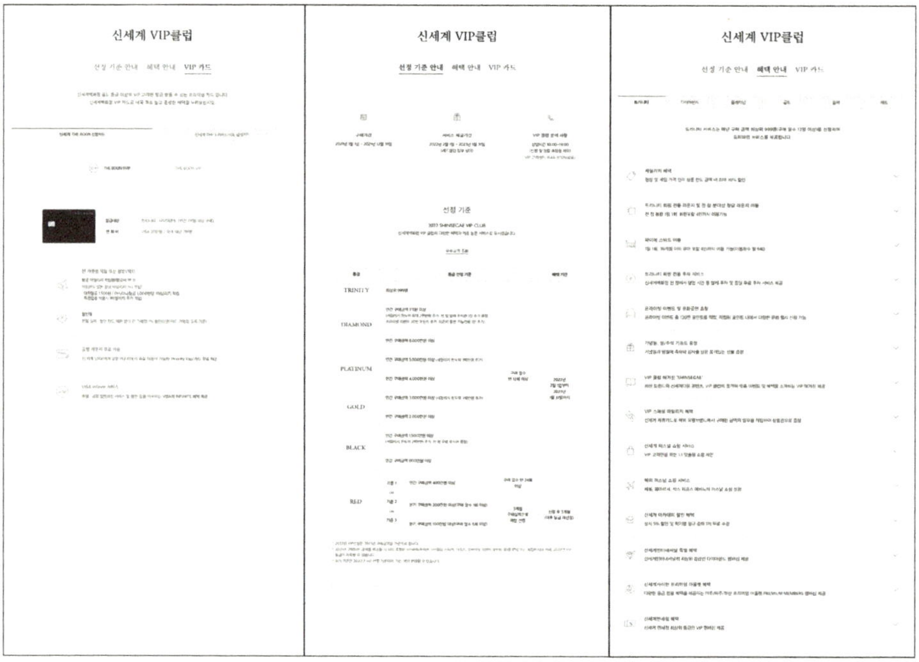

출처 : 신세계 VIP 클럽, 신세계백화점(http://www.shinsegae.com).

물론 겉보기에 부정적으로, 즉 80%의 고객을 힘들게 하거나 혹은 보다 현실적으로 그들의 어려움을 굳이 덜어주려 하지 않는 형태로 나타날 수도 있다. 다음 [그림 2-17]은 2021년 8월 8일 서울의 유명 백화점에 입점해 있는 고급시계점이 출시를 예고한 신상품을 먼저 사기 위해 백화점 앞에서 노숙하는 고객들의 모습

그림 2-17 2021년 8월 백화점 신상품을 기다리며 노숙하는 고객들

출처 : 새벽 3시 반 '현본' 앞에 돗자리를 폈다. 수습기자의 롤렉스 '오픈런' 체험기(조선일보, 2021년 8월 9일).

을 보여주고 있다. 해당 백화점의 20%인 VIP들이 이들보다 먼저, 그리고 편안하게 명품 신상을 보고 구입할 수 있는 기회가 주어진다면 밖에서 고객들이 노숙하는 시간이 길고 힘들수록 그 백화점의 충성고객이 되어 더 많이 구입해서 VIP가 되어야 할 유인은 그만큼 더 높아진다고 할 수 있다. 당연히 이를 통해 백화점의 매출은 더 늘어날 것이다.

또한 오프라인 플랫폼은 경제적 잉여를 그 수입원으로 삼고 있기 때문에 이를 확대함으로써 이윤 증대에 유리한 환경을 만들 수 있다. 이는 앞의 질적인 방법과 대비되게 양적인 방법이라고 할 수 있다. 첫째, 수요를 증가시키는 것이다. 이는 [그림 2-18]의 (a)와 같이 수요곡선 $D=f(P)$의 $D'=f(P)$로의 이동으로 표시될 수 있다. 백화점들이 계절별로 실시하는 정기 바겐세일, 각종 문화행사, 가족을 위한 편의시설 설치 등이 여기에 해당한다. 이런 것을 알리는 것을 목적으로 하는 광고나 선전도 포함된다. 한국광고총연합회의 광고 통계에 따르면 2021년 6월 한 달 동안 매출액 기준 국내 3위인 현대백화점이 신문을 이용한 광고에만 11억 원 넘게 지출했다고 한다.

그림 2-18 오프라인 플랫폼과 경제적 잉여 확대

(a) 수요 확대

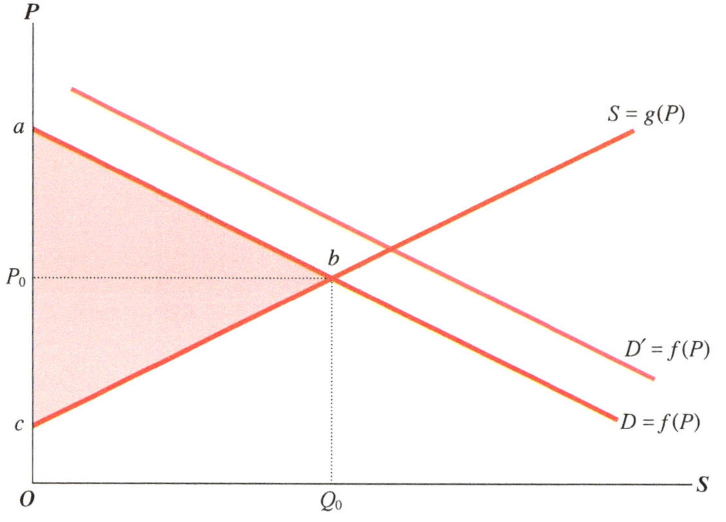

(b) 공급 확대

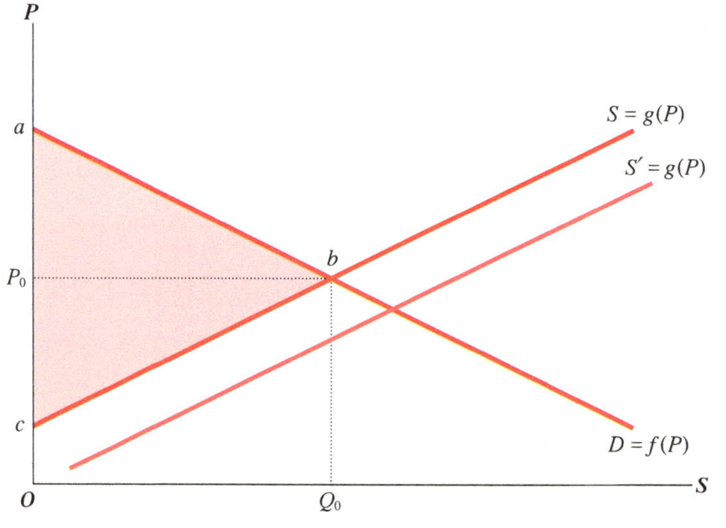

(c) 수요와 공급 동시 확대

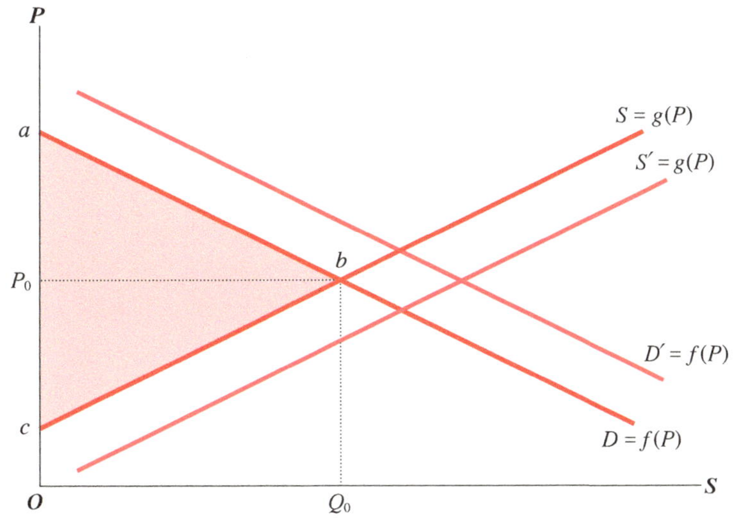

둘째, 공급을 늘리는 것이다. 이는 [그림 2-18]의 (b)와 같이 공급곡선 $S = g(P)$의 $S' = g(P)$로의 이동으로 표시할 수 있다. 백화점의 경우 이는 점포 수, 거래 납품·입점업자 수 등의 증대를 의미한다고 하겠다. 2020년 12월 공정거래위원회 조사에 따르면 순매출 2조 5,795억 원의 롯데백화점은 34개의 점포와 6,482곳의 거래처, 그리고 순매출 1조 6,632억 원의 현대백화점은 15개의 점포와 4,607곳의 거래처를 가지고 있는 것으로 확인되었다. 셋째, 수요와 공급을 동시에 늘리는 것이다. 이는 [그림 2-18]의 (c)와 같이 수요곡선이 $D = f(P)$에서 $D' = f(P)$로, 그리고 공급곡선이 $S = g(P)$에서 $S' = g(P)$로 이동하는 것으로 표시된다. 백화점들이 바겐세일, 각종 문화행사, 가족을 위한 편의시설 설치, 그리고 이를 알리는 광고나 선전을 늘리면서 매장을 확대하고 판매하는 제품의 종류와 양을 증가시키는 것이 이에 해당한다고 할 수 있다.

오프라인 플랫폼은 거래하는 공급자들의 재화나 용역 생산에 대한 정보를 가지고 간접적으로 경제적 잉여를 확대할 수 있다. 그것은 바로 백화점이 재화나 용

그림 2-19 가격선도자로서의 오프라인 플랫폼

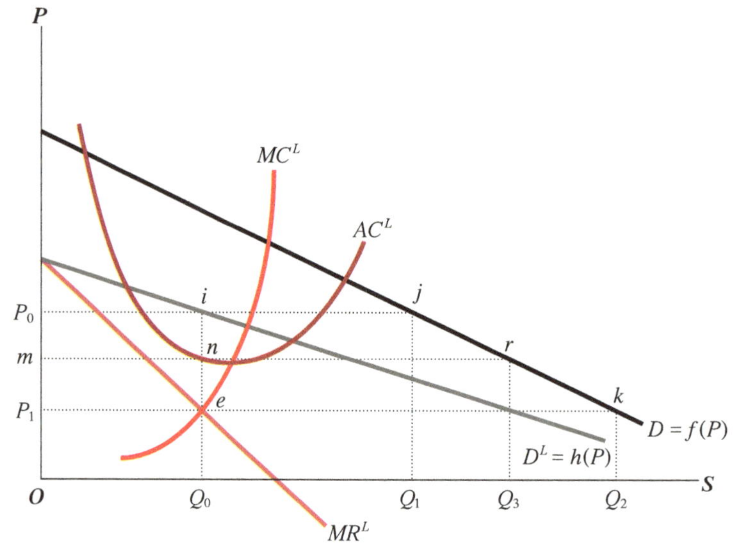

역을 생산하여 '자사 브랜드(private label brand)'의 재화나 용역을 공급함으로써 독일의 경제학자인 스타겔버그(Heinrich Freiherr von Stackelberg, 1905~1946)가 제시한 '가격선도자(price leader)'가 되는 것이다. [그림 2-19]는 가격선도자가 있는 일반적인 불완전경쟁시장을 그리고 있다[박한재 등 (2016) 등 참고]. 상대적으로 능력 있는 기업, 선도자가 시장을 주도하고 다른 다수의 기업들이 이 기업의 결정을 따르는 추종자로 구성된 경제를 가정한다. 수요곡선 $D=f(P)$는 이들 모두가 생산하는 재화나 용역에 대한 수요를 가리킨다. $D^L=h(P)$는 선도자가 생산하는 재화나 용역에 대한 수요를 표시한다. 선도자가 많이 공급할 경우 추종자의 공급이 줄어들고 선도자가 적게 공급할수록 추종자의 공급이 늘어날 가능성이 높기 때문에 선도자에 대한 수요곡선 $D^L=h(P)$는 전체의 수요곡선 $D=f(P)$보다 기울기가 완만하게 그려졌다. 추종자는 시장수요에서 선도자의 수요를 뺀 나머지를 공급하게 된다. MR^L, MC^L, 그리고 AC^L은 각각 선도자의 한계수입, 한계비용, 그리고 평균비용을 나타낸다. 일단 선도자가 자신의 이익을 극대화하고자 한다고 가정한다. 이럴 경우 선도자는 자신의 한계수입곡선(MR^L)과 한계비용곡선(MC^L)이 교차하는 곳(e)에서 생산량(Q_0)을 결정하고 이 생산량에 합당한 자신에 대한 수요수준(i)에서 가격을 결정(P_0)한다. 이때 선도자의 총비용은 생산량 OQ_0와 이때의 평균비용 Q_0n을 곱한 $OmnQ_0$가 되고 선도자는 총수입 OP_0iQ_0에서 이를 뺀 mP_0in의 초과이윤을 얻게 된다. 추종자들은 전체 수요량에서 선도자에 대한 $OQ_0(P_0i)$를 뺀 $Q_0Q_1(ij)$를 공급하게 된다. 그런데 만약 선도자가 OQ_0를 생산하지만 이윤을 볼 생각이 없는 가격을 책정한다면 상황은 달라진다. 예를 들어 가격을 m으로 책정하면 선도자의 초과이윤은 사라지지만 전체적인 수요량은 $OQ_3(mr)$, 그리고 추종자에 대한 수요량은 $Q_0Q_3(nr)$로 늘어난다. 만약 선도자가 완전경쟁에서처럼 한계수입과 한계비용이 일치하는 e에서 가격을 P_1으로 결정하면 전체의 수요량은 $OQ_2(P_1k)$로, 그리고 추종자에 대한 수요량은 $OQ_2(ek)$로 늘어난다. 이때 선도자는 P_1mne의 손실을 보게 된다. 선도자가 가격을 P_0, m, 그리고 P_1으로 하락시킬수록 소비자잉여가 증가하는 것을 볼 수 있다.

그런데 자사 브랜드는 생각보다 그리 새로운 개념이 아니다. 미국에서 19세기 중엽부터 소매상들이 스스로 제품을 만들거나 제3자인 생산자가 만든 제품에 자신의 상표를 붙여 소비자들에게 판매하기 시작했기 때문이다(Pattern, Jul 2, 2021). 현대에 들어와서도 대형 할인매장들이 이를 적극적으로 활용하고 있는데 Walmart의 Great Value, Target의 Mainstays, Costco의 Kirkland Signature 등이 있다. 또한 미국 백화점인 JC Penny와 Macy' s가 취급하는 의류는 매출액 기준으로 각각 70%와 25%가 자사 브랜드인 것으로 알려져 있다(Pattern, Jul 2, 2021). 백화점이 자사 브랜드의 재화나 용역을 평균비용 이하로 매장에서 판매할 경우 같은 종류의 재화나 용역을 생산하는 입점업체들은 이 가격에 맞춰 공급할 수밖에 없어 이를 찾는 소비자들에게 큰 이득이 돌아간다고 할 수 있다. 이때 백화점과 입점업체들 간의 이해충돌은 불가피해 보인다. 그러나 이를 백화점이 더 많은 소비자들의 관심을 끌기 위한 전략으로 채택했다면 해당 재화나 용역에 특화된 입점업체들을 제외하면 이해충돌의 범위와 강도는 분명 줄어든다. 물론 반대로 백화점이 안정적인 이윤을 확보할 목적으로 가격을 P_1에서 m, 그리고 P_0로 인상할 수 있다. 이럴 경우 백화점은 해당 재화나 용역과 관련해서는 그만큼 플랫폼의 특성을 잃는 셈이며 가격의 인상과 공급의 감소가 경제적 잉여를 줄여 장기적으로 수입원의 축소를 피해갈 수 없을 것이다.

4. '외부적 창조적 파괴자(Creative Destroyer Without)'

백화점이 대표하는 오프라인 플랫폼은 장소와 시간으로부터 제약을 받는다. 오프라인 플랫폼이 아무리 '포스트모던(post-modern)' 하더라도 소비자와 재화나 용역의 공급자를 한 자리에 모을 수 있는 구조물이 있어야 한다. 또한 아무리 자동화되었다고 할지라도 일정 시간 동안 영업을 수행하는 근로자들이 있어야 하기 때문에 영업에도 휴식이 있을 수밖에 없다. 그러나 온라인 플랫폼은 이 두 가지 제약을 정면으로 부정한다. 물론 온라인 플랫폼을 이용하는 소비자는 오프라인 플랫폼에서 재화나 용역을 오감(五感)을 이용해서 느껴볼 수 있는 기회의 상실을 그 대가로 지불하지만 말이다. 온라인 플랫폼에서 소비자들은 이론상으로 장소와 시간에 관계없이 원하는 재화나 용역을 얼마든지 구입할 수 있다. 따라서 온라인 플랫폼을 "온라인을 통해서 모든 사람들이 언제 어디서나 원하는 재화나 용역을 팔고 구입할 수 있는 무한한 백화점"이라고 정의할 수 있다.

그런데 2018년 봄 미국의 '퓨 연구소(Pew Research Center)'가 조사한 바에 따르면 성인들 중 스마트폰 보급률에 있어 한국은 95%로 세계 최고 수준을 기록하였다. 한국에서는 성인의 95%가 모바일이어도 온라인 플랫폼을 이용해 재화나 용역을 구입할 수 있다고 말할 수 있다. 따라서 온라인 플랫폼은 적어도 한국

그림 2-20 Pew Research Center의 2018년 봄 기준 주요 선진국 성인 대상 스마트폰 보급률 조사결과

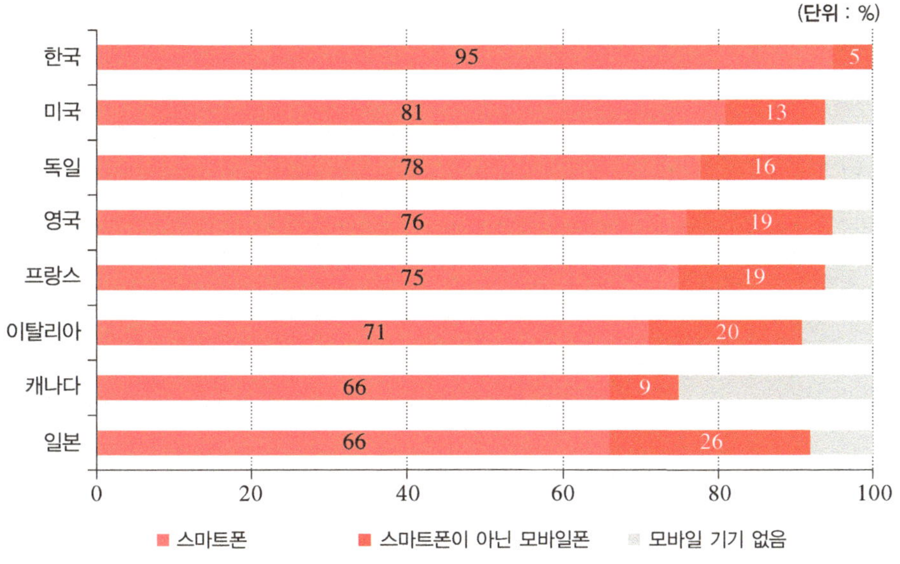

출처 : Pew Research Center, Feb 5, 2019.

과 관련해서는 "모든 사람들의 손에 들려 있는 언제 어디서나 원하는 재화나 용역을 팔고 구입할 수 있는 무한한 백화점"이 되는 셈이다.

온라인 플랫폼이 새로운 형태의 백화점이라면 그 행태도 비슷하지 않을까? 그런데 처음 보기에는 그렇지 않을 수도 있다. 백화점이 공간적으로 유한한 데 반해 온라인 플랫폼은 무한하기 때문이다. 리프킨(Rifkin, Jeremy, 1945～)(2015)이 주장했던 것처럼 온라인 플랫폼은 '0(零)의 한계비용(Zero Marginal Cost)'을 실현해—즉, 온라인 플랫폼에 생산자를 추가하는 것은 비용이 전혀 들지 않기 때문에—지대 추구는 불가능해 보이기까지 하다. 그런데 다시 보면 이번에는 소비자가 문제인 것을 발견한다. 소비자의 시간과 정보처리 능력이 유한하다는 것이다. 즉, 어떤 소비자도 온라인 플랫폼에서 재화나 용역을 구입하고자 할 때 모든 공급자이름을 영어 알파벳 A에서 Z까지 나열해 일일이 찾아보고 나서 결정하지 않는다. 아니 못한다. 무한한 공간만큼이나 무한한 재화나 용역이 제시되기 때문이다. 즉, 소비자는 '정보 과잉(information overload)'을 마주하고 압도당한다. 따라서 소비자는 온라인 플랫폼이 양면성을 십분 활용해 제공하는 '선택(selection)' 혹은 '추천(recommendation)'에 끌리기 쉽다. 이것이 초래하는 비용, 즉 더 나은 재화나 용역을 구입하지 못할 경우 발생할 수 있는 유무형의 손실이 본인이 직접 찾아보았을 때 부담해야 하는 탐색의 '기회비용(opportunity cost)'을 초과하지 않는다면 소비자에게는 좋은 '구실(excuse)'이 된다. 그리고 편리하게도 후자는 공급자가 늘어날수록 높아지기 때문에 전자는 상대적으로 점점 더 작아보이게 된다. 이는 온라인 플랫폼이 소비자에게 제시되는 재화나 용역의 공급자를 실질적으로 제한할 수 있고 그럴 때 온라인 플랫폼의 지대 추구가 가능하고 그만큼 온라인 플랫폼은 물리적 공간이 제한되어 있는 백화점과 행태를 공유한다고 말할 수 있다. 여기서 개별 온라인 플랫폼의 성공은 무한한 온라인 공간을 얼마나 유한하게 혹은 그렇게 보이게 만들 수 있는가에 달려 있는 셈이다.

[그림 2-15]에서 백화점이 대변하는 오프라인 플랫폼이 공급자들에게 위·수탁, 매장 임대차, 그리고 특약매입의 형태로 서비스 비용을 부과하는 것을 확인했다. 필요할 경우 직매입도 활용하는 것을 보았다. 온라인 플랫폼이 공급자들에게 부과하는 각종 수수료는 본질적으로 위·수탁, 매장 임대차, 그리고 특약매입의 연장선상에 있고 오프라인 플랫폼처럼 생산자잉여 중 일부를 수입으로 취하고자 하는 것이다. 배달 온라인 플랫폼이 공급자들에 부과하는 배달비용도 마찬가지다. 온라인 플랫폼도 공급자들이 서로를 차별하게 하여 이로부터 추가적인 수입을 창출하고 있다. 온라인 플랫폼에서 소비자의 공급자에 대한 접근성, 즉 공급자가 소비자에게 노출되는 순서, 위치, 크기 등을 달리하는 것이다. 일부 숙박 전문 온라인 플랫폼에서 공급자들에게 부과하는 광고비와 이와 연동시킨 할인쿠폰 발행이 잘 알려져 있다. 최근 보도에 따르면 공급자들은 광고비로 월 40만 원을

지불하지만 이럴 경우 사이트에서 거의 노출이 안 돼 광고효과가 없기 때문에 결국 광고비를 더 낼 수밖에 없는 구조라고 한다(MBC, 2021년 8월 22일). 광고비를 더 지출하는 공급자일수록 사이트에서 소비자들이 쉽게 접근할 수 있는 곳에 배치해 해당 공급자의 매출도 늘리고 공급자들 간의 광고 경쟁을 가져와 광고비 매출을 늘림으로써 온라인 플랫폼은 수입을 증가시킨다. 광고비에 비례해서 할인쿠폰을 발행함으로써 더 많은 쿠폰을 확보하기 위해 공급자들이 광고를 더 많이 하도록 하는 유인책도 사용해 생산자가 부담하는 광고비가 월 500만 원에까지 도달했다는 주장도 있다(MBC, 2021년 8월 22일). 배달 온라인 플랫폼을 이용하는 소비자는 배달비용을 부담한다. 이런 방법들은 소비자잉여 중 일부를 수입으로 취하고자 하는 것이다. 수요 측면에서 온라인 플랫폼은 소비자들이 스스로 더 우량한 고객을 구별하고 우량고객으로 전환하게 하고 있다. 세계 최대의 온라인 플랫폼인 아마존은 2021년 현재 1년에 119달러를 내는 이용객들에게 Amazon Prime Membership을 발행하고 '당일배송(Same-day Delivery)'을 포함한 각종 혜택을 제공하고 있다. 아마존은 각각의 프라임멤버들로부터 1년에 119달러만큼 소비자잉여를 가져가는 셈이다. 반면 프라임멤버가 아닌 이용자들은 그만큼 불편을 감수해야 하고 어쩌면 앞에서 듀푸이가 19세기 프랑스 열차 칸의 예를 들어 설명했던 것처럼 그들의 불편은 줄어들지 않고 오히려 증가할 가능성이 높다. 동시에 장기적으로 아마존을 포함한 온라인 플랫폼들은 기존 프라임멤버들을 세분해서 그 안에서 더 우량한 고객들을 덜 우량한 고객들로부터 계속 차별하는, 즉 지속적으

표 2-3 온라인 플랫폼의 수입창출

(단위 : 백만 달러)

수입원	수입창출 방법
생산자잉여	각종 서비스수수료(위 · 수탁, 매장 임대차, 특약매입, 광고, 사이트배치, 배달수수료)
소비자잉여	프라임(우대)멤버십비용부과, 배달수수료
공급자 역할	직매입

로 80%의 거래를 성사시키는 20%의 고객을 찾는 방법을 고민할 것이다. 이것이 온라인 플랫폼의 경쟁력을 결정하는 또 다른 요소임은 재론(再論)이 필요 없다.

정보통신기술의 발달로 온라인 플랫폼은 플랫폼이라면 꿈꾸는 이상(理想)의 실현에 더 다가갈 수 있다. 그것은 지금처럼 생산자와 소비자들이 스스로를 각각의 생산능력과 선호에 따라 대강 구별하도록 하는 것이 아니고 온라인 플랫폼 자체가 생산자와 소비자를 '완벽하게 가격차별(perfect price discrimination)' 해 이윤을 극대화하는 것이다. 먼저 생산자들 각각의 생산능력에 따라 각기 다른 가격에 재화나 용역을 공급하도록 하는 것이다. 다음으로 어떤 재화나 용역의 수요자들 중에서 이를 평가하는 순서대로 구별해서 그에 합당한 가격을 지불하도록 하는 것이다. 이럴 경우 생산자잉여와 소비자잉여, 즉 경제적 잉여 모두는 온라인 플랫폼에 귀속되게 된다. 이를 표시한 것이 [그림 2-21]이다.

그림 2-21 경제적 잉여와 생산자와 소비자의 완벽한 가격차별

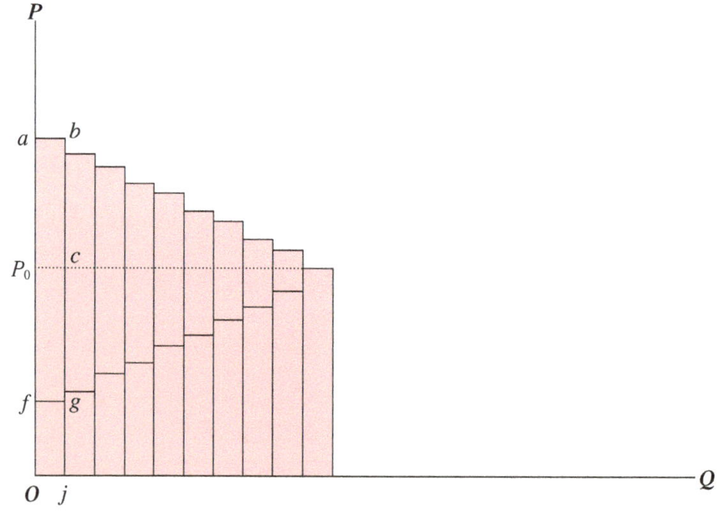

여기서 온라인 플랫폼은 편의상 1번이라고 부르는 1번 생산자의 생산비용이 □*Ofgj*인 것을 알고 *Of*의 가격에 공급하도록 한다. 그리고 편의상 1번이라고 부

르는 1번 소비자의 주관적인 평가가 □$Oabj$인 것을 알고 Oa의 가격에 구입하도록 한다. 이럴 경우 온라인 플랫폼에 돌아가는 몫은 그 차이인 □$fabg$다. 1번 생산자는 시장가격이 OP_0일 때와 비교해 □fP_0cj만큼의 생산자잉여를, 그리고 1번 소비자는 □P_0abc만큼의 소비자잉여를 상실한다. 이어서 2번 생산자와 소비자, 3번 생산자와 소비자 등의 순서대로 같은 방법으로 공급가격과 구입가격을 결정해서 수용하도록 한다면 온라인 플랫폼은 모든 경제적 잉여를 차지할 수 있다.

온라인 플랫폼이 생산자를 상대로 가격차별을 할 수 있는 가장 현실적인 예는 중고차라고 할 수 있다. 앞에서 확인한 것처럼 중고차시장은 여전히 불확실성이 지배하고 있다. 모델과 연식이 같더라도 품질이 다르기 때문에 중고차는 결코 같은 상품이 존재하지 않는다. 그런데 만약 온라인 플랫폼이 중고차의 품질을 정확하게 알고 있다면 그에 걸맞는 가격, 즉 "제값(just price)"에 판매하도록 할 수 있다. 완성차업체가 자사 브랜드의 차량 거래를 전문으로 하는 중고차 판매 온라인 플랫폼이 되어 소유자가 판매하고자 하는 중고차를 점검하고 정비할 경우다. 또한 온라인 플랫폼이 자동차손해보험을 판매하고 차량의 사고와 정비 기록을 가지고 중고차 판매 온라인 플랫폼을 운영해도 역시 가능하다. 온라인 플랫폼이 소비자를 상대로 하는 가격차별과 통상적인 "싸고 좋은" 재화나 용역은 잘 어울리지 않는다. 여기서 "좋은" 재화나 용역이라는 단어는 소비자가 소비자잉여를 기대하고 얻을 수 있다는 의미로 해석될 수 있기 때문이다. 그러나 "제값 하는(worthwhile)" 재화나 용역에는 적합할 수 있다. 경제적으로 제값 하는 재화나 용역을 찾는 소비자는 저렴한 가격보다는, 즉 소비자잉여보다는 그 재화나 용역이 주는 본질적인 효용을 더 평가한다고 볼 수 있기 때문이다. 그리고 〈표 2-4〉는 이런 범주의 재화나 용역이 크게 확대될 수 있다는 것을 가리킨다. 이런 식으로 온라인 플랫폼을 통해 제값 하는 재화나 용역이 거래된다면 장기적으로 '형용모순(oxymoron)' 적이지만 다수의 소비자들과 생산자들이 참여해 재화나 용역을 주문제작하고 거래하는 "대중적 주문 · 제작 경제(custom-made economy for mass)" 의 성립도 가능할 것으로 보인다.

표 2-4 값을 더 줘도 올바르게 구입해야 하는 상품 8가지의 예

1	침대 매트리스(Get a quality mattress)
2	치과 치료(Dental care)
3	음식, 식재료, 그리고 식기(Food and food prep items)
4	운동화(Athletic shoes)
5	교육(Education)
6	근무복(A timeless work wardrobe)
7	가방(A good bag or briefcase)
8	자동차(A safe car)

출처 : CNBC, Jul 11, 2019.

이렇게 온라인 플랫폼이 시장의 한 부분으로 확고히 뿌리내린 것이 경제에 어떤 의미를 주는지를 수요곡선과 공급곡선을 이용해서 설명할 수 있다.

[그림 2-22]는 어떤 재화나 용역에 대한 시장이 성립하기 전과 후를 비교하고 있다. *e*는 시장이 성립하기 이전의 균형점이다. 이때 해당 재화나 용역에 대한 수요자와 이를 공급할 수 있는 생산자 모두 소수다. 따라서 가격은 높고, 생산은 적으며, 경제적 잉여 또한 아주 미미한 수준이라고 할 수 있다. *b*는 해당 재화나 용역에 대한 시장, 즉 자연발생적인 시장과 오프라인 플랫폼이 등장한 이후의 균형점이다. 가격은 P_1에서 P_0로 하락했고, 거래량은 Q_1에서 Q_0로 증가했으며, Δabc의 경제적 잉여가 발생했다. 왜 인류사회의 번영이 시장경제의 확대와 함께 했는지를 간결하게 설명해 주고 있다.

[그림 2-23]은 어떤 재화나 용역에 대한 자연발생적인 시장과 오프라인 플랫폼이 성립한 것과 여기에 온라인 플랫폼이 더해진 상황을 비교하고 있다.

그림 2-22 시장 이전 vs 시장(자연발생적인 시장과 오프라인 플랫폼) **성립 이후**

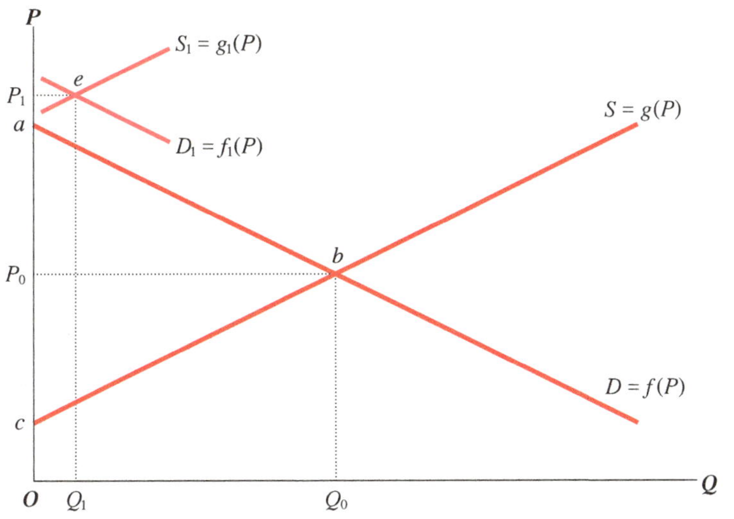

그림 2-23 시장(자연발생적인 시장과 오프라인 플랫폼) **성립 vs 온라인 플랫폼의 진출 이후**

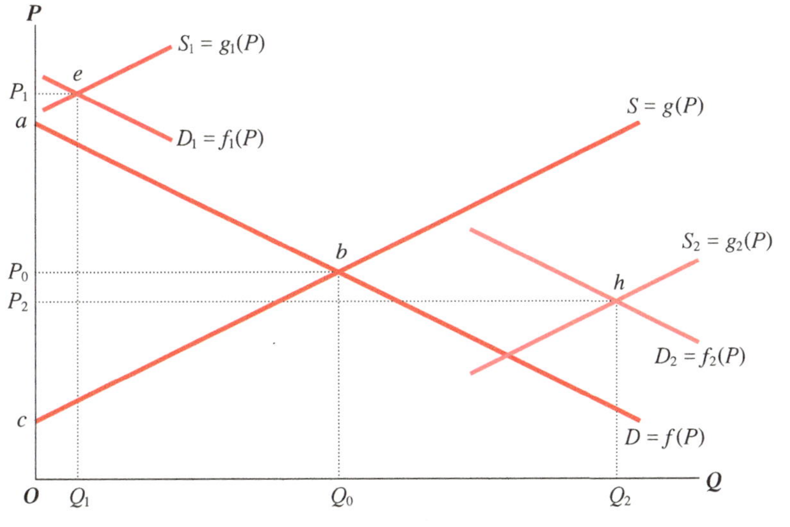

h는 온라인 플랫폼이 진출한 이후의 시장균형을 표시하고 있다. 가격은 P_0에서 P_2로 하락했고, 거래량은 Q_0에서 Q_2로 증가했으며, 경제적 잉여는 여기서 구체

적으로 표시하지 않았지만 Δabc로부터 크게 증가한 것을 쉽게 추정할 수 있다. 물론 온라인 플랫폼의 등장 이후 가격이 P_0보다 상승한 것으로 표시될 수도 있다. 그러나 어떤 경우든 이 시장에서 거래량이 Q_0보다 늘어나는 것은 누구도 부정할 수 없다. 개별 공급자들과 소비자들은 각각 생산자잉여와 소비자잉여 중 일부를 온라인 플랫폼에 내어주지만 생산자는 시장 확대가 가져온 수입 증가, 그리고 소비자는 소비 가능한 재화나 용역의 증가와 다양화라는 혜택을 그 반대급부로 얻게 된다. 자연적으로 발생한 시장이 확대되고 오프라인 플랫폼이 만들어지면서 인류사회는 풍요로움을 누리기 시작했고 이제 여기에 온라인 플랫폼이 더해지면서 더 풍요로운 사회로 접어들고 있다고 할 수 있다.

표 2-5 온라인 플랫폼 이용 개별 생산자와 소비자의 비용과 편익

구분	비용	편익
개별 생산자	생산자잉여 중 일부	시장 확대, 수입 증가
개별 소비자	소비자잉여 중 일부	소비 가능한 재화나 용역 증가, 다양화

온라인 플랫폼이 한국 경제에 가져오는 양적인 변화를 통계로도 확인할 수 있다. 〈표 2-6〉은 온라인쇼핑 거래의 최근 동향을 보여주고 있다. 인터넷의 일반화로 재화나 용역을 판매하는 주체들 중에서 온라인 거래를 하지 않는 경우를 갈수록 발견하기 어려워지고 있다. 온라인 플랫폼을 통한 거래는 분명 통상적인 온라인쇼핑 거래에 포함되지만 모든 온라인쇼핑 거래가 온라인 플랫폼을 통한 것은 아니다. 그럼에도 온라인쇼핑 거래와 온라인 플랫폼을 통한 거래는 둘 다 시장일 뿐만 아니라 온라인을 이용한다는 점에서 서로의 변화로부터 밀접하고 긍정적으로 영향을 받지 않을 수 없다. 이런 면에서 최소한 방향성에 있어서는 서로에 대해 훌륭한 '대용변수(proxy)'가 될 수 있다.

표 2-6 **한국의 온라인쇼핑 거래**

(단위 : 억 원, %)

	2018	2019	2020
소매판매액(a)	4,649,923	4,731,617	4,752,000
온라인쇼핑 거래액	1,137,297	1,352,640	1,594,384
상품거래액(b)	873,631	1,013,642	1,270,755
b/a	18.8	21.4	26.7
GDP(c)	18,981,926	19,244,981	19,331,524
b/c	4.60	5.26	6.57

주 : 여기서 상품거래액은 온라인쇼핑 거래액에서 여행 및 교통 서비스, 문화 및 레저 서비스, 이쿠폰 서비스, 음식 서비스, 기타 서비스 거래액을 제외한 통계.

출처 : 「온라인쇼핑 동향」, 통계청, 2021, 2020, 그리고 2019년.

2020년 한국에서 소매판매액은 475조 2,000억 원을 기록했다. 온라인쇼핑 거래액은 159조 4,384억 원이었고 서비스, 즉 용역을 제외한 상품거래만 보면 127조 755억 원으로 전체 소매판매액의 26.7%를 차지했다. 온라인쇼핑을 통한 상품거래액은 2018년 87조 3,631억 원에서 2019년 101조 3,642억 원으로 100조 원을 돌파한 이후 상승세를 이어나가고 있다. 2020년 GDP와 비교했을 때 6.57%로 역시 2018년 4.60%와 2019년 5.26%의 뒤를 이어 높아지고 있다. 부가가치 개념인 GDP와 거래액을 직접 연결하는 것은 무리지만 온라인쇼핑을 통한 상품거래 증가가 전체 경제의 성장에도 긍정적으로 기여하고 있다는 주장에 큰 이의를 제기하기는 어려울 것이며 이는 온라인 플랫폼에도 해당한다. 즉, 온라인 플랫폼의 성장으로 온라인쇼핑 거래액과 소매판매액이 증가하고 이것이 경제성장에도 기여한다고 볼 수 있으며, 이는 앞의 [그림 2-23]에서 균형거래량의 Q_0에서 Q_2로의 이동이 상징하는 바로 그것이다. 온라인쇼핑 거래에서 모바일 거래 비중을 보면 2018년 60.8%에서 2019년 64.5%, 그리고 2020년 67.9%로 역시 증가하고 있는데, 이는 한국에서 스마트폰 보급률을 따라간 당연한 결과라고 할 수 있다.

표 2-7 온라인쇼핑에서 모바일 거래의 역할

(단위 : 억 원, %)

	2018	2019	2020
총 거래액(a)	1,137,297	1,352,640	1,594,384
모바일 거래액(b)	690,950	872,736	1,082,659
b/a	60.8	64.5	67.9

출처 : 「온라인쇼핑 동향」, 통계청, 2021, 2020, 그리고 2019년.

최근의 온라인쇼핑 거래액의 변화를 상품의 특성에 따라 살펴볼 수 있다. 〈표 2-8〉에서 '서비스'가 2019년 33조 8,999억 원에서 2020년 32조 3,629억 원으로 감소한 것을 제외하고 전 부문에서 절대적으로 증가했다. 비중에 있어서는 그 격차가 줄어들고 있어 모든 부문에서 온라인쇼핑이 소비자들의 수요에 부응하고 있다는 결론을 내릴 수 있다. 당연히 이는 온라인 플랫폼을 통한 거래에도 해당할 것이다.

표 2-8 상품군별 온라인쇼핑 거래액

(단위 : 억 원, %)

	2018		2019		2020	
	규모	비중	규모	비중	규모	비중
가전	169,807	14.93	203,242	15.02	254,877	15.98
도서	26,521	2.33	27,997	2.06	35,024	2.19
패션	376,485	33.10	423,352	31.29	455,356	28.55
식품	134,813	11.85	169,629	12.54	258,925	16.23
생활	137,990	12.13	157,777	11.66	228,137	14.30
서비스	263,666	23.18	338,999	25.06	323,629	20.29
기타	28,017	2.46	31,645	2.33	38,435	2.41
합계	1,137,297	100	1,352,640	100	1,594,384	100

출처 : 「온라인쇼핑 동향」, 통계청, 2021, 2020, 그리고 2019년.

온라인 플랫폼은 단지 '양(量)적인' 변화에만 머물러 있지 않다. 독일의 철학자인 헤겔(Georg Wilhelm Friedrich Hegel, 1770~1831)이 제시했다는 '양(量)의 질(質)로의 전환 법칙'을 마치 증명이라도 하는 것 같은 일이 일어나고 있다. 온라인 플랫폼은 자연발생적인 혹은 전통적인 시장과 구분되고 오프라인 플랫폼과도 구별됨에도 이제 누군가 무엇인가를 구입하려 할 때 온라인 플랫폼을 먼저 찾아보고 누군가 플랫폼을 얘기하면 거의 모든 사람들이 이를 온라인 플랫폼으로 받아들이는 시대를 만들어버렸다. 온라인 플랫폼은 정보를 수집, 축적, 그리고 처리할 수 있는 능력을 통해 정보라는 같은 DNA를 공유([그림 2-13])하는 자연발생적인 혹은 전통적인 시장과 오프라인 플랫폼의 영역으로 빠르게 그 영향력을 확대하고 있다. 플랫폼을 넘어서서는 온라인 플랫폼을 이용하는 모든 생산자들과 관련 산업, 그리고 더 나아가서는 경제 전체를 변화시키고 있다.

온라인 플랫폼은 수입원인 경제적 잉여를 극대화하기 위해 수요와 공급을 지속적으로 늘려야 한다. 이는 공급자와 그들이 공급하는 재화나 용역의 양과 종류를 늘리는 것으로 나타난다. 오프라인 플랫폼도 다를 바 없지만 그 규모에서 비교가 되지 않는다. 공정거래위원회(2020년 12월 8일)에 따르면 백화점 중에서 거래납품・입점업체 수로 1위인 롯데백화점이 6,482개였던 반면 같은 기준으로 온라인쇼핑 중에서 1위인 위메프는 4만 1,377개의 공급자를 가지고 있었다. 당연히 온라인 플랫폼이 공급자들 사이에 경쟁을 가져오고 독점을 억제하는 효과 또한 오프라인 플랫폼과 비교가 되지 않는다. 백화점은 소비자들의 다양한 선호를 최대한 만족시키려고 노력해야 한다. 백화점 경쟁력의 하나는 다양한 재화나 용역을 제공할 수 있는 능력이며 이는 소수의 공급자가 매장을 지배하는 것을 방지하는 형태로 나타나게 된다. 이를 몇몇 명품만 취급하는 백화점이 세상에 없는 것으로도 충분히 증명할 수 있다. 결과적으로 오프라인 플랫폼은 공급자들에게 그만큼 판로를 제공하고 독점을 억제해 경쟁을 촉진하는 셈이다. 더 많은 재화와 용역의 수요자와 공급자들에게 열려 있는 온라인 플랫폼이 관련 산업을 경쟁적으로 만드 는 데 있어 더 큰 영향력을 발휘하는 것은 당연하다고 할 수 있다. 백화점과 같은 오프라인 플랫폼은 아무리 커도 공간적으로 제약되어 있기 때문에 공급자들 중에서 상대적으로 소수만이 접근할 수 있다. 따라서 한계기업이나 창업자들에게 기회가 올 가능성은 그만큼 줄어들게 된다. 그러나 온라인 플랫폼에서는 원칙적으로 이들의 진입에 전혀 문제가 없다. 우리는 이런 효과를 가까운 일상에서뿐만 아니라 통계적으로도 확인할 수 있다.

일상의 예를 들면 그동안 '치킨집'은 더 이상 고용해 줄 사람을 찾을 수 없고 특별한 경쟁력을 갖추지 못한 사람들이 마지막으로 생계를 위해 창업하는 사업으로만 알려져 왔다. 2019년 KB금융지주 경영연구소의 발표에 따르면 2018년 현재 외식프랜차이즈 가맹점 11만 6천 개 중에서 치킨집이 2만 5천 개(21.1%)로 가

그림 2-24 치킨집에 대해 잘 알려진 것

출처 : 이원석, 『공부란 무엇인가?』

장 많고 다음으로 한식(1만 9천 개), 커피(1만 4천 개), 주점(8천 개) 등의 순서라고 한다(2019년 6월 3일).

당연히 치킨집 간의 경쟁은 치열하고 그만큼 실패하는 사업주도 부지기수였다. 그런데 여기에 약간의 긍정적인 변화가 목격되고 있다. 일부 프랜차이즈에서 성공이 실패를 압도하기 시작한 것이다. 이런 반전이 일어날 수 있었던 가장 중요한 계기는 [그림 2-25]의 신문기사가 언급한 것처럼 배달전문 온라인 플랫폼의 활성화라고밖에 말할 수 없다.

그림 2-25 치킨집의 다른 목소리

경상계열 "이제 안 망해요" 치킨불패, 지난해 폐점률 1%
3년 연속 폐점률 1위 치킨집, 지난해 사상 최대 호황

[아시아경제 임혜선 기자] '자영업의 무덤', '은퇴 후 치킨집 차리면 망한다'라는 말이 무색하게 지난해 치킨집이 사상 최대 호황을 누렸다. 코로나19 사태로 배달음식이 일상이 되며 폐점률 1%를 기록해 외식업종 폐점률 1위(평균 10%대)라는 불명예를 벗어던졌다. 치킨 빅 3는 역대 최대 매출을 기록하며 신기록 행진을 벌였다.

치킨 빅 3 폐점률 1% 이하

16일 외식업계에 따르면 전체 치킨시장의 20%를 차지하는 국내 3대 치킨업체(교촌 · bhc · BBQ)의 가맹점 수(4,500개) 대비 폐점률은 약 1%인 것으로 조사됐다. 이는 점포 환경 개선과 양도 · 양수를 제외한 수치다. 서울시가 발표한 서울의 프랜차이즈 분석결과를 보면 외식 브랜드의 3년 생존율은 79.4%로 10곳 중 2곳이 사라지는 반면 지난해 치킨 프랜차이즈는 선방한 셈이다. 특히 업계 1위인 교촌에프앤비의 교촌치킨은 지난해 문을 닫은 곳이 단 1곳으로 전체 가맹점 수(1,269개) 대비 폐점률은 0.08%에 그쳤다.

창사 이래 최대 매출

배달음식시장 성장세에 힘입어 치킨업체들은 지난해 창사 이래 최대 매출을 기록했다. 교촌과 bhc는 처음으로 '4,000억 원 클럽'에 가입했다. 교촌의 지난해 연결 기준 매출액은 4,476억 원으로 전년 대비 18% 증가했다. 영업이익은 4% 늘어난 410억 원을 기록했다. bhc도 매출액 4,000억 원을 넘어섰다. 제너시스비비큐의 BBQ는 매출액이 약 3,500억 원으로 집계됐다. 가맹점 매출도 뛰어올랐다. 지난해 교촌치킨의 전체 가맹점 매출은 사상 처음으로 1조 원을 돌파했다. 가맹점 매출 증가는 배달 수요 확대가 주요 요인으로 꼽힌다. 치킨업체 배달 매출은 전년 대비 20% 증가했다.

치킨전문점 시장 7조 5천억 원

불과 몇 년 전까지만 해도 치킨업계에서 연 매출 3,000억 원은 '마의 숫자'로 불렸다. 교촌이 4년 전, bhc가 2019년 이 벽을 넘었고, BBQ치킨도 지난해 이 고지를 밟았다. 치킨업체들의 선방에 치킨 시장 규모도 역대 최대를 기록했다. 시장조사업체 유로모니터는 지난해 치킨전문점 시장 규모를 7조 4,740억 원으로 잡았다. 5년 전인 2016년(4조 8,877억 원) 대비 53% 성장한 수치다. 유로모니터는 치킨전문점 시장이 앞으로 5년 이상 성장할 것으로 내다봤다.

2021년 2월 16일

이렇게 온라인 플랫폼이 한계사업자나 창업자에 큰 도움이 된다는 사실은 통계로도 표시된다. 플랫폼은 공급자에게 시장을 만들어준 대가로 이들에게 수수료를 부과한다. 그런데 온라인 플랫폼들은 주요 대형 유통업체들 가운데 가장 낮은 수수료를 부과해 그만큼 공급자들의 부담이 절약되는 것으로 나타났다. 아래 〈표 2-9〉는 대형 유통업체들이 부과하는 실질 수수료율을 비교한 것이다. 이를 보면 온라인쇼핑몰을 이용하면 평균 9.0%를 부담해야 하지만 그렇지 않을 경우 아울렛 · 복합쇼핑몰(14.4%), 대형마트(19.4%), 백화점(21.1%), 그리고 TV홈쇼핑(29.1%)의 순으로 그 수수료율이 높아지는 것을 알 수 있다. 특히 온라인쇼핑몰인 GS SHOP의 경우는 8.3%로 어떤 유통업체들보다 낮았다.

표 2-9 유통업태별 실질수수료율

(단위 : %)

	TV홈쇼핑	백화점	대형마트	아울렛 · 복합쇼핑몰	온라인쇼핑몰
전체	29.1	21.1	19.4	14.4	9.0
업체별	NS(36.2)	롯데(22.2)	롯데마트(19.8)	뉴코아(18.3)	쿠팡(18.3)
	CJ(35.9)	현대(20.9)	홈플러스(19.8)	롯데(16.2)	롯데아이몰(9.7)
	현대(30.1)	AK(20.8)	이마트(19.1)	현대(14.2)	위메프(9.0)
	GS(28.5)	신세계(20.7)	하나로마트-농협유통(17.6)	스타필드(12.0)	티몬(8.9)
	롯데(27.7)	갤러리아(19.1)	하나로마트-하나로유통(16.1)	신세계(10.8)	에스에스지(8.6)
	홈앤(21.9)	NC(17.9)			GS SHOP(8.3)
	공영(20.1)				

주 : 실질수수료율은 계약상 수수료와 달리 실제로 수취한 수수료(정률, 정액, 혼합 등) 및 추가비용 등을 상품 판매 총액으로 나눈 비율

출처 : 공정거래위원회 보도자료, 공정거래위원회, 2020년 12월 8일, 〈표 11〉.

대기업은 중소 · 중견기업보다 더 큰 시장지배력을 가지고 있다. 이는 대기업의 대형 유통업체들에 대한 더 큰 협상력으로 연결된다. 따라서 통상적으로 대형

유통업체들은 대기업에 대해서는 중소·중견기업보다 낮은 수수료를 부과하게 된다. 〈표 2-10〉은 온라인쇼핑몰도 이로부터 자유롭지 않지만 그 차이가 가장 작다는 것을 보여준다. 그만큼 막 창업한 기업이 이미 자리 잡은 기업들과 경쟁하는 데 있어 온라인 플랫폼이 더 많은 기회를 제공한다고 말할 수 있다.

표 2-10 **대기업과 중소·중견 납품업체 간 실질수수료율 차이**

(단위 : %)

	대기업(a)	**중소·중견기업**(b)	**차이**(b-a)
TV홈쇼핑	18.5	30.7	12.2
아울렛·복합쇼핑몰	10.9	15.6	4.7
대형마트	17.9	19.9	2.3
백화점	19.4	21.6	2.2
온라인쇼핑몰	7.3	9.1	1.8

출처 : 공정거래위원회 보도자료, 공정거래위원회, 2020년 12월 8일, 〈표 14〉.

[그림 2-19]에서 오프라인 플랫폼이 자체 상표 제품 판매를 통해 관련 재화나 용역의 가격을 낮춰 수입원인 경제적 잉여를 확대하고 유지할 수 있다는 것을

그림 2-26 **아마존의 자체 상표**(private brand label)**의 예**

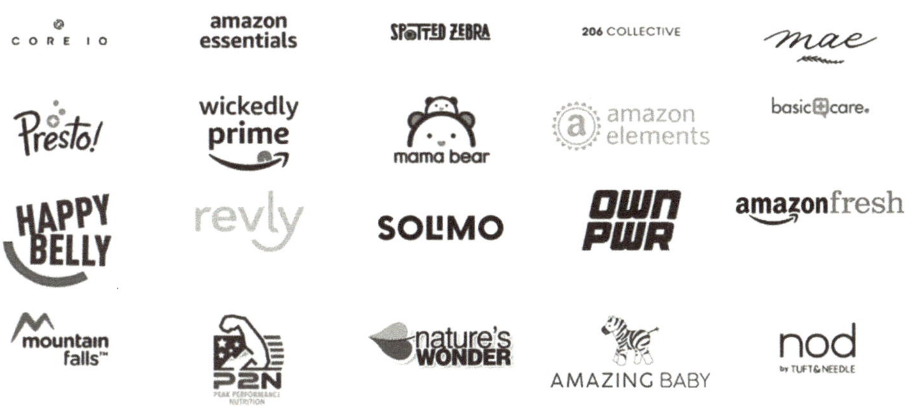

출처 : Pattern, Jul 2, 2021.

확인했다. 당연히 온라인 플랫폼은 자체 상표 제품 판매를 통해 더 넓은 범위에 걸쳐 더 큰 가격인하 혹은 인상 억제 효과를 가져 올 수 있다. 현재 대표적인 온라인 플랫폼인 아마존은 100개가 넘는 자체 상표를 보유(Pattern, Jul 2, 2021)하고 있는 것으로 알려져 있으며 [그림 2-26]은 이의 잘 알려진 몇 가지를 소개하고 있다.

베이조스(Bezos, Jeff)가 2020년 7월 29일에 열렸던 미 의회 청문회에서 밝힌 자료에 따르면 아마존의 자체 상표 제품은 그 종류를 기준으로 했을 때 아마존을 통해 팔리는 전체 제품들 중에서 1%에도 미치지 못했고 거래액(sales)을 기준으

표 2-11 아마존의 자체 상표 제품 비중

(단위 : %)

구분	가전	미용	가정&주방	의류, 침구류	서적	기타 소비재	장난감
전체 등록된 상품 중 아마존이 구입해서 판매하는 상품 비중(First-party of Total Listings)	4	4	1	8	34	3	9
아마존의 자체 상표(PBL)**가 전체 등록된 상품에서 차지하는 비중**(Private Brand of First-party)	<1	<1	<1	<1	<1	<1	<1
생산자가 아마존을 이용해 판매하는 상품이 전체 등록된 상품에서 차지하는 비중(Third-party of Total Listings)	96	96	99	92	66	97	91
아마존이 구입해서 판매하는 상품의 거래액(sales) **비중**(First-party of Total Listings)	43	35	33	28	74	41	42
아마존 자체 상표(PBL) **제품의 거래액 비중**(Private Brand of First-party)	3	<1	4	9	<1	2	<1
생산자가 아마존을 이용해 판매하는 상품의 거래액 비중(Third-party of Total Listings)	57	65	67	72	26	59	58

출처 : Pattern, Jul 2, 2021.

로 했을 때도 10%를 넘지 못했다. 그러나 2019년 아마존 자체 상표 제품과 경쟁 관계에 있는 제품을 아마존을 통해 판매하는 공급자(Third Party)들을 대상으로 한 설문에 따르면 이들 회사 경영진들의 73%가 아마존 자체 상표 제품에 대해 "우려(concerned)"를 표명했고 57%는 "매우 우려(very concerned)" 한다고 답했다(Pattern, July 2, 2021)고 한다. 이는 아마존의 자체 상표 제품들이 [그림 2-18]에서 예측했던 역할을 효과적으로 수행하고 있음을 증명하는 것에 다름 아니다.

슘페터(Schumpeter, Joseph A. 1883~1951)는 그의 책 *Capitalism, Socialism and Democracy*(1942)에서 자본주의의 강점을 "내부로부터 낡은 경제구조를 파괴하면서 끊임없이 새로운 경제구조를 창조하는 지속적인 산업변환 과정(process of industrial mutation that continuously revolutionizes the economic structure from within, incessantly destroying the old one, incessantly creating a new one)(1994, pp.82~83)"으로 정의할 수 있는 "창조적 파괴(creative destruction)"에서 찾았다. 드러커(Drucker, Peter, 1909~2005)는 "기업이 속한 경제와 사회적인 잠재력에 의도적이고 집중적인 변화를 가져오려는 노력(the effort to create purposeful, focused change in an enterprise's economic or social potential)(Drucker 2002, p.96)"으로 정의할 수 있는 "혁신(innovation)"에서 찾았다. 창조적인 파괴나 혁신의 구체적인 결과에 대해 의견이 다를 수 있다. 그러나 적어도 새로운 산업의 성립, 새로운 저렴하고 다양한 재화나 용역에 대한 시장 형성, 소비자들의 만족도 극대화, 새로운 기업의 진입과 낡은 기업의 퇴출, 고용 창출, 경제성장 등을 공통점으로 꼽을 것이다. 지금까지의 논의를 통해 우리는 온라인 플랫폼이 이를 이용해 재화나 용역을 공급하는 산업에 대해 마치 그 내부에서 어떤 기업이 창조적 파괴와 혁신을 수행하는 것과 같은 효과를 가져올 수 있다는 것을 확인하였다. 이런 면에서 온라인 플랫폼은 그동안 슘페터와 드러커가 창조적 파괴나 혁신의 시작을 "산업 내부(within)"에서 찾았던 것과 대비해서 "외부적 창조적 파괴자(Creative Destroyer Without)"로 불리기에 전혀 부족함이 없다고 할 수 있다. 슘페터는 오프라인 플랫폼은 보았지만 온라인 플랫폼은 상상하지도 못하던 시대를 살았고, 드러커는 온라인 플랫폼이 탄생해 막 뿌리를 내리던 시대밖에 보지 못했다. 그럼에도 이 두 경제학과 경영학의 거인들이 아직 생존해 있다면 아마도 주저 없이 위의 온라인 플랫폼에 대한 정의에 동의했을 것이다.

그림 2-27 온라인 플랫폼과 혁신

(a) 내부적 창조적 파괴자(creative destroyer within)

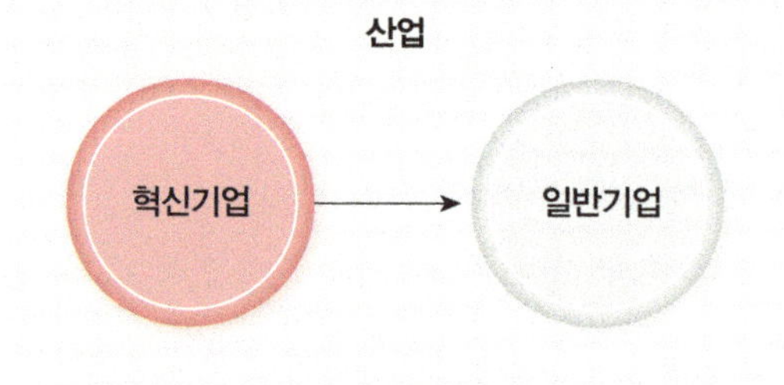

(b) 온라인 플랫폼, 외부적 창조적 파괴자(creative destroyer within)

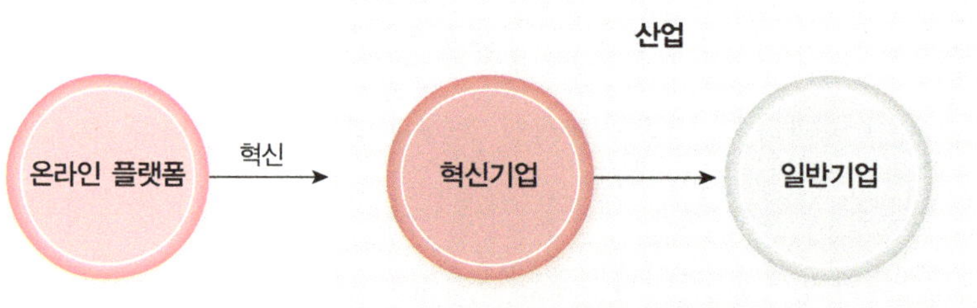

3장

온라인 플랫폼과 한국 경제

1. 축소되는 한국의 제조업 / 2. 준비되지 않은 한국의 서비스업
3. 대안 1 : 온라인 플랫폼이 이끄는 한국 서비스산업의 경쟁력 혁신
4. 대안 2 : 온라인 플랫폼이 창출하는 새로운 서비스업
5. 대안 3 : 온라인 플랫폼이 창출하는 새로운 제조업

제2장에서는 온라인 플랫폼을 이론적으로 다루었다. 어떤 나라에서건 경제 발전 정도와 상관없이 온라인 플랫폼이 공통적으로 보이는 특징을 살펴보았다. 이번 장(章)은 온라인 플랫폼이 한국 경제에 주는 의미에 초점을 맞추었다. 한국이 직면하고 있거나 혹은 직면할 경제적 문제를 해결하는 데 온라인 플랫폼이 어떤 역할을 할 수 있는지를 논의한다.

1. 축소되는 한국의 제조업

2019년 한국은 국내에서 모두 1조 6,463억 3천만 달러를 생산했다. 이를 생산활동별로 보면 농림어업이 1.8%, 2차 산업이 35.9%, 그리고 서비스업이 62.4%를 담당하였다. 특히 제조업은 27.7%를 기여했다. OECD 국가들 중에서 한국보다 제조업의 비중이 높은 국가는 30.8%를 기록한 아일랜드뿐이다. 제조업 강국으로 알려졌던 일본의 제조업 비중은 2018년 20.7%로 우리보다 낮았고 현재 세계의 공장이라고 자타가 공인하는 중국은 2019년 우리보다 조금 낮은 27.2%였다.

표 3-1 2019년 OECD 국가들의 국내총생산 산업별 구성 (단위 : 백만 달러, %)

국가별	국내총생산	농림어업	2차 산업	제조업	서비스업
아시아					
한국	1,646,330	1.8	35.9	27.7	62.4
이스라엘	395,099	–	–	–	–
일본	5,081,770	–	–	–	–
터키	754,412	6.4	27.7	19.0	55.9
북아메리카					
캐나다	1,736,426	–	–	–	–
멕시코	1,258,287	3.5	30.1	17.3	60.5

미국	21,427,700	–	–	–	–
남아메리카					
칠레	282,318	3.5	29.3	10.0	58.7
콜롬비아	323,803	6.7	26.3	10.9	57.5
유럽					
오스트리아	446,315	1.1	25.7	16.7	62.5
벨기에	529,607	0.4	19.0	12.0	69.7
체코	246,489	1.9	32.0	22.4	56.2
덴마크	348,078	1.4	20.9	13.1	64.9
에스토니아	31,387	2.9	22.7	12.9	61.4
핀란드	268,761	2.2	24.0	14.4	60.3
프랑스	2,715,518	1.6	17.1	9.8	70.2
독일	3,845,630	0.8	26.8	19.4	62.0
그리스	209,853	3.7	15.3	9.5	68.1
헝가리	160,967	3.5	26.0	18.2	55.3
아이슬란드	24,188	4.3	19.4	8.7	65.5
아일랜드	388,699	0.9	35.2	30.8	56.7
이탈리아	2,001,244	1.9	21.4	14.9	66.3
라트비아	34,117	3.7	19.2	10.2	64.1
리투아니아	54,219	3.0	25.3	16.2	61.6
룩셈부르크	71,105	0.2	11.3	4.6	79.2
네덜란드	909,070	1.7	17.8	11.0	69.8
노르웨이	403,336	1.9	29.1	6.3	57.7
폴란드	592,164	2.2	28.8	16.9	56.9
포르투갈	237,686	2.1	18.9	11.7	65.5
슬로바키아	105,422	2.5	28.9	18.5	58.1
슬로베니아	53,742	2.0	28.4	20.2	56.9
스페인	1,394,116	2.7	20.2	11.1	67.9
스웨덴	530,833	1.4	22.2	13.0	65.2
스위스	703,082	0.7	25.6	18.7	70.9
영국	2,827,113	0.6	17.4	8.6	71.3

오세아니아					
오스트레일리아	1,392,681	2.1	25.2	5.6	66.1
뉴질랜드	206,929	–	–	–	–

주 : 1) 2차 산업은 광업, 공업(제조업), 건설업, 전기, 가스 및 수도업으로 구성.
2) '–'는 아직 집계되지 않았음을 의미.
출처 : KOSIS.

[그림 3-1]을 보면 한국 제조업의 위상이 어떻게 달라져 왔는지를 살펴볼 수 있다. 1960년 12.3%로 출발해서 2011년 30.9%로 최고점을 찍은 후 차츰 감소해서 2019년 27.7%에 머물렀다.

그림 3-1 한국 제조업과 서비스업의 국내총생산 비중 변화

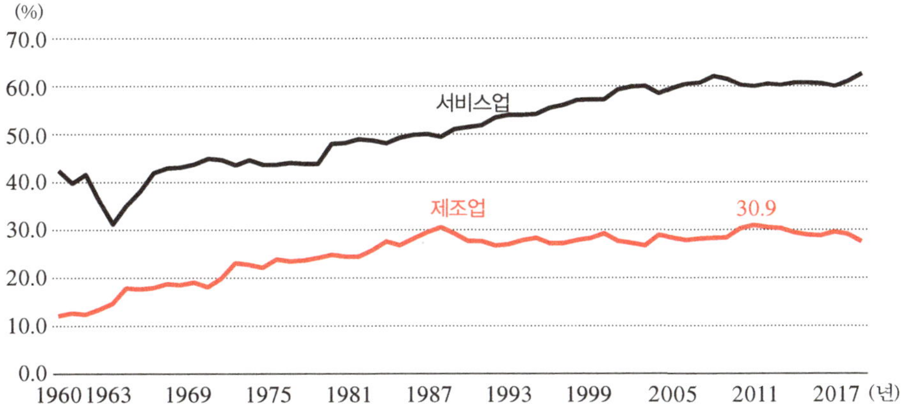

출처 : KOSIS.

그런데 장기적으로 보았을 때 20세기 후반 이후 거의 모든 경제대국들에서 제조업 비중이 줄어드는 것이 일반적임을 확인할 수 있다. 미국의 경우 1987년 16.1%로부터 완만하게 감소하기 시작해 2017년 11.2%에 도달하였다. 프랑스의 경우는 1960년 22.5%에서 출발해 2019년 9.8%까지 낮아졌다. 제조업이 강하다는 독일과 일본도 예외가 아니다. 독일은 1991년 24.8%였지만 2019년 19.4%

그림 3-2 1960~2019년 주요 경제대국에서의 제조업 비중 변화

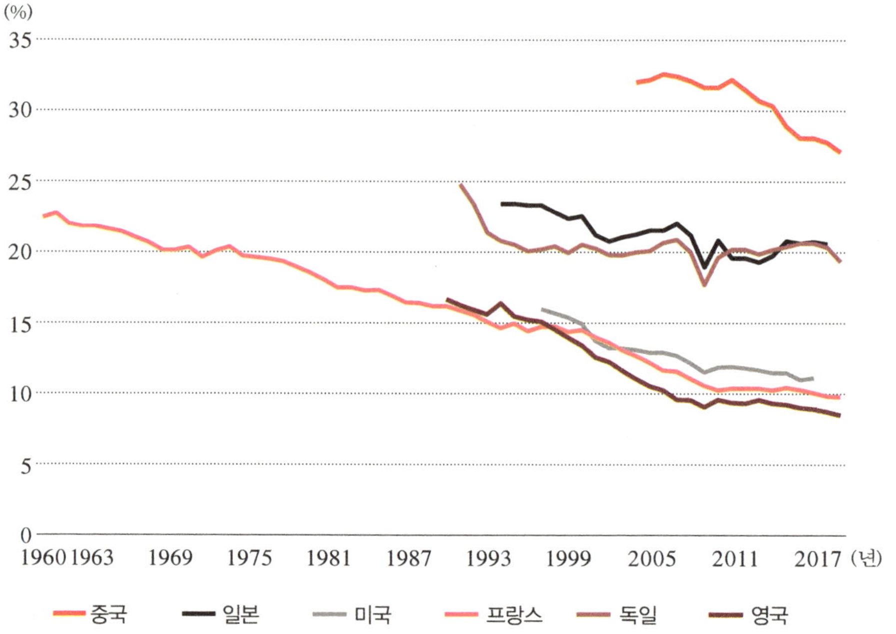

출처 : KOSIS.

로, 그리고 일본은 1994년 23.5%에서 2018년 20.7%로 떨어졌다. 산업혁명을 통해 제조업을 인류 역사상 처음으로 수립했던 영국은 탈제조업화가 더 빨라 1990년 16.7%에서 2019년 8.6%로 채 30년이 되지 않는 기간 동안 절반 수준으로 축소되었다. 놀라운 점은 신생 공업대국인 중국도 이 추세에서 벗어나지 못하고 2004년 32.0%에서 2019년 27.2%로 낮아졌다는 것이다.

한국 제조업이 GDP에서 차지하는 비중이 현재보다 높아질 가능성은 거의 없다고 해도 과언이 아니다. 앞으로 서비스업이 그동안 제조업이 해온 역할을 충분히 대신하지 않는다면 한국이 큰 경제적 어려움에 직면할 가능성이 있다는 것은 결코 기우(杞憂)가 아니다.

2. 준비되지 않은 한국의 서비스업

흔히들 한국은 무역으로 먹고 사는 국가라고 한다. 이는 간단한 통계로도 확인된다. 2017년 OECD 국가들 각각의 수출과 수입, 즉 무역을 각각의 GDP와 비교한 무역의존도를 보면 한국은 64.82%로 전체 37개 국가들 가운데 15위를 차지했다. 그런데 2017년 한국의 GDP 1조 6,233억 1천만 달러보다 큰 경제를 자랑하면서 무역의존도도 더 높은 나라는 71.23%로 13위를 차지한 독일뿐이었다.

표 3-2 2017년 OECD 국가들의 무역(= 수출 + 수입)의존도 순위

순위	국가	수출/GDP(%)	수입/GDP(%)	무역/GDP(%)	GDP(백만 달러)
1	슬로바키아	88.49	87.26	175.75	95,482
2	벨기에	85.38	81.21	166.59	503,789
3	체코	84.40	75.67	160.07	215,914
4	헝가리	80.33	73.34	153.67	141,511
5	네덜란드	78.20	68.91	147.11	833,870
6	리투아니아	62.66	68.15	130.81	47,751
7	슬로베니아	65.80	64.27	130.07	48,562
8	에스토니아	54.20	62.08	116.28	26,859
9	라트비아	42.95	52.54	95.49	30,273
10	폴란드	44.50	44.40	88.90	526,381
11	스위스	44.06	39.68	83.74	679,950
12	오스트리아	38.32	39.84	78.16	418,316
13	독일	39.51	31.72	71.23	13,665,804
14	아일랜드	40.88	26.42	67.30	335,663
15	한국	35.34	29.48	64.82	1,623,310
16	포르투갈	28.11	35.21	63.32	221,358
17	룩셈부르크	24.53	35.60	60.13	64,182
18	덴마크	30.86	28.04	58.90	329,417

19	스웨덴	28.26	28.50	56.76	541,019
20	핀란드	26.38	27.48	53.86	255,123
21	캐나다	25.70	26.84	52.54	1,649,878
22	스페인	24.34	26.74	51.08	1,312,552
23	이탈리아	26.02	23.28	49.30	1,961,796
24	아이슬란드	19.86	28.46	48.32	24,488
25	노르웨이	25.60	20.77	46.37	398,394
26	터키	18.43	27.41	45.84	852,677
27	프랑스	20.62	24.05	44.67	2,595,151
28	그리스	16.03	26.28	42.31	203,588
29	영국	16.37	22.99	39.36	2,666,229
30	뉴질랜드	18.53	19.53	38.06	205,416
31	이스라엘	17.30	19.58	36.88	353,253
32	오스트레일리아	17.37	17.20	34.57	1,330,136
33	일본	14.34	13.81	28.15	4,866,864
34	콜롬비아	12.19	14.77	26.96	311,884
35	미국	7.94	12.36	20.30	19,485,394
36	멕시코	1.88	1.93	3.81	1,157,736
37	칠레	0.04	0.04	0.08	277,045
		35.29	35.83	71.12	

출처 : KOSIS.

한국의 주요 수출입 상품을 살펴보면 한국 경제에 있어 무역의 중요성이 질적으로 독일보다 높고 아마도 선진국 가운데 최고 수준일지 모른다는 것을 부정하기 힘들다.

2019년 한국의 상위 5개 수입 농산물은 옥수수(23억 달러), 쇠고기(냉동)(20억 달러), 기타 조제식품류(17억 달러), 돼지고기(신선, 냉장, 냉동)(16억 달러), 그리고 밀, 메슬린(9억 달러)으로 기타 조제식품류를 빼면 나머지는 가공품이 아닌 재료들이다. 비농산품 무역에서도 원자재를 수입에 의존하는 형태는 반복된다. 2019

표 3-3 2019년 한국의 주요 수출입 상품

(단위 : 백만 달러)

농산물(agricultural Products)						
	수출			수입		
	구분	내용	규모	구분	내용	규모
1	HS2106	기타 조제식품류	782	HS1005	옥수수	2,353
2	HS2402	시가 · 셔루트 · 시가릴로 · 궐련	739	HS0202	쇠고기(냉동)	2,035
3	HS1902	파스타, 쿠스쿠스	612	HS2106	기타 조제식료품	1,758
4	HS2202	물, 음료	496	HS0203	돼지고기(신선, 냉장, 냉동)	1,600
5	HS1212	해조류, 사탕무, 사탕수수, 식용의 과실 핵	278	HS1001	밀. 메슬린	990
소계			2,907	소계		8,736
농산물 수출 합계			6,830	농산물 수입 합계		27,920

비농산물(Non-Agricultural Products)						
	수출			수입		
	구분	내용	규모	구분	내용	규모
1	HS8542	전자집적회로	79,119	HS2709	석유 · 역청유(원유로 한정)	70,252
2	HS8703	승용차, 스테이션왜건, 경주용 차량	40,455	HS8542	전자집적회로	35,782
3	HS2710	석유, 역청유, 웨이스트 오일	39,280	HS2711	석유가스, 탄화수소(가스 상태의 것)	24,163
4	HS8708	차량 부분품	18,981	HS2710	석유, 역청유, 웨이스트 오일	17,200
5	HS8901	순항선, 유람선, 페리보트, 화물선, 부선	17,106	HS2701	석탄, 연탄 · 조개탄, 이와 유사한 고체연료	14,093
소계			194,941	소계		161,490
비농산물 수출 합계			535,342	비농산물 수입 합계		475,343
총수출 합계			542,233	총수입 합계		503,343

주 : HS 4단위에 따른 분류.

출처 : WTO.

년 한국의 상위 5개 수입 비농산품은 석유, 역청유(원유로 한정)(702억 달러), 전자직접회로(357억 달러), 석유가스, 탄화수소(가스 상태의 것)(241억 달러), 석유, 역청유, 웨이스트오일(172억 달러), 그리고 석탄, 연탄 · 조개탄, 이와 유사한 고체연료(140억 달러)의 순서다. 여기서 전자직접회로를 빼면 나머지는 모두 원자재다.

이런 한국 무역의 특징은 독일과 비교하면 더욱 분명해진다. 일단 2019년 독일은 농산물을 859억 달러 수출하고 1,018억 달러 수입해 한국이 68억 달러 수출하고 279억 달러 수입한 것과 크게 대비되게 농산물에서도 강한 경쟁력을 보여주었다. 특히 상위 5개 수입농산물을 보면 치즈, 커드(45억 달러), 커피, 커피 껍질, 커피 대용물(30억 달러), 포도주(생포도로 제조), 포도즙(29억 달러), 빵, 파이, 케이크, 비스킷 등 베이커리 제품(25억 달러), 그리고 초콜릿, 코코아가 함유된 조제식품(25억 달러)으로 대부분이 식품 재료가 아닌 가공식품 중심이었다. 비농산물 분야에서도 상대적으로 원재료보다는 가공품을 더 많이 수입하는 형태가 뚜렷하다. 2019년 독일의 상위 5개 수입 비농산물은 승용차, 스테이션웨건, 경주용 차량(713억 달러), 석유, 역청유(원유로 한정)(407억 달러), 차량 부분품(402억 달러), 석유가스, 탄화수소(가스 상태의 것)(313억 달러), 그리고 의약품(치료용 · 예방용, 일정 투여량의 것, 소매용 · 포장의 것)(305억 달러)이었다. 석유, 역청유(원유로 한정)와 석유가스, 탄화수소(가스 상태의 것)를 빼면 나머지 3개는 공산품이다. 특히 눈길을 끄는 것은 석유, 역청유(원유로 한정)를 한국이 독일보다 300억 달러 가까이 더 수입했다는 것이다. 이상과 같이 상대적으로 독일은 한국보다 원자재 조달에 있어 해외시장에 덜 의존하고, 한국은 경제적 생존에 있어 원자재 수입에 더 의존한다.

표 3-4 2019년 독일의 주요 수출입 상품 (단위 : 백만 달러)

농산물(agricultural Products)						
	수출			수입		
	구분	내용	규모	구분	내용	규모
1	HS1806	초콜릿, 코코아 함유한 조제식료품	5,176	HS0406	치즈, 커드	4,525
2	HS0203	돼지고기(신선. 냉장. 냉동)	5,046	HS0901	커피, 커피 껍질, 커피 대용물	3,096
3	HS0406	치즈, 커드	4,610	HS2204	포도주(생포도로 제조), 포도즙	2,950
4	HS1905	빵, 파이, 케이크, 비스킷 등 베이커리 제품	4,076	HS1905	빵, 파이, 케이크, 비스킷 등 베이커리 제품	2,549
5	HS2106	기타 조제식료품	3,760	HS1806	초콜릿, 코코아 함유한 조제식료품	2,537
소계			22,668	소계		15,657
농산물 수출 합계			85,979	농산물 수입 합계		101,811

비농산물(Non-Agricultural Products)						
	수출			수입		
	구분	내용	규모	구분	내용	규모
1	HS8703	승용차, 스테이션왜건, 경주용 차량	143,068	HS8703	승용차, 스테이션왜건, 경주용 차량	71,321
2	HS8708	차량 부분품	62,202	HS2709	석유, 역청유(원유로 한정)	40,745
3	HS3004	의약품(치료용 · 예방용, 일정 투여량의 것, 소매용 · 포장의 것)	56,506	HS8708	차량 부분품	40,205
4	HS8802	그 밖의 항공기(예 : 헬리콥터 · 비행기), 우주선(인공위성을 포함한다), 서보비틀(suborbital), 우주선 운반로켓	31,430	HS2711	석유가스, 탄화수소(가스상태의 것)	31,360
5	HS3002	사람 피, 치료 · 예방 · 진단용 동물 피, 면역혈청, 백신 · 독소 · 미생물 배양체	28,973	HS3004	의약품(치료용 · 예방용, 일정 투여량의 것, 소매용 · 포장의 것)	30,589
소계			322,179	소계		214,220

비농산물 수출 합계	1,362,885	비농산물 수입 합계	1,108,385
총수출 합계	1,489,152	총수입 합계	1,234,454

주 : HS 4단위에 따른 분류.
출처 : WTO.

한국이 해외시장으로부터 필요한 식품 재료와 원자재를 계속 들여올 수 있었던 것은 지극히 당연하게 해외시장에서 더 큰 규모의 금액으로 한국산 상품을 팔 수 있었기 때문이다. 그런데 상품을 재화와 용역(서비스)으로 나눠보면 점차 경제에서 차지하는 비중이 떨어지고 있는 제조업이 만들어내는 재화, 즉 공산품이 거의 모든 역할을 했고 서비스는 전혀 도움을 주지 못했다는 것을 알 수 있다.

먼저 1980년부터 2020년까지의 서비스수지를 보면 1980년 13억 1,370만 달러의 흑자를 낸 후 1990년 5억 1백만 달러의 흑자를 기록할 때까지 10년 연속, 그리고 1998년 28억 8,130만 달러와 1999년 10억 4,210만 달러의 흑자를 낸 2년을 제외하고 나머지 모든 기간에서 한국은 서비스수지 적자를 기록했다. 특히

그림 3-3 1980~2020년, 한국의 상품수지와 서비스수지의 변화

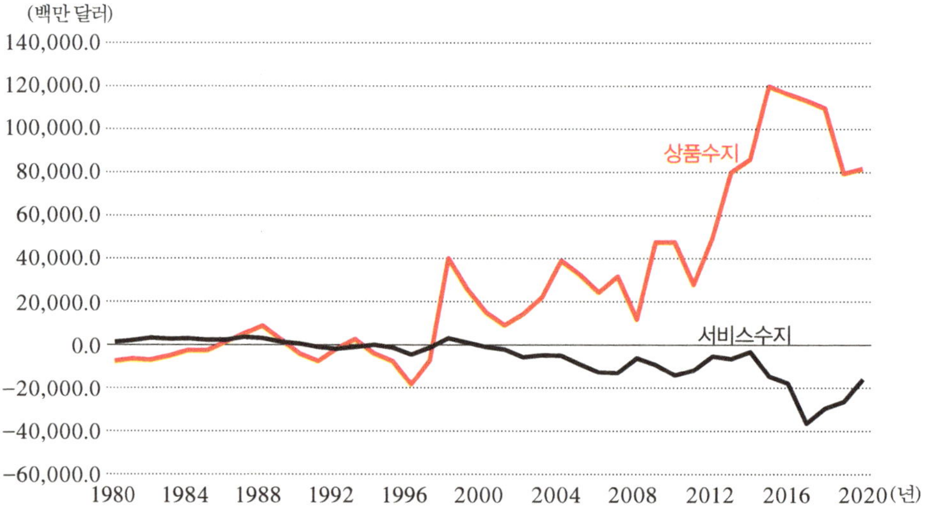

출처 : KOSIS.

주목할 점은 2014년 32억 9,010만 달러이던 적자 규모가 2015년 146억 2,580만 달러로 대폭 증가했고 2020년에도 161억 9,010만 달러로 100억 달러를 훨씬 웃도는 수준을 유지한 점이다.

반면 상품수지는 1985년 23억 5,050만 달러의 적자를 기록한 후 1989년까지 5년간 흑자를 기록했다. 이후 1990년부터 1992년까지 3년간 적자를 기록한 후 1993년 잠깐 26억 8,270만 달러의 흑자로 돌아섰다가 1994년부터 1997년까지 적자 행진을 이어나갔다. 그런데 외환위기가 있던 1998년에 대(大) 반전이 일어났다. 396억 1,380만 달러의 흑자를 기록한 후 2020년 819억 4,520만 달러에 이르기까지 무려 22년간 가속적인 흑자를 이어오고 있다.

그러면 시간이 주어지면 한국의 서비스산업이 제조업이 그동안 해온 역할을 이어받을 수 있을까? 제조업과 서비스산업을 비교해 보면 긍정적으로 답하기가 어렵다.

무엇보다 서비스산업은 제조업의 효율성에 크게 미치지 못하고 있다. 2018년 한국의 40대 제조업은 전체의 10.67%인 43만 6,844개 사업체가 18.48%인 410만 5,839명을 고용해 29.51%인 552조 4,381억 9,400만 원의 부가가치를 생산했다. 각 기술수준 안에서 예외가 있지만 전체적으로 기술수준이 높을수록 상대적으로나 절대적으로 더 많은 부가가치를 만들어내는 것이 일반적이라고 할 수 있다. 예를 들어 반도체가 포함된 고위기술 산업은 사업체가 전체의 0.76%인 약 3만 개로 전체 근로자의 2.7%인 60만 명 가까이를 고용해 전체 부가가치의 8.21%인 약 153조 원을 생산한 것으로 집계되었지만 담배를 포함하는 저위기술 산업은 4.70%인 19만 개의 사업체가 4.87%인 108만 명을 고용해 전체 경제에 5.47%인 102조 원의 가치를 더했다. 반면에 2018년 한국의 20대 서비스업은 전체의 86.34%인 350만 5,815개의 사업체가 73.80%인 1,641만 5,531명을 고용해 60.23%인 1,128조 4,109억 6,500만 원의 부가가치를 생산함으로써 고위기술 산업은 말할 것도 없고 저위기술 산업과 비교해도 뚜렷하게 비효율적인 모습을 보여주었다.

표 3-5 **2018년 한국의 40대 제조업 특징**

(a) 고위기술 산업

구분	사업체		종업원		부가가치	
	규모(개)	비중(%)	규모(명)	비중(%)	규모(백만 원)	비중(%)
의약	1,206	0.03	47,450	0.21	9,499,620	0.51
반도체	1,566	0.04	128,060	0.58	78,008,056	4.16
디스플레이	566	0.01	70,704	0.32	23,777,793	1.27
컴퓨터	1,121	0.03	12,601	0.06	4,850,934	0.26
통신기기	3,147	0.08	63,774	0.29	12,261,212	0.65
가전	9,336	0.23	105,481	0.47	6,308,801	0.34
정밀기기	13,315	0.32	128,078	0.58	12,177,690	0.65
전지	321	0.01	24,165	0.11	5,232,118	0.28
항공	389	0.01	17,504	0.08	1,728,557	0.09
합계	30,967	0.76	597,817	2.70	153,844,781	8.21

(b) 중 · 고위기술 산업

구분	사업체		종업원		부가가치	
	규모(개)	비중(%)	규모(명)	비중(%)	규모(백만 원)	비중(%)
석유화학	3,984	0.10	69,619	0.31	26,150,091	1.40
정밀화학	7,637	0.19	95,060	0.43	14,989,732	0.80
기타 전자부품	6,311	0.15	101,322	0.46	7,172,619	0.38
전기기기	14,466	0.35	158,615	0.71	20,484,863	1.09
일반목적기계	19,782	0.48	220,208	0.99	19,748,499	1.05
특수목적기계	30,372	0.74	258,720	1.16	23,554,703	1.26
자동차	10,796	0.27	348,868	1.57	39,528,290	2.11
철도	307	0.01	6,185	0.03	537,740	0.03
기타 수송장비	391	0.01	3,860	0.02	425,127	0.02
합계	94,046	2.30	1,262,457	5.68	152,591,664	8.14

(c) 중 · 저위기술 산업

구분	사업체		종업원		부가가치	
	규모(개)	비중(%)	규모(명)	비중(%)	규모(백만 원)	비중(%)
석유정제	349	0.01	13,002	0.06	36,429,106	1.94
고무	3,330	0.08	53,803	0.24	4,205,154	0.22
플라스틱	20,811	0.51	242,134	1.09	20,861,883	1.11
유리	2,072	0.05	28,576	0.13	4,659,701	0.25
세라믹	2,679	0.07	16,631	0.07	1,121,272	0.06
시멘트	3,103	0.08	50,883	0.23	5,159,425	0.28
기타 비금속 광물	3,879	0.09	23,229	0.10	2,434,034	0.13
철강	5,338	0.13	104,907	0.47	20,094,888	1.07
비철금속	2,253	0.05	38,320	0.17	5,741,974	0.31
주조	1,767	0.04	21,967	0.10	1,796,135	0.10
조립금속	70,814	1.73	464,132	2.09	35,899,866	1.92
조선	2,723	0.07	106,544	0.48	5,581,063	0.30
합계	119,118	2.91	1,164,128	5.23	143,984,501	7.69

(d) 저위기술 산업

구분	사업체		종업원		부가가치	
	규모(개)	비중(%)	규모(명)	비중(%)	규모(백만 원)	비중(%)
음식료	61,620	1.50	362,090	1.63	26,137,853	1.40
담배	15	0.00	2,576	0.01	7,596,472	0.41
섬유	22,041	0.54	148,022	0.67	7,991,241	0.43
의류	24,130	0.59	134,381	0.60	6,414,203	0.34
가죽 · 신발	5,622	0.14	30,139	0.14	1,313,355	0.07
목재	7,038	0.17	40,186	0.18	2,230,453	0.12
제지	7,393	0.18	80,369	0.36	8,350,573	0.45
인쇄	18,101	0.44	75,222	0.34	4,652,188	0.25
가구	13,884	0.34	82,382	0.37	3,295,738	0.18
기타 제조업	32,869	0.80	126,070	0.57	34,035,172	1.82
합계	192,713	4.70	1,081,437	4.87	102,017,248	5.47

주 : 1) 사업체와 종업원은 '1인 이상 전국사업체조사'에 의거. 2) 부가가치는 '명목 산업연관 분석'에 의거.
출처 : 산업통계분석시스템.

표 3-6 2018년 한국의 20대 서비스업 특징

분류	소분류	사업체(개)	종업원(명)	부가가치(백만 원)
유통 서비스	도 · 소매업	1,027,110 (25.30)	3,250,874 (14.62)	150,607,782 (8.04)
	운수 · 보관	400,282 (9.76)	1,145,752 (5.15)	53,409,803 (2.85)
	소계	1,427,392 (35.15)	4,396,626 (19.77)	204,017,585 (10.89)
생산자 서비스	출판	27,328 (0.67)	310,442 (1.40)	52,771,583 (2.82)
	방송	827 (0.02)	32,895 (0.15)	4,110,130 (0.22)
	통신	4,852 (0.12)	91,477 (0.41)	20,145,938 (1.08)
	정보	10,881 (0.27)	164,192 (0.74)	6,473,522 (0.35)
	금융 · 보험	43,439 (1.06)	705,675 (3.17)	109,815,359 (5.86)
	부동산	160,151 (3.90)	520,584 (2.34)	165,591,968 (8.84)
	임대	17,083 (0.42)	70,208 (0.32)	14,520,094 (0.78)
	전문 · 과학기술	112,081 (2.73)	1,065,459 (4.79)	109,214,862 (5.83)
	사업시설관리 서비스	11,538 (0.28)	267,849 (1.20)	12,472,741 (0.67)
	사업지원	42,270 (1.03)	864,117 (3.89)	37,132,407 (1.98)
	소계	430,450 (10.60)	4,092,898 (18.40)	532,248,604 (28.41)
사회 서비스	공공행정	12,521 (0.31)	734,566 (3.30)	111,737,196 (5.96)
	공공교육	22,429 (0.55)	1,017,780 (4.58)	n.a.
	교육	166,831 (4.07)	603,518 (2.71)	89,192,466 (4.76)
	의료 · 보건	75,153 (1.83)	981,085 (4.41)	62,841,641 (3.35)
	사회복지	72,299 (1.76)	920,967 (4.14)	20,426,243 (1.09)
	소계	349,233 (8.60)	4,257,916 (19.14)	284,197,546 (15.17)
개인 서비스	숙박 · 음식점	766,855 (18.69)	2,335,728 (10.51)	55,471,408 (2.96)
	예술 · 스포츠 · 여가	121,639 (2.96)	442,046 (1.99)	26,408,331 (1.41)
	기타 서비스	410,246 (10.00)	890,317 (4.00)	26,067,491 (1.39)
	소계	1,298,740 (31.99)	3,668,091 (16.49)	107,947,230 (5.76)
합계		3,505,815 (86.34)	16,415,531 (73.80)	1,128,410,965 (60.23)

주 : 1) n.a.는 자료 없음을 의미하며 부가가치 합계 시 "0"으로 간주.
2) 사업체와 종업원은 '1인 이상 전국사업체조사'에 의거.
3) 부가가치는 '명목 산업연관 분석'에 의거.
4) 괄호는 산업 전체에서 차지하는 비중을 의미.

출처 : 산업통계분석시스템.

특히 일반인들이 쉽게 접할 수 있는 도·소매업과 숙박·음식점은 합쳐서 전체의 약 44%인 180만 개에 육박하는 사업체가 4분의 1이 넘는 약 560만 명을 투입해서 겨우 11% 수준인 206조 원의 가치만을 한국 경제에 추가했을 뿐이다. 당연하게 서비스산업 안에서도 차이가 난다. 예를 들어 생산자 서비스와 사회 서비스는 효율성 측면에서 유통 서비스나 개인 서비스보다 났다고 할 수 있다. 그러나 사업체 숫자에서 전체의 각각 35.15%, 그리고 31.99%를 차지하는 유통 서비스와 개인 서비스에서 보이는 높은 비효율이 서비스업 전체의 효율성을 떨어뜨리는 중요한 요소라는 점을 부정하기 어렵다. 앞에서 40대 제조업의 경험을 확대 적용하면 서비스업에서의 기술력 증진이 없다면 미래 제조업을 대체할 수 있는 능력을 갖추지 못하는 것은 말할 것도 없고 한국 경제 전체의 경쟁력마저 크게 훼손될 것임이 너무도 분명해진다.

3. 대안 1 : 온라인 플랫폼이 이끄는 한국 서비스산업의 경쟁력 혁신

2019년 주요 경제대국들의 상품과 서비스교역 수지를 살펴보면 서비스 부문에서 한국 경제가 어떤 나라와 맞닥뜨릴지 가늠할 수 있다. 우선 눈에 띄는 점은 상품과 서비스교역 모두에서 흑자를 기록한 국가는 상품교역에서 21억 달러, 그리고 서비스교역에서 11억 달러의 흑자를 기록한 일본이 유일하다는 것이다. 그런데 일본이 기록한 양 부문에서의 흑자가 상대적으로 아주 작다는 것을 고려하면 최소한 경제대국들 사이에서 그런 나라는 전혀 없다고 해도 과언이 아니다. 즉, 제조업에서의 국제경쟁력을 서비스산업에서의 국제경쟁력으로 전환시킨 사례가 현재까지 드물다고 할 수 있다. 다음으로는 상품교역 수지에서 중국이 3,929억 달러 흑자로 1위, 그리고 서비스교역 수지에서 미국이 2,874억 달러 흑자로 1위를 차지했다는 점이다. 즉, 제조업에서는 중국이, 그리고 서비스 부문에서는 미국이 세계시장을 주도하고 있다는 것을 다시 한 번 확인할 수 있다. 그런데 만약 영국을 미국과 같은 문화권으로 묶으면 흑자규모는 무려 4,193억 달러로 11억 달러 흑자인 일본은 말할 것도 없고 241억 달러 흑자인 프랑스마저도 크게 압도한다. 즉, 앵글로색슨이 세계 서비스시장을 주도한다는 설명이 가능해진다.

표 3-7 2019년 주요 경제대국들의 상품과 서비스 교역 수지 (단위 : 백만 달러)

국가	상품	서비스
캐나다	−11,574.6	−16,208.6
프랑스	−52,400.6	24,169.7
독일	248,281.6	−24,294.0
이탈리아	63,988.5	−1,926.5
일본	2,128.7	1,185.9
한국	79,812.1	−26,845.7
영국	−166,823.8	131,868.1
미국	−864,331.0	287,466.0
중국	392,993.3	−261,149.0

출처 : OECD.

장기적으로 보면 이런 미국과 영국의 세계 서비스시장 지배가 2000년대에 들어와 분명해진 현상이라고 할 수 있다. 특히 2010년 이후 이들과 여타 나라들과의 격차가 심해졌고, 무엇보다 그즈음 중국이 대규모 적자를 시현하기 시작했다. 그런데 상품교역 수지를 보면 미국과 영국이 세계 서비스시장에서의 패권을 지키기 위해 사력을 다할 것이라는 점을 짐작하게 한다. 미국과 영국 모두 적어도 상품교역에서 2000년대 내내 적자를 기록했고, 특히 미국은 트럼프 행정부의 소위 말하는 중국 때리기에도 불구하고 시간이 갈수록 적자폭이 확대되었기 때문이다. 즉, 미국은 저무는 제조업 대신에 서비스업에 경제적 명운을 걸었다고 말할 수 있다.

그림 3-4 2000~2019년 주요 경제대국들의 서비스교역 수지 추이

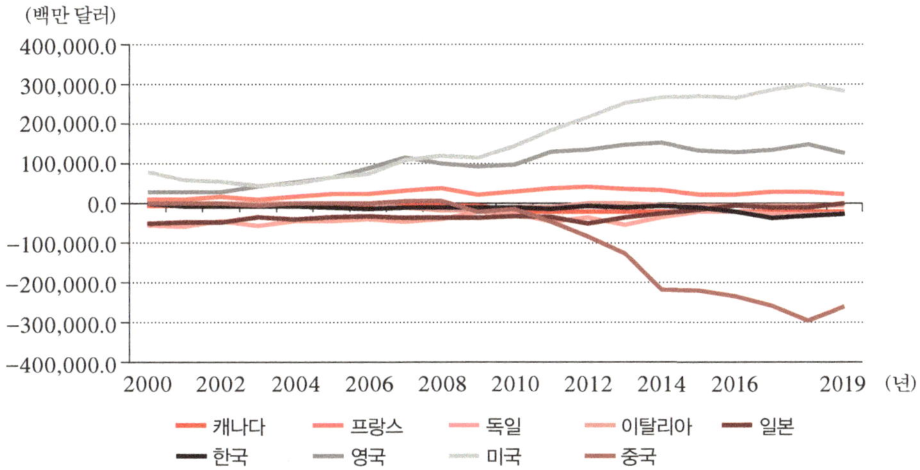

출처 : OECD.

그림 3-5 2000~2019년 주요 경제대국들의 상품교역 수지 추이

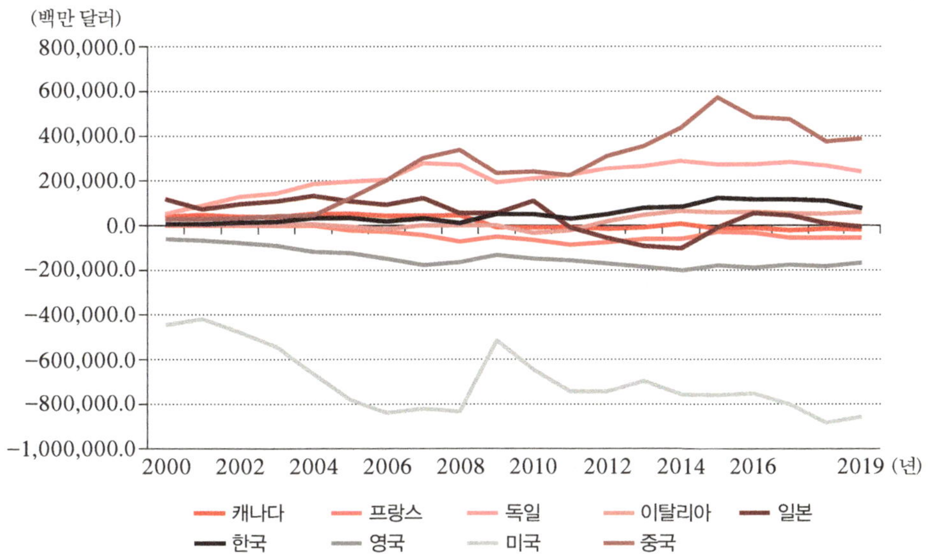

출처 : OECD.

표 3-8 **'관광진흥법'에 따른 관광업의 정의와 범위**

구분	내용
제2조(정의)	"관광사업"이란 관광객을 위하여 운송 · 숙박 · 음식 · 운동 · 오락 · 휴양 또는 용역을 제공하거나 그 밖에 관광에 딸린 시설을 갖추어 이를 이용하게 하는 업(業)을 말한다.
제3조(관광사업의 종류)	1. 여행업, 2. 관광숙박업, 3. 관광객이용시설업, 4. 국제회의업, 5. 카지노업, 6. 유원시설업, 7. 관광시설업

출처 : 국가법령정보센터.

'관광(Travel and Tourism)'을 통해 한국의 서비스 부문에서 사업체와 종사자를 기준으로 가장 비중이 높은 도 · 소매업과 숙박 · 음식점의 국제경쟁력과 그 변화를 간접적으로 가늠할 수 있다.

한국의 해외관광업은 2010년 이후 큰 발전을 이룩하였다. 2010년 879만 명이었던 입국자 수는 2012년 1,114만 명으로 1천 만 명을 돌파했다. 2015년과 2017년 두 차례 큰 감소를 겪었지만 곧 회복해 증가 추세를 이어나가 2019년 1,750만 명으로 2010년의 두 배 가까이에 이르렀다.

그림 3-6 **연도별 입국자 수 추이**

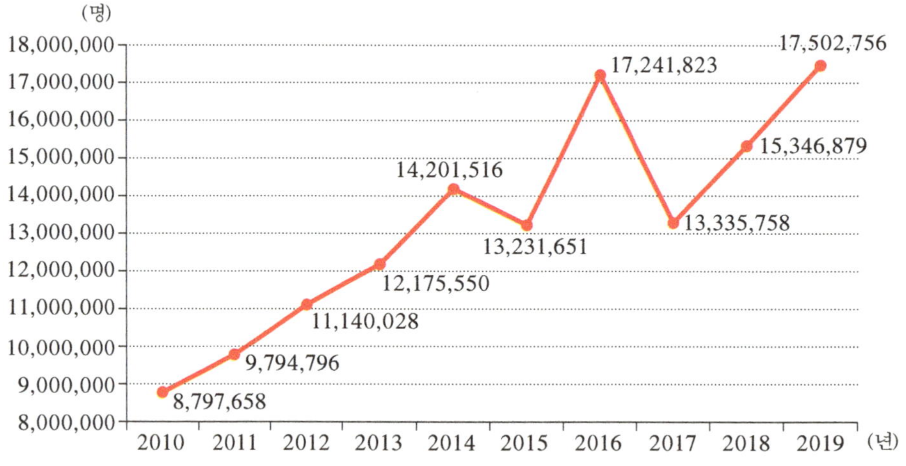

출처 : 문화체육관광부.

이런 변화는 한국의 관광경쟁력이 강화된 것에 가장 크게 기인한다. UN 산하기구 중 하나인 WTO(World Trade Organization)는 매년 각국의 관광경쟁력을 평가하고 있다. 2019년의 경우 전 세계 140개국을 환경(Enabling Environment), 정책과 조건(Policy and Enabling Conditions), 인프라(Infrastructure), 그리고 자연과 문화자원(Natural and Cultural Resources)의 4가지를 축으로 해서 각각에서 객관

표 3-9 2019년 세계 여행 · 관광 경쟁력(TTCI) 순위

순위	국가	지수	2017년 이후 변화율(%)	전 세계 평균과의 차이(%)
1	스페인	5.4	0.3	41.4
2	프랑스	5.4	1.5	40.4
3	독일	5.4	2.0	40.0
4	일본	5.4	2.1	39.6
5	미국	5.3	2.6	36.6
6	영국	5.2	−0.2	34.9
7	호주	5.1	0.8	33.6
8	이탈리아	5.1	1.9	32.2
9	캐나다	5.1	1.6	31.3
10	스위스	5.0	1.5	30.4
11	오스트리아	5.0	2.0	28.8
12	포르투갈	4.9	3.2	27.2
13	중국	4.9	3.2	26.7
14	홍콩	4.8	−1.1	26.1
15	네덜란드	4.8	3.2	24.5
16	한국	4.8	4.7	24.3
17	싱가포르	4.8	−2.0	23.7
18	뉴질랜드	4.7	1.4	23.4
19	멕시코	4.7	3.4	21.9
20	노르웨이	4.6	−1.0	19.4

주 : 지수 범위는 1부터 7까지로 1은 최악, 7은 최선을 의미.
출처 : The Travel and Tourism Competitiveness Report 2019.

적인 통계와 주관적인 평가를 결합해 도출한 점수를 가중평균해서 '세계 여행 · 관광경쟁력 지수(Travel and Tourism Competitiveness Index ; TTCI)'를 발표하였다. 이에 따르면 한국은 4.8(7.0 만점)로 세계 16위에 올랐는데, 특히 2017년 이후의 변화율에 있어서는 +4.7%로 상위 20개 국가들 중에서 가장 높았다.

그런데 도 · 소매업과 숙박 · 음식점의 국제경쟁력은 TTCI 구성 축 중에서 "인구 100명당 호텔 객실 수, 호텔, 리조트 등의 관광 인프라에 대한 주관적인 평가, 주요 렌터카 서비스업체의 존재 여부, 그리고 인구 10만 명당 ATM 기계"를 가중평균해서 도출하는 '여행객 서비스 인프라(Tourist Service Infrastructure)'에 반영된다고 할 수 있다. 이를 보면 한국은 5.6으로 23위를 차지했는데 아시아 지역에서 한국보다 앞선 나라는 14위 태국(5.9), 그리고 19위 일본(5.7)에 불과한 것을 알 수 있다. 또한 절대적인 기준에서 '항공 인프라(24위, 4.6)'나 '지상과 해상 인프라(15위, 5.2)'보다 좋은 평가를 받았다고 할 수 있다.

표 3-10 2019년 TTCI 인프라(Infrastructure) 세부 순위

순위	항공 인프라		지상과 해운 인프라		여행객 서비스 인프라	
	국가	지수	국가	지수	국가	지수
1	캐나다	6.6	홍콩	6.4	포르투갈	6.7
2	호주	6.0	싱가포르	6.4	오스트리아	6.7
3	미국	5.9	네덜란드	6.1	스페인	6.6
4	UAE	5.7	스위스	6.1	미국	6.6
5	노르웨이	5.6	일본	6.0	크로아티아	6.5
6	홍콩	5.6	독일	5.7	스위스	6.2
7	싱가포르	5.5	프랑스	5.6	영국	6.1
8	네덜란드	5.2	룩셈부르크	5.5	캐나다	6.1
9	영국	5.2	벨기에	5.5	호주	6.1
10	스페인	5.0	영국	5.4	이탈리아	6.0
11	스위스	5.0	덴마크	5.3	아이슬란드	6.0

12	스웨덴	5.0	스페인	5.2	불가리아	6.0
13	아이슬란드	5.0	오스트리아	5.2	독일	5.9
14	뉴질랜드	4.9	바레인	5.2	태국	5.9
15	핀란드	4.9	한국	5.2	룩셈부르크	5.9
16	독일	4.9	대만	5.1	뉴질랜드	5.8
17	프랑스	4.8	체코	4.9	아일랜드	5.8
18	그리스	4.8	미국	4.9	그리스	5.8
19	일본	4.8	몰타	4.8	일본	5.7
20	터키	4.7	슬로베니아	4.8	프랑스	5.7
21	포르투갈	4.7	카타르	4.7	사이프러스	5.7
22	태국	4.6	이탈리아	4.7	UAE	5.6
23	러시아	4.6	스웨덴	4.7	한국	5.6
24	한국	4.6	모리셔스	4.6	몬테네그로	5.5
25	말레이시아	4.6	자메이카	4.6	몰타	5.5

주 : 지수 범위는 1부터 7까지로 1은 최악, 7은 최선을 의미.
출처 : The Travel and Tourism Competitiveness Report 2019.

이런 숙박 · 음식점 부문의 국제경쟁력은 외국인 관광객들이 표시한 한국에서의 숙박에 대한 주관적인 평가에도 반영된다고 말할 수 있다. 이를 보면 2012년과 그 이전을 확연하게 구분할 수 있는데 2011년 "만족" 한다고 말한 외국인 관광객의 비율이 70.0%에 머물렀지만 2012년 81.6%로 10%p 이상 증가했다. 또

표 3-11 외국인 관광객의 숙박만족도 변화 추이

(단위 : %)

연도	만족	보통	불만족	연도	만족	보통	불만족
2011	70.0	24.8	4.4	2016	90.7	8.5	0.7
2012	81.6	15.9	1.7	2017	89.9	9.4	0.7
2013	83.1	15.0	1.8	2018	86.9	11.3	1.7
2014	88.6	10.2	1.1	2019	88.9	9.7	1.4
2015	90.1	9.0	0.9				

출처 : 한국관광공사, 문화체육관광부.

한 2014년도 뚜렷한 차이를 만들어냈다고 할 수 있다. 88.6%로 80%대 후반을 기록한 이후 그 추세를 2019년까지 이어왔기 때문이다.

이렇게 숙박에서 국제경쟁력을 강화할 수 있었던 가장 큰 이유는 무엇보다 투자였다고 할 수 있다. 한국의 숙박업은 2010년 1조 원 미만인 7,770억 원을 투자했다. 그런데 2011년 68.0% 증가한 1조 3,057억 원으로 설비투자가 1조 원을 돌파한 후 1조 원을 초과한 수준에서 증가와 감소를 이어가다가 2017년 1조 4,001억 원으로 최고치에 이른 후 2018년 8,858억 원으로 1조 원 밑으로 떨어졌다.

그림 3-7 숙박업의 설비투자 추이

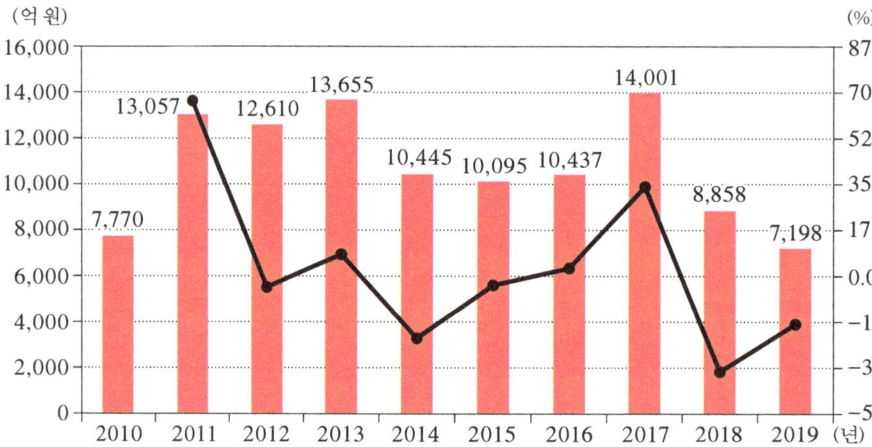

출처 : KOSIS.

이런 설비투자 증가와 맞물려 절대적인 기준에서 아주 작지만 숙박·음식점에서의 연구개발 활동 또한 증가한 것도 아주 조금이나 이의 국제경쟁력 강화에 기여했다고 할 수 있다. 2014년 76억 9,500만 원이었던 연구개발비는 2015년 139억 원으로 크게 증가했고 2016년에는 241억 6,500만 원에까지 이르렀다.

외국인과 내국인의 숙박 수요 증가가 숙박업의 설비투자 증가를 이끌었다고 쉽게 결론내릴 수 있다. 그런데 이즈음 시작된 국내 숙박시장에의 혁명적 변화 또

그림 3-8 숙박 · 음식점의 연구개발비 추이

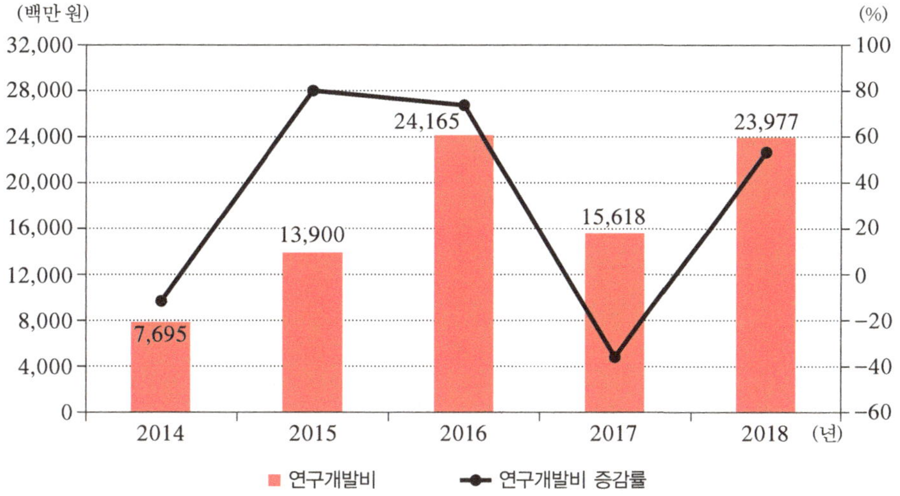

출처 : 산업통계분석시스템.

한 적지 않은 역할을 했다고 추정할 수 있다. 그것은 바로 '숙박 공유 온라인 플랫폼'의 진입이다. 먼저 한국형 숙박 공유 플랫폼을 표방한 '코자자(KOZAZA)'가

그림 3-9 에어비앤비 등록 숙소 수와 호텔 객실 판매 수 변화

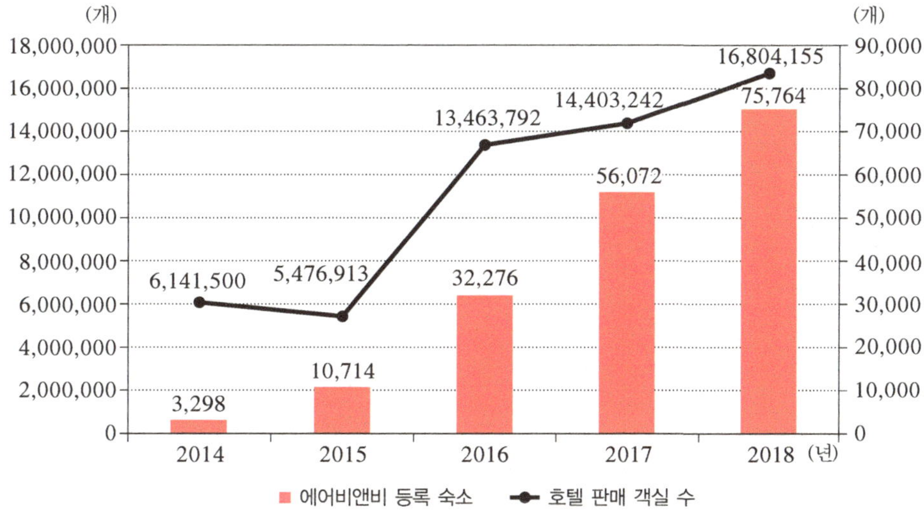

출처 : 박문수 외 (2020), p.37 [그림 3-4].

2012년 5월에 출범했고 2013년 1월에는 2008년 미국 샌프란시스코에서 탄생한 '에어비앤비(Airbnb)'가 한국에서 서비스를 시작했다. 이 중 특히 큰 성장을 기록하고 있는 것은 에어비앤비다. 2014년 등록된 숙소가 3,298개였지만 1년 만인 2015년 1만 개를 돌파했고 2018년에는 7만 5,764개에 이르렀다. 이와 대비되게 기존 호텔의 객실 판매는 그 성장률이 둔화되기 시작했다.

숙박 공유 온라인 플랫폼의 서비스 본격화는 외국인 관광객의 숙박에도 영향을 끼쳤다. 2015년부터 2019년까지 이들의 이용 숙박시설 추이를 보면 두 가지가 뚜렷하다. 하나는 '민박, 공유숙박'이 2018년 이후 6%를 넘어선 것이고, 다른 하나는 전통적인 숙박 형태로 중저가 서비스를 제공하던 '모텔/여관'의 비중이 2017년 20.1%에서 2018년 6.6%로 크게 감소한 것이다. 반면에 상대적으로 고급 서비스를 제공하는 호텔은 영향을 받지 않았다고 할 수 있다. 이와 관련해서 박문수 등(2020)은 경험적 연구를 통해 '호텔' 내부에서도 4～5성급이 이에 해당하고 나머지 1～3성급 호텔들은 어려움을 겪기 시작했다는 것을 보여준 바 있다.

표 3-12 외국인 관광객 이용 숙박시설 변화 추이

(단위 : %)

연도	호텔	친척, 친구 집	게스트하우스, 호스텔	민박, 공유숙박	모텔/여관	학교/회사 기숙사, 연수원	콘도, 리조트, 펜션	기타
2015	69.5	9.6	16.6	1.4	16.6	3.8	3.0	1.0
2016	71.0	6.8	19.2	0.4	19.2	3.8	2.9	1.0
2017	68.2	10.5	20.1	1.4	20.1	5.0	2.9	1.6
2018	70.2	12.0	9.0	6.7	6.6	2.3	3.0	0.8
2019	72.2	10.4	6.8	6.5	5.8	2.1	1.5	0.6

주 : 중복응답, 1박 이상.
출처 : 한국문화관광연구원, 문화체육관광부.

즉, 숙박 공유 플랫폼은 직접적으로 새로운 숙박 서비스를 제공함으로써, 그리고 간접적으로는 전통적인 숙박 서비스를 제공하던 호텔, 모텔, 여관 등에는 새

로운 경쟁자가 되면서 이들이 설비와 연구개발에 대한 투자를 늘리게 하는 숙박업에 대한 일종의 '외부적 창조적 파괴자(Creative Destroyer Without)' 역할을 했다고 할 수 있다. 이들이 한국의 여행객 서비스 인프라를 더 확충하도록 이끌었고 궁극적으로 한국의 여행 · 관광 경쟁력을 증진시켜 서비스산업의 국가경쟁력을 더 강화시켰다고 말할 수 있다.

그림 3-10 숙박 공유 플랫폼의 서비스산업 국가경쟁력 강화에 대한 영향

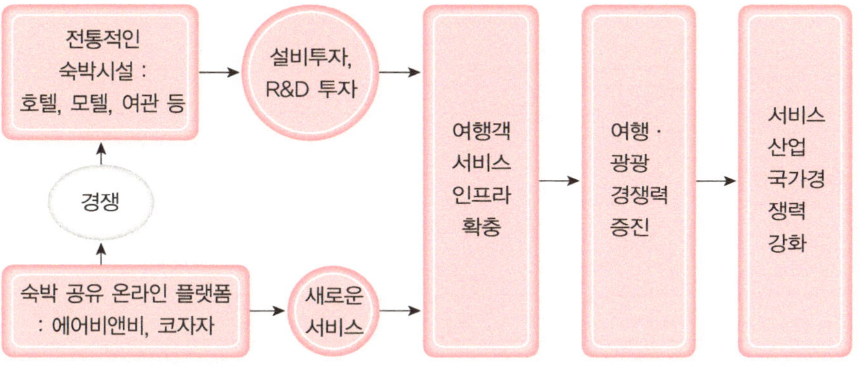

한국 서비스산업의 국제경쟁력을 강화하는 데 있어 온라인 플랫폼이 거의 유일한 선택인지 아니면 다른 선택이 있는지를 고민하지 않을 수 없다. 한국 경제를 돌아보면 이에 대한 대답은 전자라는 확신을 준다. 그것은 서비스산업에서 '내부적 창조적 파괴자(Creative Destroyer Within)'의 등장을 현재로서는 기대할 수 없기 때문이다.

2018년 설비투자의 주역들을 부문과 규모의 두 축으로 나눠 살펴보면 다음과 같다. 2018년의 경우 기업들은 모두 167조 7천억 원을 투자했다. 이 중 제조업이 94조 2천억 원으로 전체의 56.1%, 그리고 비제조업이 73조 5천억 원으로 43.9%였다. 규모로 보면 대기업이 119조 3천억 원을 투자해 71.1%를 담당했다. 제조업을 다시 들여다보면 대기업이 전체의 43.4%인 72조 7천억 원을 투자한 것을 알 수 있다. 즉, 제조업 대기업이 40% 이상의 설비투자를 이끌었다고 할 수 있다.

표 3-13 **2018년 전체 설비투자 실적**

		금액(조 원)	**구성비**(%)
전체 합계		167.7	100.0
	대기업	119.3	71.1
	중견기업	28.2	16.8
	중소기업	20.2	12.1
제조업 합계		94.2	56.1
	대기업	72.7	43.4
	중견기업	13.0	7.7
	중소기업	8.4	5.0
비제조업 합계		73.5	43.9
	대기업	46.5	27.7
	중견기업	15.2	9.1
	중소기업	11.9	7.1

출처 : 산은조사월보, 2020년 1월, p.25 〈표 3〉.

제조업을 다시 세분해 보면 전기전자가 32.3%인 54조 1천억 원을 투자해 타의 추종을 불허하였다. 특히 반도체는 전체의 25.0%인 41조 9천억 원을 투자한 것으로 집계되었다. 그 다음은 큰 차이를 두고 9조 3천억 원, 전체의 5.5%를 투자한 자동차였다.

표 3-14 **2018년 제조업 설비투자 실적**

		금액(조 원)	**구성비**(%)
전기전자		54.1	32.3
	반도체	41.9	25.0
	디스플레이	9.0	5.4
자동차		9.3	5.5

화학제품		7.3	4.3
	석유화학	4.8	2.9
식료품		2.7	1.6
석유정제		3.8	2.3
기계장비		1.8	1.1
1차 금속		2.9	1.7
	철강	2.3	1.4
고무 및 플라스틱		1.7	1.0
기타		10.4	6.2
제조업 합계		94.2	56.1

출처 : 산은조사월보, 2020년 1월, p.26 〈표 4〉.

비제조업도 세분해 볼 수 있다. 서비스업은 모두 44조 8천억 원, 전체의 26.7%를 담당했다. 이는 제조업의 반도체 부문이 투자한 것을 약간 상회하는 수

표 3-15 2018년 비제조업 설비투자 실적

			금액(조 원)	구성비(%)
전기, 가스, 증기 및 수도 사업			17.4	10.4
건설업			11.2	6.7
광업			0.1	0.1
서비스업			44.8	26.7
	부동산 및 임대업		11.7	7.0
	운수업		11.0	6.6
	정보통신업		9.2	5.5
		통신서비스	5.9	3.5
	도매 및 소매업		7.7	4.6
	숙박 및 음식점업		1.6	1.0
	기타		3.5	2.1
비제조업 합계			73.5	43.9

출처 : 산은조사월보, 2020년 1월, p.28 〈표 5〉.

준이다. 가장 많은 사람들이 종사하는 '도매 및 소매업'과 '숙박 및 음식점업'은 각각 7조 7천억 원(4.6%)과 1조 6천억 원(1.0%)을 투자했을 뿐이다.

연구개발 투자에서도 제조업 대기업이 뚜렷하게 기여하고 있다. 2015년 한국은 GDP의 3.98%(1위 이스라엘, 4.26%), 그리고 2019년 4.64%(1위 이스라엘 4.93%)를 연구개발에 투자했다. 절대적으로는 각각 65조 9천억 원과 89조 원의 규모였다. 한국을 대표하는 10대 기업은 2015년에는 전체의 40.17%인 26조 4천억 원, 그리고 2019년에는 38.33%인 34조 1천억 원을 담당했다. 2015년의 경우 10위를 차지한 네이버를 제외하고 나머지 9개, 그리고 2019년의 경우 10개 기업 모두가 제조업 대기업이었다. 특히 삼성전자는 연구개발에만 2015년 전체의

표 3-16 **한국 전체 연구개발 투자와 10대 기업**

(단위 : 백만 원)

순위	2015		2019	
	기업명	규모	기업명	규모
1	삼성전자	12,750,592	삼성전자	16,984,404
2	엘지전자	3,015,026	에스케이하이닉스	3,196,361
3	현대자동차	2,052,510	엘지전자	3,077,283
4	에스케이하이닉스	1,989,201	현대자동차	2,767,932
5	삼성디스플레이	1,859,021	삼성디스플레이	1,909,390
6	기아자동차	1,536,385	기아자동차	1,769,075
7	엘지디스플레이	1,435,967	엘지디스플레이	1,642,526
8	한국지엠	649,839	엘지화학	1,128,934
9	현대모비스	615,938	현대모비스	967,235
10	네이버	591,572	삼성에스디아이	693,862
10대 기업 합계(a)		26,496,051		34,137,002
총 연구개발 투자 합계(b)		65,959,372		89,047,071
a/b		0.4017		0.3833

출처 : 1) 「2020 Industrial R&D Investment Scorecard」, 산업자원부, KITA, 2020년 10월.
2) KOSIS.

19.33%인 12조 7천억 원, 그리고 2019년에는 19.07%인 16조 9천억 원을 투자한 것으로 집계된다.

연구개발 투자에서 1, 2위를 다투는 삼성전자와 엘지전자는 특허로 그 성과를 입증하고 있다. 2019년 'Patent Corporation Treaty(특허협력조약)' 에 따른 국제특허출원을 보면 삼성전자는 2,334개, 그리고 엘지전자는 1,646개를 기록했다. 개별적으로 삼성전자를 앞선 기업은 4,411개의 중국 Huawei Technologies, 그리고 2,661개의 일본 Mitsubishi Electric 2개 기업뿐이었다.

표 3-17 2019년 주요 기업의 PCT 특허출원 수

(단위 : 건)

국가	기업	규모
중국	Huawei Technologies	4,411
	OPPO Mobile Telecommunications	1,927
	BOE Technology	1,864
	Ping An Technology	1,691
	소계	9,893
한국	Samsung Electronics	2,334
	LG Electronics	1,646
	소계	3,980
일본	Mitsubishi Electric	2,661
미국	Qualcomm	2,127
스웨덴	Ericsson	1,698
독일	Robert Bosch	1,687

출처 : WIPO, p.17.

즉, 전자, 자동차, 화학 등 각 제조업 부문에서 이들 주요 대기업들이 내부적으로 창조적 파괴자 역할을 하면서 해당 부문에 혁신을 가져오고 이것이 전체 한국 제조업의 국제경쟁력을 강화시키고 한국 경제의 국제경쟁력 증진으로 이끌어 경제를 발전시키고 있다고 할 수 있다.

하지만 서비스업에서는 설비투자에 이어 연구개발에서도 이런 현상을 아직 뚜렷하게 목격할 수 없다. 물론 지식사회의 도래에 따라 서비스업에서도 연구개발의 중요성에 대한 공감대가 확산되고 있는 것은 분명하다. 서비스 기업들 중에서 연구소를 보유한 곳은 2011년 6,367개에서 2015년 1만 936개, 그리고 2019년에는 1만 3,940개로 증가했고 연구전담부서의 경우에는 2011년 1,052개에서 2015년 3,923개, 그리고 2019년 7,927개로 늘어난 것이 이를 증명한다.

표 3-18 연구소/연구전담부서 보유 기업체 현황

(단위 : 개)

		2011	2015	2019
부설연구소	전 산업	24,291	35,288	40,856
	제조업	16,812(69.2)	22,586(64.0)	25,200(61.7)
	서비스	6,367(26.2)	10,936(31.0)	13,940(34.1)
연구전담부서	전 산업	8,884	20,169	29,596
	제조업	6,418(72.2)	14,161(70.2)	19,660(66.4)
	서비스	1,052(11.8)	3,923(19.5)	7,927(26.8)

출처 : 한국무역협회 국제무역통상연구원, 2020년 3월.

그러나 이런 인식전환과 실행에도 불구하고 민간부문의 서비스 연구개발 투자는 선진국들과 비교해 여전히 큰 차이를 보인다. 2011년 한국은 39억 1,200만 달러를 투자했는데 1위인 미국은 866억 3천만 달러, 2위 프랑스는 161억 7천만 달러, 그리고 3위 영국은 148억 6천만 달러를 투자했다. 2015년 한국은 이를 47억 5천만 달러로 끌어올렸지만 1위인 미국은 1,135억 1천만 달러로 아주 멀리 도망갔고, 2위인 영국은 173억 7천만 달러, 3위인 일본이 160억 4천만 달러를 기록했다.

이렇게 서비스 부문에서 한국이 연구개발 투자를 큰 폭으로 늘리지 못하는 한 가지 이유로 영세성을 지적하지 않을 수 없다. 2016년 주요 OECD 국가들을 비교하면 숙박업의 경우 자영업자 비율이 한국은 18.2%였는데 이웃국가인 일본은

표 3-19 주요 OECD 국가의 민간부문 서비스 R&D 투자

순위	2011		2015		연평균 증가율 (2011~2015)(%)
	국가	규모(백만 달러)	국가	규모(백만 달러)	
1	미국	86,633	미국	113,510	7.9
2	프랑스	16,177	영국	17,373	4.0
3	영국	14,863	일본	16,045	6.9
4	일본	12,264	독일	11,055	5.9
5	독일	8,774	이스라엘	8,170	11.3
6	캐나다	6,020	캐나다	7,741	6.5
7	호주	5,363	호주	6,366	4.4
8	이스라엘	5,332	스페인	5,002	0.9
9	스페인	4,824	한국	4,750	5.0
10	한국	3,912	이탈리아	4,565	6.9

출처 : 한국무역협회 국제무역통상연구원, 2020년 3월.

이것보다 낮은 13.4%였고, 미국은 3.2%를 기록했다. '도소매 및 운송장비 수리'에서는 한국이 32.9%, 일본이 22.7%였고 영국은 11.8%였다.

표 3-20 2016년 주요 OECD 국가 서비스업에서 차지하는 자영업자 비율 (단위 : %)

국가	숙박업	도소매 및 운송장비 수리
독일	8.5	18.7
프랑스	9.2	23.4
영국	4.8	11.8
미국	3.2	15.4
일본	13.4	22.7
한국	18.2	32.9

출처 : 한국무역협회 국제무역통상연구원, 2020년 3월.

따라서 현재 한국의 서비스업은 제조업과 내부적 창조적 파괴자에서 큰 차이를 보인다고 할 수 있다. 한국의 서비스 기업들도 설비와 연구개발에 대한 투자를

늘리고 있지만 소규모 기업들이 많이 포진해 전체 서비스업 국제경쟁력에 있어 큰 변화를 만들어내지 못한다고 말할 수 있다. 앞으로도 달라질 것 같지 않다.

가장 큰 이유는 한국이 제조업에서 뚜렷한 내부적 창조적 파괴자를 가질 수 있었던 것이 바로 1997년 IMF 사태 이전의 특수한 경제적 조건에서 적지 않게 기인하기 때문이다. 현재 한국 제조업에서 내부적 창조적 파괴자 역할을 하는 거의 모든 대기업들의 기원은 정부가 강력히 기업 육성 정책을 실시했던 1997년 이전으로 거슬러 올라간다. 1997년 12월 3일에 한국 정부가 IMF와 체결한 「Korea—Memorandum on the Economic Program」은 그 배경 설명에서 "정부의 간섭이 효과적인 시장기능이 결여된 비효율적인 금융부문과 부채에 과도하게 의존하는 기업부문을 가져왔다"고 지적했다. 물론 이후 한국 경제는 뼈를 깎는 구조조정을 통해 선진경제로 도약할 수 있었다. 이 과정에서 많은 기업들이 사라졌지만 여기서 살아남은 기업들은 세계적인 경쟁력을 갖춘 기업으로 성장해서 현재 한국 경제를 이끌고 있다. 역으로 이런 환경이 다시는 만들어질 수 없는 현재, 짧은 시간 안에 서비스업에서 내부적 창조적 파괴자가 등장하고 성장할 가능성은 그만큼 희박해졌다고 할 수 있다.

표 3-21 Korea—Memorandum on the Economic Program의 배경 설명

I. BACKGROUND

1. For the past several decades, prudent macroeconomic policies and continuing structural reforms have propelled Korea along a path of rapid economic development. With per capita GDP rising at an annual average rate of nearly 7 percent, the once poor agrarian economy has been transformed into an advanced industrial economy. At the same time, in the process of development, the limitations of Korea' s system of detailed government intervention at the micro level have become increasingly apparent. In particular, the legacy of government intervention has left an inefficient financial sector and a highly leveraged corporate sector that lack effective market discipline.

출처 : IMF.

그러나 온라인 플랫폼은 한국 경제가 직면하고 있는 이런 큰 장애를 넘을 수 있게 해준다. 온라인 플랫폼 기업들은 스스로의 이윤을 추구하는 동안 외부에서 서비스업 내부에 새로운 경쟁적 환경을 조성하고 이것이 기존 서비스 기업의 설비와 연구개발에 대한 투자를 촉진시키는 외부적 창조적 파괴자 역할을 수행하기 때문이다. 이런 맥락에서 한국 서비스업의 국제경쟁력 강화 혹은 미래 한국 경제의 국제경쟁력 증진의 적지 않은 부분이 온라인 플랫폼에 달려 있다고 주장할 수 있다.

4. 대안 2 : 온라인 플랫폼이 창출하는 새로운 서비스업

현대사회는 많은 시장으로 구성되어 있다. 하지만 항상 그랬던 것은 아니다. 자본주의가 시작되고 시장경제가 뿌리내리면서 폭발적으로 증가했다고 말하는 것이 타당하다. 당연히 지금 보고 혹은 느끼고 있는 시장이 인류가 생각할 수 있는 모든 시장이 실현된 것은 아니다. 앞으로 어떤 일이 일어나는가에 따라 시장은 더 늘어날 수도 있고 아니면 줄어들 수도 있다. 제2장에서 이에 정보의 비대칭성 해결이 관건임을 확인하였다. 즉, 정보의 비대칭성이 커지면 시장은 성립하지 않거나 줄어들고 반대로 줄어들면 생겨나거나 커진다. 정보통신산업의 발전과 함께 성장에 성장을 거듭하고 있는 온라인 플랫폼이야말로 정보의 비대칭성을 해소하거나 축소하는 데 있어 더 없는 주역이라고 할 수 있다.

온라인 플랫폼이 새로운 시장을 만든 대표적인 사례가 바로 에어비앤비가 상징하는 숙박 공유 시장이다. 지금은 에어비앤비가 자연스럽게 다가오지만 개인과 그 가족이 삶을 영위하는 사적 공간으로서의 집이 농경사회가 출범한 이후 인류와 항상 함께해 왔다는 것을 생각하면 가히 획기적인 사건이 아니라고 할 수 없다. 즉, 역사적으로 항상 집은 있어 왔지만 이를 전혀 모르는 타인에게 그것도 짧은 기간 물질적인 반대급부를 목적으로 빌려준다는 것은 그동안 누구의 사고 속에서도 형성되지 않았다는 것이다. 그러면 왜 그러했을까? 인류가 2008년 온라인 숙박 공유 플랫폼인 에어비앤비가 설립된 이후 갑자기 변한 것은 당연히 아니다. 가장 합리적인 대답은 사적 공간을 불특정 다수에게 빌려주는 것을 이전에 불가능하게 만들었던 공급자와 수요자 사이에 존재하는 정보의 비대칭성이 대부분 해결되었다는 것이다.

집을 소유한 사람의 입장에서 이를 혹시라도 단기간 빌려주고자 했을 때 잘 모르는 사람은 당연히 그 대상이 아니었다. 빌리고자 하는 사람이 누군지 모른다는 것이 가장 큰 이유였다. 반대로 단기간 집이 필요했던 사람들도 잘 모르는 사람의 집을 함부로 빌릴 수 없었다. 역시 빌려주는 사람이 누군지 모른다는 것이 가장 큰 이유였다. 신분 확인, 재산 보호, 안전 보장, 서비스 품질 유지, 서비스 비

그림 3-11 에어비앤비 비즈니스 모델

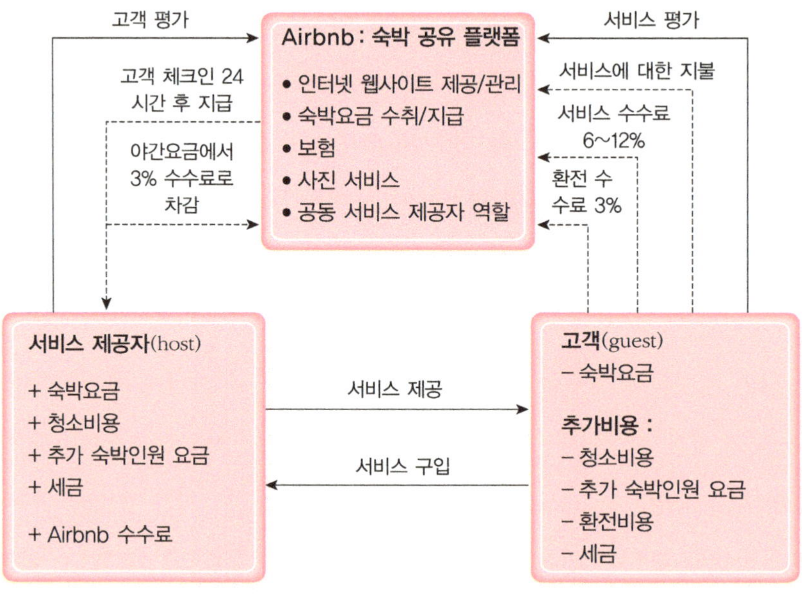

출처 : 박문수 · 이순학 (2020), p.34 [그림 3-2].

표 3-22 **Airbnb에 이르기까지의 역사**

타임라인	내용
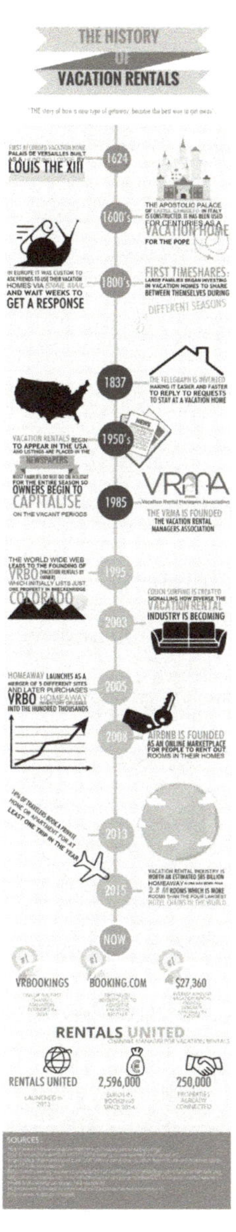	1624년 역사상 최초로 '휴가 목적의 단기임대 하우스(vacation home)'인 Palais de Versailles가 루이 13세가 사냥할 때 이용할 수 있도록 만들어짐
	1600년대 이탈리아에 있는 Apostolic Palace of Castel Gandolfo가 세워지는데 이후 수세기 동안 교황들의 휴가처로 사용됨
	1800년대 유럽에서 아는 사람들끼리 주고받는 데 수주일이 걸리는 우편을 통해 휴가기간 동안 친구의 집을 이용할 수 있는지를 타진하는 것이 하나의 전통으로 자리 잡기 시작
	1800년대 유럽에서 일부 가족 구성원이 많은 집들이 서로 계절을 달리하면서 공동으로 이용할 수 있는 휴가 목적의 단기임대 하우스 건설에 투자하기 시작
	1837년 전신이 발명 · 설치되면서 지인들의 집을 휴가 시 사용할 수 있는지를 확인하는 기간이 획기적으로 짧아짐
	1950년대 미국에서 본격적으로 휴가 목적의 단기임대 하우스가 등장하고 신문광고를 통해 알려지기 시작했지만 많은 이용 가족들이 휴가시즌이라고 할지라도 모든 주말에 항상 찾는 것이 아니기 때문에 집 소유자들은 공실기간을 효율적으로 운영할 방법을 여러모로 강구하고 이를 실천에 옮기기 시작
	1985년 미국에서 휴가 목적의 단기임대 하우스 소유자들의 이해를 대변하는 VRMA(Vacation Rental Management Association)이 출범
	World Wide Web이 1995년 미국 콜로라도의 Breckenridge에서 최초로 한 집을 서비스 공급자로 게시함으로 시작된 VRBO(Vacation Rentals by Owner)의 등장을 가능케 함
	2003년 Couch Surfing 사이트가 만들어지면서 휴가 목적의 단기임대 하우스 산업의 다양화를 예고
	2005년 처음 5곳으로 시작해서 나중에 VRBO를 인수한 HomeAway가 등장했고 수십만 서비스 공급자를 확보
	2008년 Airbnb 출범
	2013년 미국에서 14%의 여행자들이 최소한 1번은 개인주택이나 아파트를 숙소로 이용하는 것으로 집계
	2015년 휴가 목적의 단기임대 하우스 산업은 규모가 약 850억 달러, 그리고 집주인인 서비스 제공자들은 평균적으로 연간 2만 7,360달러의 소득을 올리는 것으로 추정

출처 : Rentals United.

용 평가기준과 지급방법 등의 정보에 대해 빌려주려는 사람과 빌리려는 사람 사이에 격차가 아주 컸다는 것이 보다 본질적인 원인이다. 그러나 에어비앤비는 온라인에서 고객과 서비스 공급자의 신분을 확인하고, 이들의 서로에 대한 평가를 게재해 누구나 접근할 수 있게 해주고, 서비스의 내용을 동영상과 사진을 곁들여 자세히 설명하고, 신용카드를 거래수단으로 삼아 서비스 비용 수수와 지급을 보장하고, 재산 손실이나 손해에 대해 1백만 달러까지 보상을 약속하는 방법을 개발·제시해 그동안 배타적인 사적 공간으로만 남아 있던 집을 이를 단기간 필요로 하는 불특정 다수에게 열어 새로운 시장을 창출했다고 할 수 있다.

그러나 "태양 아래 새로운 것은 없다(There is no new thing under the sun)"는 속담이 가리키는 것처럼 에어비앤비가 결코 무(無)에서 유(有)를 창조한 것은 아니다. 1년 중 특정한 기간에만 사용하는 별장 등 휴가 목적의 건물을 아는 사람들 사이에서 단기간 빌려주고 빌린다는 개념은 서양에서 1600년대까지 거슬러 올라간다. 미국에서는 1950년대 이후 인터넷이 출현하기 전까지 숙박 공유 오프라인 플랫폼이 작동하고 있었다. 알고리즘(algorithm)을 "주어진 문제를 논리적으로 해결하기 위해 필요한 절차, 방법, 명령어들을 모아놓은 것"으로 해석한다면 지금 익숙한 숙박 공유에 필요한 알고리즘이 이때 태어났다고 할 수 있다. 또한 숙박 공유 온라인 플랫폼의 아이디어도 에어비앤비만이 소유권을 주장할 수 있는 것은 더욱 아니다. 하지만 에어비앤비가 서비스 공급자와 수요자에 대한 더 나은 접근전략 수립과 이를 실행에 옮길 수 있는 더 나은 알고리즘 개발을 통해 경쟁자들을 앞섬으로써 오늘에 이르렀다고 말하는 것이 더 타당하다.

에어비앤비의 성공은 온라인 플랫폼이 한국의 서비스산업 경쟁력을 강화하는 데 큰 도움이 될 수 있음을 보여준다. 그동안 오프라인에서 해결하지 못했던 잠재적 공급자와 수요자 간의 정보 비대칭 문제를 온라인을 통해 해소하거나 줄일 수 있다면 새로운 서비스시장을 만들 수 있고 이를 세계시장으로 확대할 경우 한국의 서비스산업 경쟁력은 말할 것도 없고 전체 경제의 국제경쟁력 또한 크게 높아질 것이기 때문이다. 이 가능성은 희망에만 머물러 있지 않다. 이미 그 기반이라고 할 수 있는 정보가 빠르게 수집 · 축척되고 있어 남은 것은 실행뿐이기 때문이다.

현재 한국의 산업계는 "SW 기술[사물인터넷(IoT), 빅데이터, AI, 클라우드컴퓨팅, 블록체인 등]을 기업 전반(조직문화, 기업 전략, 제품/서비스, 공정, 비즈니스 모델, 데이터 등)에 적용하는 혁신을 통해 새로운 가치를 생성하여 기업의 경쟁력을 제고하고 지속 가능한 성장을 가능하게 하는 것"을 뜻하는 디지털 전환 중에 있다고 할 수 있다. 2020년에 과학기술정보통신부와 소프트웨어정책연구소가 발표한 「2019년 SW 융합실태조사」는 3,796개 기업을 대상으로 기업의 일반 현황 및 재무 현황, SW 전문인력 현황, SW 기술 현황, 디지털 전환 현황, 데이터 분석 역량 부분 등으로 나눠 1 : 1 면접조사, 이메일, FAX 등을 병행해 설문하고 수집한 결과를 담고 있다. 서비스산업에서는 금융업(189개), 통신/미디어(66개), 헬스케어(324개), 유통/물류(321개), 정보통신(SW 제외)(133개), 전문과학 및 기술 서비스(291개), 예술, 스포츠 및 여가 관련 서비스(252개) 분야의 1,567개 기업이 포함되었다.

먼저 전 산업을 망라해서 사업과정에서 수집한 데이터를 적극적으로 활용하는 경우는 드물다는 것을 발견할 수 있다. '수집/정제/분석/활용'의 단계에까지

표 3-23 데이터 수집 여부 및 활용 수준

(단위 : %)

	미수집	수집	수집/정제	수집/정제/분석	수집/정제/분석/활용
연구개발 및 설계	82.2	6.2	4.3	2.1	5.2
생산 및 공정	72.8	15.9	4.9	2.3	4.2
마케팅/유통	51.5	28.2	11.1	3.2	6.1
A/S 등 고객 서비스	47.8	28.3	12.6	3.6	7.8
제품 사용 이력/관제	72.8	14.3	6.8	1.8	4.3

출처 : 과학기술정보통신부와 소프트웨어정책연구소, 2020, p.46 〈표 27〉.

표 3-24 서비스업의 데이터 처리 수준

(단위 : %)

구분	데이터 처리 과정 없음	문서화를 위한 데이터 저장	프로세스 모니터링을 위한 데이터 분석	공정계획 및 관리를 위한 평가	공정자동화 계획 및 제어
서비스 개발과정에서의 데이터 처리 수준	60.3	27.5	10.7	1.2	0.3
구분	모니터링 기능 없음	장애/고장 포함 감지기능	가동조건 기록	가동조건 상시 모니터링	프로세스 자율 제어
모니터링 및 제어	57.5	26.0	8.6	7.9	0.1
구분	메일, 통신을 통한 정보 교환	서비스 프로세스 관리를 위한 중앙 데이터 서버 있음	인터넷 기반 데이터 공유 포털 있음	정보 교환 자동화	서비스 프로세스 설계에 공급업체 및 고객이 완전히 통합
서비스 프로세스와 전사적 정보망 형성	54.1	28.0	11.8	5.7	0.3
구분	타 비즈니스 유닛과 제조 공정의 정보망 부재	메일 및 전화를 통한 비공식 정보 교환	데이터 교환을 위한 데이터 형식 및 규정 있음	통일된 데이터 형식 및 부서 간 연결된 데이터 서버 있음	부서 간 완벽하게 네트워크화된 IT 솔루션
서비스 프로세스의 ICT 기반 시설	70.8	13.8	1.3	5.0	0.1
구분	디지털 서비스 없음	일부 디지털 서비스 제공	다양한 디지털 서비스 제공	사용자-서비스 상호작용 가능 서비스 제공	서비스 자율 실행
신규 디지털 서비스 개발/판매	65.4	21.3	9.4	3.8	0
구분	디지털 서비스 없음	일부 사업의 디지털화	대부분 사업의 디지털화	아날로그-디지털 사업 간 제휴	디지털 사업의 공동 개발
제조기기의 사용자 환경	68.2	14.1	15	2.5	0.2

출처 : 과학기술정보통신부와 소프트웨어정책연구소, 2020, p.42 〈표 26〉.

도달했다고 대답한 경우는 'A/S 등 고객 서비스'의 7.8%가 가장 높았고 그 다음으로는 6.1%의 '마케팅/유통'이었다.

서비스업이 어느 정도로 데이터를 처리하는지를 살펴봐도 개별 기업이 데이터를 적극적으로 활용해 사업상의 긍정적인 성과를 가져오기까지 아직 갈 길이 멀다는 것을 쉽게 알 수 있다. '서비스 개발 과정에서의 데이터 처리 수준'을 보면 "데이터 처리 과정이 없다"고 답한 경우가 60.3%였다. '신규 디지털 서비스 개발/판매'에서는 65.4%가 "디지털 서비스가 없다"고 답했다. 반면 '서비스 프로세스와 전사적 정보망 형성'에서는 54.1%가 "메일, 통신을 통한 정보 교환"에 긍정적으로 답해 기업 내부적으로는 데이터 교환이 활발함을 알리고 있다. 당연히 개별 서비스 기업들이 더 노력할 경우 축적되는 데이터의 활용도를 높여 경쟁력을 증진시키고 새로운 서비스시장을 열 수 있을 것이다. 그러나 관련 서비스 부문 전체로 보았을 때 생산자와 소비자를 스스로의 이윤 추구를 위해 연결하는 태생이 정보전문기업인 온라인 플랫폼에는 그 효과가 미치지 못할 것이다. 즉, 국가

그림 3-12 온라인 플랫폼이 창출할 새로운 서비스시장과 그 효과

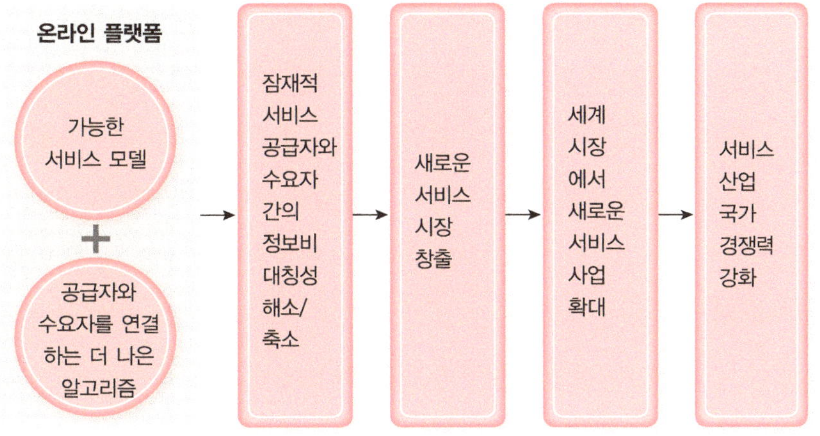

적으로 서비스산업에서 디지털 전환을 통한 경쟁력 강화와 새로운 시장 창출은 온라인 플랫폼의 도움 없이는 불가능하다고 말할 수 있다.

5. 대안 3 : 온라인 플랫폼이 창출하는 새로운 제조업

2021년 5월 13일 문재인 대통령이 참석한 가운데 삼성전자 평택캠퍼스에서는 'K반도체 전략 보고 대회'가 열렸다(동아일보, 2021년 5월 14일). 'K반도체 전략'의 핵심은 삼성전자, SK하이닉스를 포함하여 국내 반도체 관련 기업 153곳이 2030년까지 10년간 모두 510조 원 이상을 투자하고 정부는 세제, 금융, 인프라, 인력 양성, 그리고 연구개발에 필요한 지원을 적극적으로 해주는 것이다. 당장 2021년 올해에만 41조 8천억 원이 투자될 예정이다. 물론 10년이라는 기간에 걸친 것이지만 2020년 한국의 국내총생산(GDP) 1,924조 4,529억 원의 4분의 1이 넘는 규모로 단일 사업에서 국내 역사상 최대 규모의 투자로 간주되고 있다. 2015년 한국교통연구원은 통일 이후 북한의 도로를 한국의 70% 수준으로 높이는 데 663조 9천억 원이 소요될 것으로 추정하였다. 이를 고려하면 'K반도체 전략'에 따른 투자는 제조업은 말할 것도 없고 통일 이전까지, 어쩌면 통일 이후를 포함해도 한반도에서 볼 수 있는 마지막 대규모 민간투자라고 해도 결코 과언이 아닐 것이다. 그런데 이런 한국 경제, 더 나아가 통일 이후 한반도 경제의 미래를 좌우할 중요한 결정의 배경에서 온라인 플랫폼의 적지 않은 역할을 발견할 수 있다.

우선 같은 날인 2021년 5월 13일 관계부처 합동으로 공개한 「종합 반도체 강국 실현을 위한 K-반도체 전략」을 보면 투자의 구체적인 방향을 알 수 있다. 이 보고서는 '우리 반도체산업의 현황과 진단' 부분에서 "메모리 반도체 강국의 입지는 구축하였으나, 경기변동에 불안정", "시스템(비메모리) 반도체에서 한국의 경쟁력은 전반적으로 열위", 그리고 "종합반도체 시장에서 한국의 실질적인 1위

등극은 요원" 의 세 가지 간결한 표현으로 우리나라 반도체산업의 강점과 약점을 정리하였다.

표 3-25 반도체 제품 · 가치사슬별 주요 기업 특성

제품	가치사슬	사업 특성	주요 기업
메모리	종합반도체 (IDM)	▪ 기획/R&D/칩 설계에서 제조 및 테스트까지 일관공정체제 구축/직접 수행 ▪ 메모리 제조의 가장 성숙한 모델 ▪ 기술력과 규모의 경제를 통한 경쟁력 확보 ▪ 거대 투자의 고위험-고수익 형태	삼성, SK하이닉스, Intel, TI, Micron, Toshiba
비메모리	설계전문 (Fabless)	▪ 칩의 설계만 전문으로 하는 업체 ▪ 고위험의 거대 투자를 회피할 수 있으나, 위탁 제조의 비용부담 필요 ▪ 고도의 시장예측이 필요하며, 주문생산의 최소 물량 예측 필요	Qualcomm, Mediatec, Broadcom, Xilinx, 코아로직, 엠텍비전, 실리콘 웍스
	제조전문 (Foundry)	▪ 주문방식에 의해 칩 생산만 전문 ▪ 직접 칩을 설계하지 않고, 설계전문업체로부터 위탁 제조	TSMC, UMC, Global Foundries, 동부아남, 매그나칩
	페키징 및 테스트 (Packaging & Test)	▪ 메모리 제조는 자체적으로 조립하지만, 시스템 반도체 분야는 다양한 제품을 모두 패키징할 수 없어 외부에 위탁 ▪ 반도체 테스트는 조립업체에서 수행하지만, 검사장비가 고가이므로 다양한 칩을 모두 검사할 수 없어 테스트 전문 업체에 위탁	ASE, Amkor, STATS Chip PAC, STS 반도체 통신
공통	IP 전문 (Chipless)	▪ 설계기술 R&D 전문 ▪ IDM이나 Fabless에 IP 제공 ▪ 칩 설계용 Architecture IP, Chip 생산용 Physical IP, System IP, 일반 기술 IP 등	ARM, Rambus
	공정정비	▪ 반도체 제조 장비 개발 및 생산 ▪ 제조공정 기술 개발도 주도	AMT, ASML, TEL, ULVAC
	소재(부품)	▪ 5대 소재로 구분 : 웨이퍼(wafer), Photoresist, Gas, Metal Target, CMP용 Slurry 및 패드(pad)	Sumco(웨이퍼), Shin-Etsu(웨이퍼), JSR(PR), Hitachi Chemicals(슬러리)

출처 : 정보통신정책연구원, 2018년 12월, pp.4~5, 〈표 1-4〉.

좀 더 구체적으로 한국은 지난 20여 년간 메모리 반도체인 D램 · 낸드에서 선전해 전 세계 1위를 유지하고 있지만 비메모리인 시스템 반도체 분야에서는 후발주자로서 경쟁력이 부족한데, 특히 '팹리스(fabless)' 에서 점유율이 2% 미만이고 '파운드리(foundry)' 에서는 삼성전자가 17%의 점유율로 2위를 차지했지만 55%로 1위인 대만의 TSMC에 크게 미치지 못한다고 지적했다. 따라서 대규모 투자를 통해 메모리에서 1위를 유지하면서 비메모리 부문의 경쟁력을 강화하는 것이 'K 반도체 전략' 의 목표가 되는 것은 당연하다고 할 수 있다.

이런 전략 변화의 가장 큰 이유는 인공지능이 인터넷의 서버 · 클라우드 인프라를 넘어 모바일, 자동차, 가전 등 다양한 '단말기(edge)' 들로 확산되고 있는 것과 비메모리 반도체 설계에서 새로운 기술이 등장한 것이라고 할 수 있다. 먼저 인공지능은 정보의 순차적 처리를 바탕으로 단순한 인지를 지원하던 기존 반도체 대신에 대량의 정보를 동시에 병렬적으로 처리함으로써 복잡한 상황을 인식하고 판단할 수 있게 해주는 새로운 개념의 반도체인 인공지능 반도체를 필요로 한다.

표 3-26 **기존 반도체와 인공지능 반도체의 비교**

구분	기존 반도체	인공지능 반도체
기능	 CPU 등 운영체제 범용 SW … 범용 목적 (단순한 인지 수준으로 제약)	AI SW(학습 모델) 학습 ↑ AI 반도체 ↓ 추론 빅데이터 · AI 서비스 인공지능 최적화 (복잡한 상황 인식 · 판단 등 가능)
기술 특징	데이터를 프로그램대로 순차적 처리 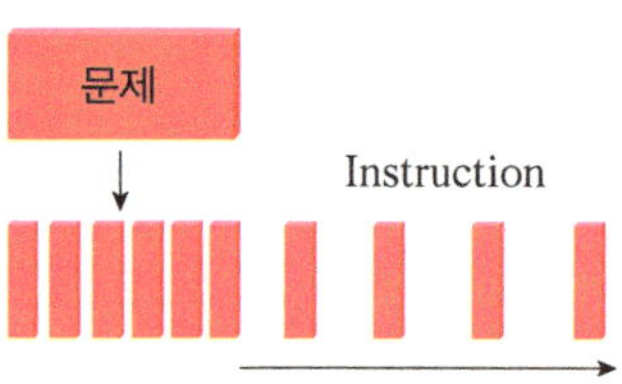	대량의 데이터를 동시(병렬) 처리 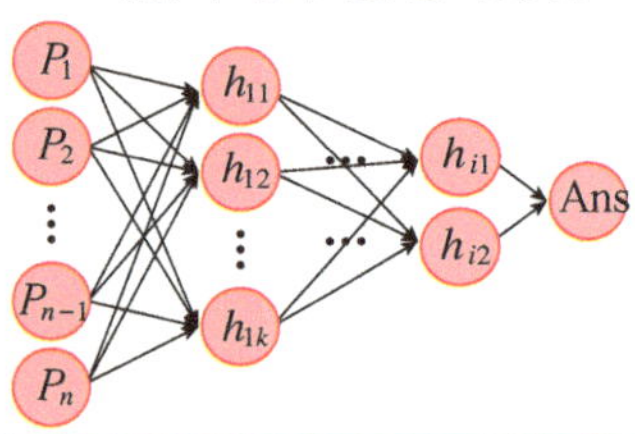

출처 : 보도자료, 관계부처합동, 2020년 10월 12일.

그 다음으로 신기술이다. 반도체산업은 고성능 반도체 개발과 제작에서 물리적인 한계, 즉 1나노(10억분의 1m, 원자를 3~4개 줄 세운 길이) 미세공정을 향해 나아가면서 경제성 저하를 겪어 왔다. 그런데 미국이 주도하는 "제조사, 기능, 기판 크기 등이 상이한 부품을 조립하여 하나의 반도체 칩을 만드는 것"으로 정의할 수 있는 '이종집적(Heterogeneous Integration)' 설계를 통해 이를 우회할 수 있는 길이 열린 것이다. 이 기술은 전통적인 CPU는 말할 것도 없고 무엇보다 인공지능 반도체 부문에 큰 도움을 줄 것으로 기대된다.

그림 3-13 이종집적(Heterogeneous integration) 설계 반도체의 탄생

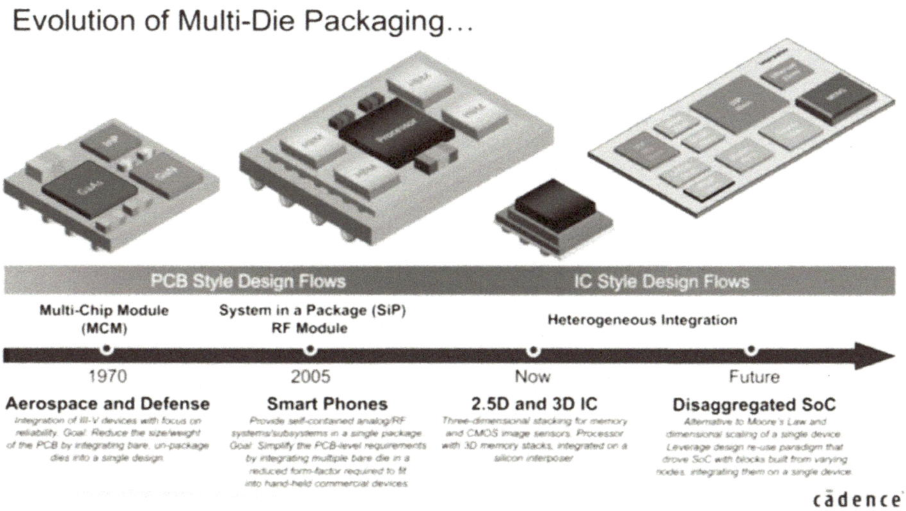

출처 : 3Dincites, Jan 2, 2019.

이에 따라 첫째, '설계전문(fabless)' 서비스에 대한 새로운 시장이 열리고 있다. 특정 서비스에 특화된 인공지능 반도체 설계를 전문으로 하는 스타트업들이 여기저기서 생겨나고 있다. 2011년 전 세계적으로 6억 7천만 달러에 불과했던 이들에 대한 투자는 2015년 63억 달러로 늘어났고 2019년 286억 달러에 이르렀다는 것이 이를 뒷받침한다.

그림 3-14 2011~2020년 상반기, 세계 AI 스타트업에 대한 투자 추이

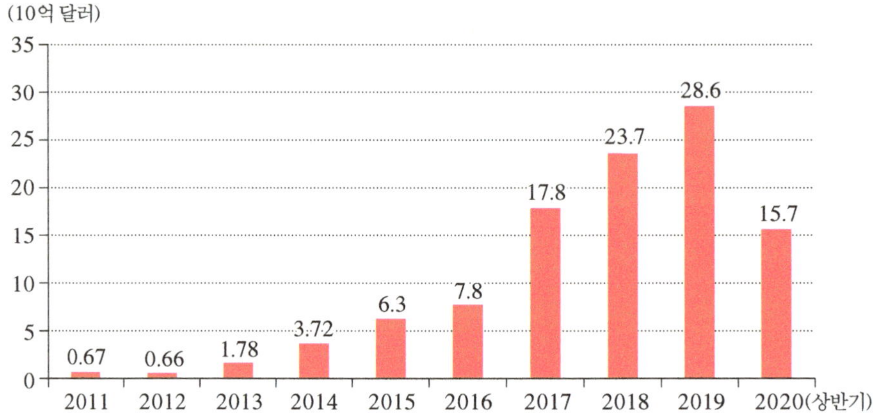

출처 : Statista.

둘째, '제조전문(foundry)' 회사에 대한 인공지능 반도체 생산 요구가 크게 증가할 전망이다. 2018년 인공지능 반도체 시장은 70억 달러로 전체 시스템 반도체 시장의 2.8%에 불과했지만 2020년 절대적인 규모에서 두 배가 넘는 184억 5천만 달러로 커졌고 시스템 반도체 시장에서의 비중은 8.0%에 달한 것으로 추정된다.

표 3-27 인공지능 반도체 시장 규모 추정

구분	인공지능 반도체 시장 규모 (억 달러)	시스템 반도체 시장 규모 (억 달러)	시스템 반도체 시장 내 비중 (%)
2018	70	2,485	2.8
2019	123.1	2,431.3	5.1
2020	184.5	2,309.9	8.0
2022	326	2,685.6	12.1
2024	439.2	2,839.9	15.5
2025	537	3,107.1	17.3
2026	657.3	3,309.1	19.9
2028	927.2	3,528	26.3
2030	1,179	3,769.1	31.3

출처 : 보도자료, 관계부처합동, 2020년 10월 13일.

2030년에는 시장규모 1,179억 달러에 비중은 31.3%로 확대될 것으로 예상된다.

셋째, '이종집적(Heterogeneous Integration)' 설계 반도체 생산을 가능하게 하는 첨단 '패키징(packaging)'의 중요성 증가다. 첨단 패키징은 기존의 반도체 포장·배선 수준이 아니라, 극단적 미세화를 추구하지 않더라도 여러 기능을 가진 반도체를 하나로 이어 붙여 그 이상의 성능을 뽑아내는 기술(조선일보 2021년 5월 6일)로 정의할 수 있다. 따라서 이종집적 설계를 생산으로 뒷받침하는 데 필수적인 기술이라고 할 수 있다. 산업통상자원부는 시스템 반도체용 첨단 패키징 세계시장이 2018년 270억 달러에서 2025년 650억 달러로 연평균 14% 가량 성장할 것(조선일보, 2021년 5월 6일)으로 내다보았다.

그림 3-15 이종집적 설계 반도체 예시

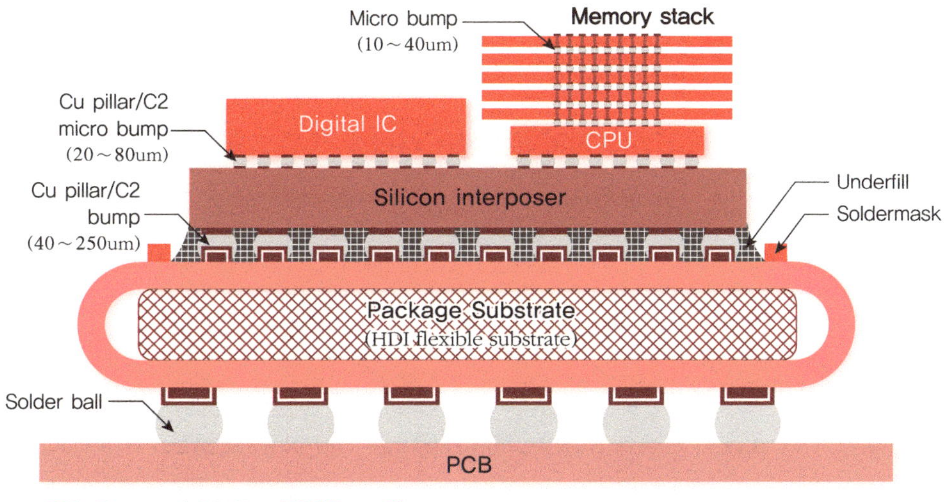

출처 : Pun, et al (2019), p.178 [Figure 2].

그런데 반도체 가치사슬을 기준으로 세계 최대의 플랫폼 기업인 구글, 아마존, 그리고 페이스북이 이미 반도체 설계전문기업, 즉 "fabless"로의 변신을 시작한 것을 발견할 수 있다. 이들은 자신들의 서비스를 구현하는 데 최적화된 인공지능 반도체의 개발을 더 이상 Qualcomm과 같은 전통적인 설계전문회사에만 맡기는 것을 중단하고 인수합병이나 인재 영입을 통해 그 능력을 확보·발전시키고 있다. 앞으로 이 추세는 가속화될 것으로 보인다(Financial Times, Feb 19, 2019).

표 3-28 세계 주요 인터넷 플랫폼 기업의 '설계전문(fabless)' 활동

기업	활동
Google	▪ 알파고 시스템의 기반인 '텐서 프로세싱 유닛(Tensor Processing Unit)'이라는 특수용도 반도체 개발 ▪ 고화질 영상 기반 빅데이터 처리를 위한 '픽셀 비주얼 코어'를 개발하고 픽셀 스마트폰에 탑재
Amazon	▪ 2015년 3억 5,000만 달러를 주고 이스라엘의 반도체 회사인 안나푸르나 랩을 인수 ▪ 2018년 11월 26일 서버용 프로세서를 자체 개발했다고 발표
Facebook	▪ 2014년 가상현실 기기 업체인 오큘러스(Oculus)를 인수하여 이와 관련된 기술을 확보 ▪ 2018년 구글 반도체 개발의 핵심 인재였던 라비를 부사장 직위를 주고 영입

출처 : 이제호 (2018), pp.121~124.

이런 측면에서 우리가 인지하지 못하는 사이에 'K반도체 전략' 탄생에 있어 온라인 플랫폼이 선도자 역할을 했다고 말할 수 있다. 앞으로 온라인 플랫폼은 인공지능 반도체의 궁극적인 한 수요자로서 시스템(비메모리) 반도체 산업 생태계의 윤곽을 결정하는 데 있어 가장 중요한 존재일 수 있다. 이는 국내 주요 온라인 플랫폼의 '설계전문(fabless)' 회사로의 전환이 빠진 'K반도체 전략'은 불완전할 수밖에 없고 그 효과도 기대에 크게 미치지 못할 것이라는 확신으로도 이끈다.

반도체산업이 제품의 특성상 미시적이라면 우주산업은 당연히 거시적이라고 할 수 있다. 그런데 이런 거시적인 우주산업에서도 온라인 플랫폼의 역할이 뚜렷해지고 있다. 2021년 초반 세계 언론은 세계 최대의 온라인 플랫폼 기업인 아마존 창업자 겸 CEO인 베이조스와 테슬라 창업자 겸 CEO인 머스크(Musk, Elon R. 1971~)의 우주 개발을 향한 불꽃 튀는 경쟁을 다뤘다(조선일보, 2021년 1월 27일).

그림 3-16 온라인 플랫폼이 시스템 반도체 산업에 미치는 영향

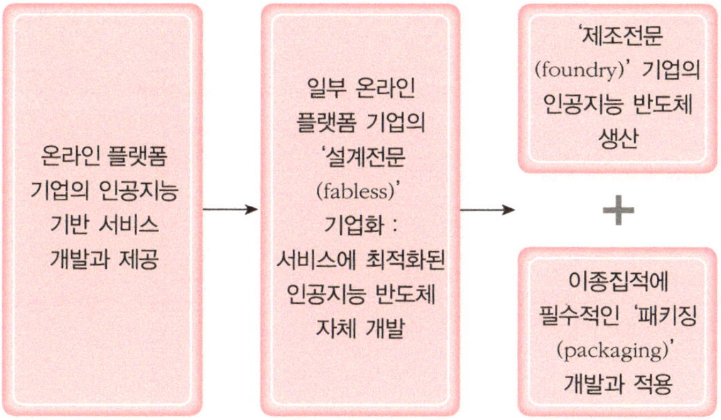

요지는 지금까지 가시적인 성과 측면에서 머스크가 훨씬 앞서가고 있지만 베이조스도 그를 따라잡을 만반의 준비를 하고 있다는 것이다.

지구의 해발고도 100km 이상의 모든 공간을 의미하는 '우주 공간(outer space)'의 개발은 그동안 미국, 러시아, 유럽연합, 중국 등 몇몇 강대국들의 국가적인 프로젝트였다. 가장 큰 이유는 비용이다. 미국 의회조사국은 아폴로(Apollo) 계획의 총비용을 회계연도 기준으로 1960년부터 1973년까지 모두 194억 달러(2008년 가치로 979억 달러)(Congressional Research Service, Jun 30, 2009)로 추정한 바 있다. 일부에서 미국이 10년 넘는 기간에 걸쳐 매년 미국 GDP의 2.5% 이상을 투자했다고 주장하기도 한다.

세계 최대의 온라인 플랫폼 기업을 포함한 민간기업들이 이렇게 천문학적인 비용이 드는 우주 개발에 뛰어든 이유는 현재가 아닌 미래에서 찾을 수 있다. 먼저 세계의 주요 투자은행들은 2016년 3,400억 달러 전후인 '우주경제(space economy)'가 2040년이면 1조 달러가 넘을 것으로 예측하고 있다. 따라서 연간 최저 4%에서 최대 9% 이상 성장할 것으로 내다보고 있는 셈이다.

이들이 그리고 있는 2040년이 2016년과 크게 다른 점은 정부와 인터넷 서비

표 3-29 **2040년 우주경제 규모와 성장률 추정**

기관	추정 연도	2016년 규모(달러)	추정 연도 시장규모(달러)	연간 성장률(CARG)
UBS	2040	3,400억	9,260억	4.3%
Morgan Stanley	2040	3,390억	1조 1천억	4.9%
US Chamber of Commerce	2040	3,835억	1조 5천억	6%
Bank of America	2045	3,390억	2조 7천억	9%
Goldman Sachs	~2040	3,400억	수조	9.5%

출처 : Projections of the future Size of the Space Economy.

그림 3-17 우주경제(space economy)**에서의 정부 비중 변화 추정**(10억 달러)

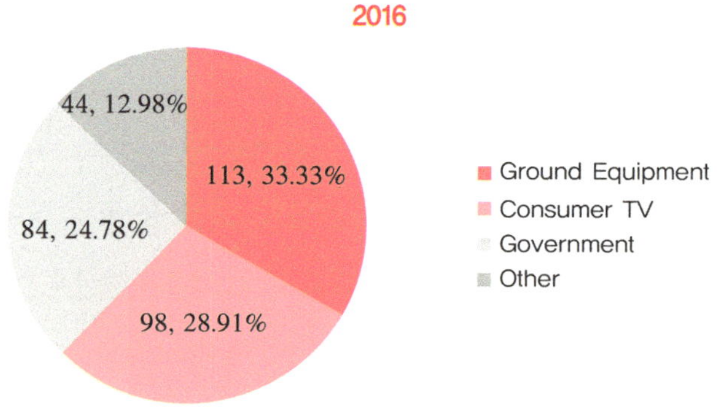

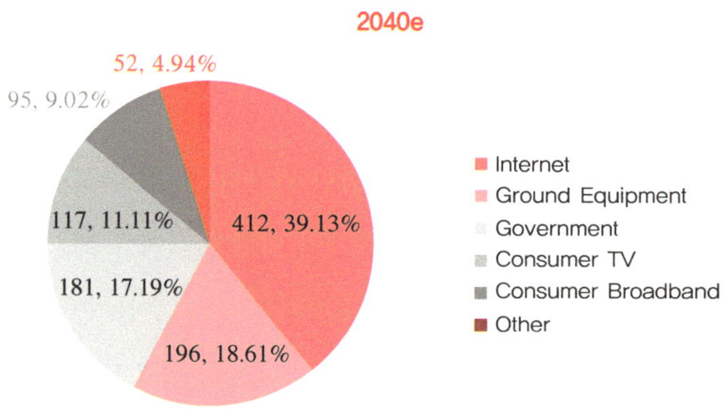

출처 : Morgan Stanley.

스의 역할이다. 2014년 전 세계에서 정부는 우주 부문에 840억 달러(24.7%)를 지출했고 2040년에는 1,810억 달러로 2배 이상 확대되지만 비중은 17.1%로 줄어든다고 보았다. 반면에 2040년에 39.1%로 가장 큰 비중을 차지하는 부문은 인터넷 서비스로 그 규모가 4,120억 달러에 달할 것으로 보았다. 즉, 미래 인터넷 서비스가 없다면 민간이 참여하는 우주 개발은 말할 것도 없고 우주경제 자체가 성립할 수 없다고 할 수 있다.

인터넷 서비스를 좀 더 자세히 보면 온라인 플랫폼의 역할을 크게 염두에 두었다는 것이 금방 드러난다. 모건 스탠리는 2020년 보고서에서 2010년대 중반까지 없었던 부문인 Second Order Impact가 2040년에는 4,115억 달러로 확대될 것이라고 주장했다. 여기서 Second Order Impact는 우주로부터 제공되는 인터넷 브로드밴드 서비스에 접근할 수 있게 된 가입자들이 SNS, 온라인 서치/선전, e-

그림 3-18 우주경제 규모와 구성 추정

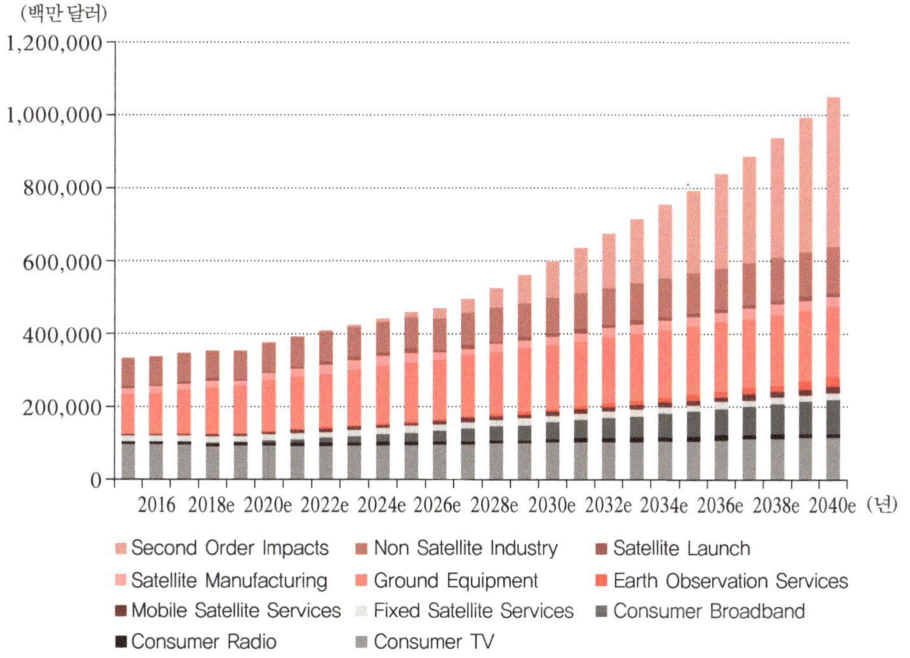

(단위 : 백만 달러)

구분	2015	2020e	2025e	2030e	2035e	2040e
Consumer TV	97,800	94,062	95,812	102,305	109,567	117,226
Consumer Radio	4,600	6,407	7,576	8,535	9,381	10,060
Consumer Broadband	1,900	7,349	25,764	46,266	69,236	94,852
Fixed Satellite Services	17,900	17,731	18,218	18,315	17,987	17,254
Mobile Satellite Services	3,400	6,693	8,965	11,123	13,622	16,899
Earth Observation Services	1,800	2,944	4,872	8,247	14,277	25,273
Ground Equipment	106,000	137,512	161,313	178,070	189,115	196,092
Satellite Manufacturing	16,000	18,501	28,846	19,838	24,765	26,233
Satellite Launch	5,400	4,293	8,305	10,109	10,368	9,794
Non Satellite Industry	80,500	81,923	88,213	97,349	110,090	127,566
Second Order Impacts	0	893	15,489	99,369	230,044	411,502
합계	335,300	378,308	463,373	599,526	798,452	1,052,751

주 : Second order effects are defined as benefits to internet companies due to the growing number of subscribers because of the availability of internet broadband from space. These benefits stem from increased internet access that brings in new users, increasing revenues from social media, search/online advertising, and e-commerce. (Projections of the future Size of the Space Economy, p.36)

출처 : Morgan Stanley, Jul 24, 2020.

커머스 등을 이용함으로써 관련 기업들이 얻을 수 있는 수입으로 정의할 수 있다.

위성을 이용한 인터넷 브로드밴드 서비스의 잠재력은 최대한으로 추정해도 아직 전 세계 인구의 절반 정도만이 그 혜택을 받고 있다는 데 있다. 2019년을 기준으로 했을 때 선진국에 사는 사람들의 87%(젊은 층은 98%)가 인터넷을 사용하고 있는 반면, 개발도상국에서는 그 비율이 44%(젊은 층은 66%)에 불과했고 저개발국으로 가면 더 떨어져 19%(젊은 층은 38%)에 머물렀기 때문이다. 이는 무엇보다 이들 지역에서 경제를 필두로 다양한 이유로 인해 지상에서 유·무선 인터넷 연결망을 설치하지 못한 것에 기인한다. 따라서 많은 기관들은 위성을 이용할 경우 향후 30억 명이 인터넷에 새로이 접근할 것(조선일보, 2021년 1월 27일)으로 보

그림 3-19 2019년 기준 인터넷 사용 인구 비율

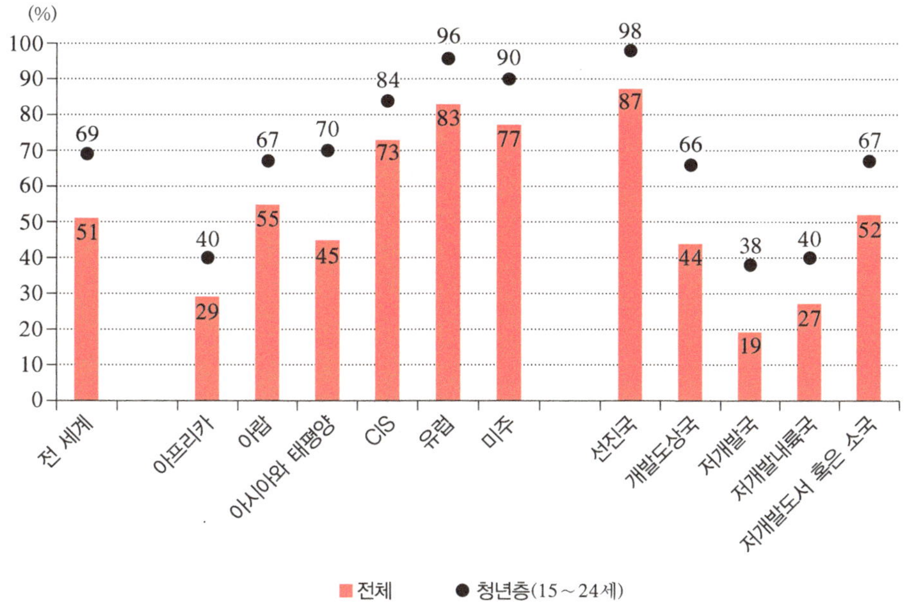

출처 : International Telecommunication Union, 2020, p.7 [Figure 4].

고 있다.

지구를 도는 인공위성은 크게 정지궤도, 중궤도, 그리고 저궤도의 세 가지로 나눠진다. 전파속도의 물리적 한계 때문에 발생하는 인터넷 단말기와 위성 간의 정보를 주고받는 데 필요한 시간 혹은 '왕복지연시간(latency)'은 각각 약 477ms, 약 27～477ms, 그리고 약 2～27ms인 것으로 알려져 있다. 당연히 지구와 가장 가깝게 공전하는 저궤도가 가장 짧고 가장 먼 정지궤도가 가장 길다.

이런 특성 때문에 저궤도 인공위성일수록 인터넷 서비스 제공에 더욱 적합하다고 할 수 있다. 지구를 공전하는 주기가 88～127분으로 짧아 서비스의 연속성을 위해 많은 위성이 필요하다는 문제점이 있지만 현재까지 밝혀진 바에 따르면 '초단시간 거래(high-frequency trade)'를 제외하면 거의 대부분의 인터넷 서비스를 제공하는 데 있어 큰 문제는 없어 보인다.

표 3-30 정지궤도, 중궤도, 그리고 저궤도 위성 비교

	특징
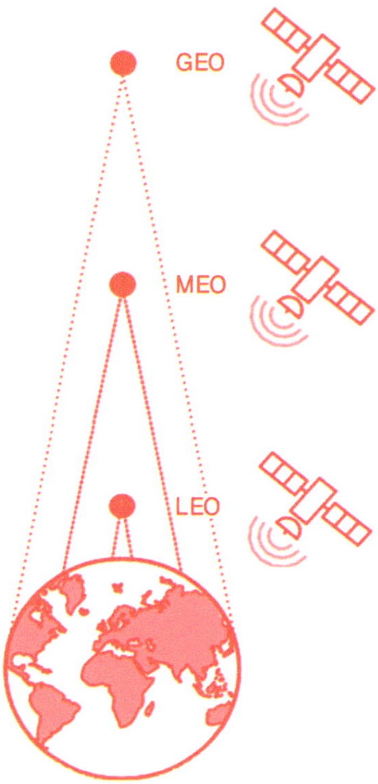	GEO(정지궤도) ▪ 고도 : 35,786km ▪ 지구 공전주기 : 24시간 ▪ 왕복지연시간(latency) : 약 477ms ▪ 현재 운영 중인 위성 수 : 3개 ▪ 제작비용 : 1~4억 달러 ▪ 수명 : 15~20년
	MEO(중궤도) ▪ 고도 : 2,000~35,786(실제 5,000~20,000)km ▪ 지구 공전주기 : 127분~24시간 ▪ 왕복지연시간(latency) : 약 27~477ms ▪ 현재 운영 중인 위성 수 : 5~30개 ▪ 제작비용 : 8천만~1억 달러 ▪ 수명 : 10~15년
	LEO(저궤도) ▪ 고도 : 160~2,000km ▪ 지구 공전주기 : 88~127분 ▪ 왕복지연시간(latency) : 약 2~27ms ▪ 현재 운영 중인 위성 수 : 수백~수천 개 ▪ 제작비용 : 50만~4천 5백만 달러 ▪ 수명 : 5~10년

주 : 1) GEO, MEO, 그리고 LEO는 각각 Geosynchronous Earth Orbit, Medium Earth Orbit, 그리고 Low-earth Orbit을 줄인 말.

2) ms는 millisecond를 줄인 말로 1,000분의 1초.

출처 : International Telecommunication Union, 2020, p.71 〈Table 23〉, 그리고 p.72 [Figure 26].

표 3-31 인터넷 서비스와 왕복지연시간

구분	왕복지연시간에 대한 민감한 정도	저궤도 인공위성 이용 인터넷 서비스 가능 여부
Television	낮음	○
SCADA, 그리고 그 밖의 telematics applications	낮음	○
Streaming services	낮음	○

Over-The-Air(OTA) updates	낮음	○
Internet browsing	중간	○
Encrypted Internet Browsing	중간	○
Voice& Videoconferencing	중간	○
Cloud computing& ERP	중간~높음	○
High-frequency trading	아주 높음	×
V2V와 V2X	적용대상에 따름	○
Mobility connectivity(In-flight/maritime/Cars/train)	적용대상에 따름	○
IoT	적용대상에 따름	○

출처 : International Telecommunication Union, 2020, p.73 [Figure 27].

실제로 벌써 일부에서 저궤도위성이 제공하는 인터넷 서비스를 이용하기 시작했다. 2001년부터 Iridium, Globalstar, 그리고 Orbcomm의 세 회사가 각각 70개, 24개, 그리고 18개의 위성을 설치하고 서비스를 제공하고 있다. 이들의 2016년 매출은 각각, 4억 3,400만 달러, 9,700만 달러, 그리고 1억 8,700만 달러로 전년과 대비해서 5~7% 성장했다고 한다.

표 3-32 현재 저궤도에서 위성을 운영 중인 회사와 실적

구분	Iridium	Globalstar	Orbcomm
Satcom 서비스	Narrowband (GMPCS)	Narrowband (GMPCS)	Narrowband (low rate data)
궤도상 위성 숫자(개)	70	24	18
운영 시작 연도	2001	2001	2001
2016년 매출(반올림)(백만 달러)	434(+5%)	97(+7%)	187(+5%)
2016년 말 기준 사용자(반올림)(명)	850,000(+9%)	700,000	1,700,000(+10%)

주 : 1) GMPCS는 global mobile personal communication by satellite를 줄인 말.
2) 매출과 사용자 줄에서 괄호 속 숫자는 전년 대비 증가율.

출처 : Garrity, John and Husar, Arndt (2021), p.9 〈Table 1〉.

당연히 베이조스와 머스크는 저궤도 인공위성 이용 인터넷 서비스 제공 부문에서 경쟁하고 있다. 베이조스는 2018년 카이퍼(Kuiper) 프로젝트를 출범시켰는데 이의 핵심은 100억 달러를 투입해 우선 578개의 위성 설치를 시작으로 3,236개까지 확대하는 것이다. 그러나 현재까지 실제로 설치된 위성은 하나도 없다. 반면에 머스크는 2021년 4월 기준으로 Space X의 Starlink 프로젝트를 통해 이미 상업 서비스 시작에 필요한 위성 개수인 1,440개를 넘어 1,445개를 설치했다.

표 3-33 2021년 현재 계획된 저궤도 인터넷 서비스 제공 회사 비교

구분	Space X Starlink	OneWeb	Telesat Lightspeed	Amazon Project Kuiper
현재까지 설치된 저궤도 위성 수	1,445개	146개	1(Telesat LEO 1)개	0개
상업 서비스 시작에 필요한 위성 수	1,440개	648개	298개	578개
상업 서비스 시작 시점에서의 총 네트워크 출력 대역폭	23.7Tbps	1.56Tbps	15Tbps	미상
계획된 확대 범위 (앞으로 설치될 총 위성 수)	12,000(FCC 승인) ~30,000(FCC 승인 신청)개	2,000개	1,600개	3,236개
주파수	Ku-band	Ku-band	Ka-band	Ka-band
궤도	560km	1,200km	1,000km	590~630km
위성 무게	227~260kg	150kg	800kg	미상
위성 수명	5~7년	~5년	10~12년	미상
왕복지연시간	50ms 미만	50ms 미만	50ms 미만	미상
알려진 투입자본 규모	100억 달러	24억 달러	50억 달러	100억 달러
공식적으로 목표로 하는 수직적 시장	Consumer broadband, celluar backhaul	Backhaul, government. mobility, broadband	Government, mobility, carrier-grade requirements	Broadband, backhaul

출처 : Garrity, John and Husar, Arndt (2021), p.16 〈Table 3〉.

우선 미국 FCC로부터 허가를 받은 1만 2,000개를 설치하는 것이 목표고 장기적으로 이를 3만 개까지 늘릴 계획이다. 인터넷 데이터 전송속도를 최대 150Mbps(초당 메가비트)(한국의 현재 인터넷 평균 전송속도 25Mbps로 추정)로 기대(조선일보, 2021년 1월 27일)하고 있다.

머스크의 Starlink가 어느 정도로 온라인 플랫폼의 역할을 할지 혹은 다른 온라인 플랫폼들이 Starlink의 서비스를 얼마나 이용할지는 현재로서는 알 수 없다. 낙관론자들은 Starlink가 매년 300억 달러 이상의 수입(CNBC, Feb 19, 2021)을 가져올 것이라고 주장한다. 이에 온라인 플랫폼이 큰 기여를 하리라는 점에는 의심의 여지가 없다. 그런데 우주산업에 대한 온라인 플랫폼의 영향은 여기서 끝나지 않는다. Starlink에 한정해도 앞으로 1만 기가 넘는 위성이 더 제작되어야 한다. 아무리 재사용이 가능하다고 해도 이들을 궤도에 올릴 우주발사체에 대한 수요도 역시 크게 늘어날 것이다. 동시에 우주발사체의 발사 서비스도 아주 분주해질 것이다. 또한 위성 수명이 최대 7년인 관계로 오래된 위성에 대한 교체 서비스가 지속적으로 발생할 것이다. 즉, 온라인 플랫폼은 지금까지 해온 정부의 역할을 대신함은 물론 이를 넘어섬으로써 최첨단 제조업인 우주산업이 앞으로 생존하고 성장할 수 있게 해주는 가장 중요한 요소라고 할 수 있다.

그림 3-20 온라인 플랫폼이 우주산업에 미치는 영향

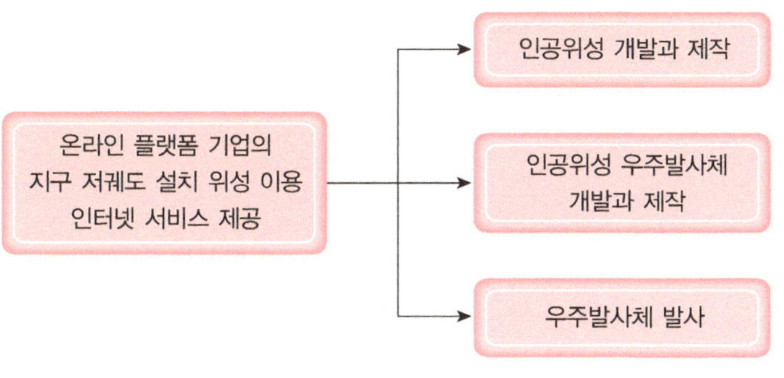

현재 세계 최대의 온라인 플랫폼 기업인 아마존은 새로운 시스템 혹은 비메모리 반도체의 개발과 생산, 그리고 우주산업이라는 대표적인 두 가지 최첨단·고부가가치 산업의 생태계를 구축하는 데 중요한 역할을 하고 있다. 장기적으로 머스크의 Starlink도 우주에 기반을 둔 온라인 플랫폼 기업으로 발전할 가능성이 농후하다. 어찌 보면 이는 당연하다고 할 수 있다. 온라인 플랫폼은 잠재적인 수요자와 공급자 사이에 존재하는 정보의 비대칭성을 축소하거나 제거해 시장의 불확실성을 크게 낮춰 투자를 늘리고 시장을 성립·성장시킬 수 있다. 기업 투자의 가장 큰 장벽은 불확실성이고 대규모 투자는 말할 것도 없다. 머스크가 우주에서 제공하는 온라인 플랫폼 서비스 시장을 지배할 생각이 아니라면 그가 쏘아 올리고 있는 1만 2천 개의 위성을 합리화시킬 방법은 없다고 할 수 있다.

지금까지의 논의는 자연스럽게 21세기의 제조업 관련 정부 정책이 어떠해야 하는지로 연결된다. 세계화 이전 한국을 포함한 많은 나라들에서 정부는 직간접적인 대규모 지원을 통해 시장에서의 불확실성을 줄여 기업의 투자를 유도해 경제를 성장시키는 전략을 취했다. 그런데 세계화 이후 이 전략은 크게 제약받고 있다. 세계화 자체가 정부의 경제에 대한 관여를 줄인다는 약속으로부터 출발했고 거의 모든 부문에서 시장이 전 세계로 범위를 확장해 지원의 효과가 예전보다 떨어졌기 때문이다. 즉, 질적·양적으로 우리는 다른 세계에 살고 있다고 할 수 있다. 이런 상황에서 국가가 첨단·고부가가치 제조업을 육성해 미래 국민들의 복리를 증진시키려 한다면 정부가 아니면서 시장의 불확실성을 줄일 수 있는 주체로부터 도움이 필수적이다. 그리고 이 역할에 온라인 플랫폼 기업들보다 더 적합한 존재는 없다고 할 수 있다. 정부와 이들과의 공조가 시작됐음은 미국 바이든 행정부의 반도체산업 육성 정책(조선일보, 2021년 4월 25일)과 NASA 시설을 활용한 Space X의 Starlink 위성 발사로 증명하고도 남음이 있다.

그림 3-21 온라인 플랫폼 기업이 적극적으로 관여하는 새로운 국가발전 전략

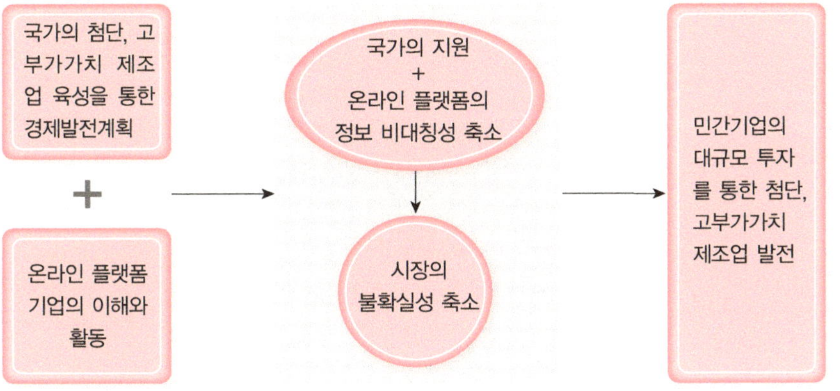

4장

온라인 플랫폼과 제도적 환경

1. 정부가 하지 말아야 할 것들 / 2. 정부가 해야 할 것들

온라인 플랫폼 기업은 사적 이익을 추구하는 조직이다. 이들 기업을 운영하는 사람들의 목표는 이윤극대화 그 이상도, 그 이하도 아니라고 생각하는 것이 합리적이다. 시장경제는 이런 조직들이 자신들의 이익만을 추구하더라도 사회 전체적으로는 그렇지 않았을 때보다 물질적으로 더 나은 결과를 가져올 수 있음을 보여준다. 제3장에서 논의한 온라인 플랫폼이 한국 경제에 가져올 수 있는 긍정적인 효과도 다를 바 없다. 개별적인 온라인 플랫폼 기업들이 각자의 이윤극대화를 추구하는 동안 혹은 그 결과로 한국 사회가 경험하거나 얻게 되는 긍정적인 변화라고 할 수 있다. 물론 이것이 온라인 플랫폼 기업들만 있다고 해서 어떤 사회에서나 같은 것은 아니다. 그들이 어떤 환경에 처해 있는지에 따라 달라질 것이며 이에 정부의 역할이 제일 크다고 하겠다.

1. 정부가 하지 말아야 할 것들

온라인 플랫폼에 대해 부정적인 의견이 제기될 때 정부는 적어도 세 가지를 선택할 수 있다. 하나는 직접 온라인 플랫폼이 되어 시장에 참여하는 것이다. 다른 하나는 기존의 온라인 플랫폼을 공공재로 만들어버리는 것이다. 그리고 마지막으로는 온라인 플랫폼을 악마로 만들어 궁극적으로 그 영업을 축소 혹은 중지시키는 것이다. 아직 명시적인 행동으로 이어지지는 않았지만 한국에서 각 선택의 진입 단계라고 할 수 있는 여론 조성이 진행되는 것으로 보인다. 그런데 이런 선택들이 이성적인 추론에 근거할 수 있지만 인간에 내재한 아직 경험하지 못하거나 잘 알지 못하는 것에 대한 공포가 원인일 수 있다. 온라인 플랫폼에 대해 제기되는 부정적인 의견을 좀 더 진지하게 살펴보면 후자에 가깝다는 인상을 떨치기 어렵다.

1) 온라인 플랫폼에서 어른거리는 '공공'이라는 유령

시장에서 영리를 목적으로 하는 온라인 플랫폼의 영향력이 확대되면서 이에 대한 대책으로 공공의 역할이 강조되기 시작했다. 가장 눈에 띄는 것은 2020년 초부터 각 지역의 자영업자들을 대상으로 지자체들이 제공하기 시작한 공공배달앱이다.

표 4-1 2021년 5월 말 기준 전국 지자체 공공배달앱 운영 현황

지자체	배달앱 명	출시 시기	가맹점 수(개)	주문건수(건)
인천 서구	배달서구	2020년 1월	2,400	61만 9,000
전북 군산	배달의 명수	2020년 3월	1,222	45만 9,483
경기(14개 시 · 군)	배달특급	2020년 12월	2만 5,986	90만 7,459
강원(6개 시 · 군)	일단시켜	2020년 12월	2,000 이상	2만 7,000
대전	부르심 · 휘파람	2021년 3월	2,300 이상	3만 이상
울산	울산페달	2021년 3월	2,000 이상	2만 이상
경남 거제	배달올거제	2021년 3월	600 이상	8,800 이상

주 : 각 지자체 자료를 바탕으로 문화일보가 작성.
출처 : 문화일보, 2021년 6월 11일.

아직 그 운영기간이 길지 않아 공공배달앱이 잘 알려진 민간 온라인 배달 플랫폼을 대체할 수 있을지를 가늠하는 것은 어렵다. 현재로서는 일부 지역의 제한된 사례를 바탕으로 비관(문화일보, 2021년 6월 11일)과 낙관(매일경제, 2021년 9월 2일)적 전망이 교차한다고밖에 말할 수 없다.

이들 공공배달앱은 이용료를 서비스 공급자나 수요자에게 가급적 부과하지 않는 것을 목표로 출발했기 때문에 그 개발과 운영을 세금 등 공적 지원에 의존하고 있다. 2021년 2월 (재)강원정보문화진흥원은 2020년 12월 시범운영을 시작한 춘천시의 공공배달앱인 '불러봄내'를 2021년 12월 31일까지 운영 · 관리하는

용역을 2억 3천만 원에 발주하였다. 인천 서구의 '배달서구'와 전라북도 군산의 '배달의 명수'는 2021년에만 각각 4억 9,000만 원과 2억 5,000만 원을 관련 지자체가 지원(문화일보, 2021년 6월 11일)하기로 한 것으로 알려져 있다.

그런데 공공배달앱이 국민 모두가 내는 세금으로 특정 업체와 이를 이용하는 특정 소비자를 지원해 주는 것에 대해 제기될 수밖에 없는 부정적인 의견을 넘어서 작은 긍정적인 효과라도 계속 이어갈 수 있을지는 의문이다. 먼저 우리가 인식하지 못하는 사이에 행정의 효율성 원칙이 공공 모바일앱에도 적용되기 시작했고 이 추세가 강화될 것이기 때문이다. 행정안전부에 따르면 2018년 8월 31일 기준으로 771개의 앱이 운영되고 있으며, 이 중 30.6%인 236개가 폐지대상이라고 한다(보도자료, 2018년 12월 17일). 2016년 1,200개에서 2년 동안 35% 이상 줄였는

표 4-2 2018년 8월 31일 기준 공공앱 운영 현황

구분		합계	중앙부처	지자체	공공기관
전체 운영 앱(개)		771	165	372	234
	유지	314	93	96	125
	개선	150	36	69	45
	폐기	236	23	171	42
	평가대상 제외(1년 미만)	64	11	33	20
전체 앱 누적 구축비용(백만 원)		98,954	24,899	33,469	40,586
	개발비	68,297	19,697	16,766	31,833
	유지 · 보수비	30,657	5,201	16,703	8,753
신규 앱 구축비용(백만 원)		12,773	1,955	4,889	5,929
	개발비	10,525	1,719	3,007	5,798
	유지 · 보수비	2,302	235	1,936	131
평균 이용자 수(명)		93,880	245,775	13,031	115,282
업데이트 날짜(개월 수 평균)		6	5	6	6

출처 : 보도자료, 행정안전부, 2018년 12월 17일.

데 여기서 더 줄이려고 하는 것이다. 여기에 개선대상으로 분류한 150개를 더하면 현재의 상태대로 운영하기에 문제가 있다고 판단하는 앱은 전체의 절반이 넘는 셈이다. 그동안 공공 모바일앱 개발에 682억 원, 그리고 유지 · 보수에 306억 원이 넘는 세금을 쓴 것을 감안하면 전체 구축비용 중 역시 절반인 약 500억 원이 낭비되었다고 할 수 있다. 2021년 8월에 기획재정부가 발표한 "2021 ~ 2025년 국가재정운용계획과 국가채무관리계획 주요 내용"은 2022년 국가 채무가 1,068조 원으로 1천조 원을 돌파할 것으로 보았다. 이에 대한 대책으로 재정혁신을 강조했는데 이의 한 축이 '민간자본의 적극 활용'이다. 공공배달앱은 정치적인 이유로 유지대상으로 남아 있을 가능성이 높지만 시급한 과제가 된 재정혁신의 측면에서는 그렇지 않을 수도 있다는 것을 가리킨다.

다음으로 민간 온라인 배달 플랫폼과 비교해서 공공배달앱과 국가 경제성장과의 연결고리가 거의 보이지 않는다는 점이다. 제2장에서 온라인 플랫폼이 '외부적 창조적 파괴자(Creative Destroyer Without)'로서 새로운 산업의 성립, 새로운 저렴하고 다양한 재화나 용역에 대한 시장 형성, 소비자들의 만족도 극대화, 새로운 기업의 진입과 낡은 기업의 퇴출, 고용 창출, 경제성장 등을 가져올 수 있음을 확인하였다. 온라인 배달 플랫폼도 다르지 않다. '배달의 민족'으로 유명한 (주)우아한 형제들 CTO(Chief Technology Officer, 최고기술경영자)의 아래 발언은 이를 증명하고도 남음이 있다.

> 배민의 급격한 성장세와 대규모 채용이 맞물려 2016년 말 400명에 못 미치던 직원 수는 올해 1,300명대로 불어났다. 이 중 개발(기획 포함) 직군의 인력 비중은 50%가 넘는다. 10개월짜리 개발 실무 교육과정인 '우아한테크코스'를 통해서도 개발자를 대거 영입하고 있다.
>
> — 포브스-중앙시사매거진, 2021년 7월 23일

배민의 경우 서비스 비용을 부과하지만 최소한 600명이 넘는 인력을 새로운 요리와 맛집을 발굴해 소비자에게 소개하고, 소비자의 새로운 수요를 포착해 공급자에게 제공하며, 이 과정에서 가맹점의 매출과 고용을 늘리는 데 투입한다고 할 수 있다. 당연히 그 직접적인 동기는 이윤극대화지만 궁극적으로 배민이 수입원으로 삼을 수 있는 관련 시장에서의 경제적 잉여의 지속적인 증대가 목적이다.

공공배달앱을 통해 1차적으로 수요자와 공급자 모두 비용 절감에서 도움을 받는 것처럼 보이지만 결국 세금으로 이를 충당하는 셈이니 실질적인 효과는 겉보기보다 낮아질 것이다. 경영학자인 드러커(Peter F. Drucker, 1909～2005)는 기업(business)의 기능과 목표를 이윤 동기나 이윤극대화에서 찾는 것을 거부하고 '고객 창조(to create a customer)', 즉 새로운 시장의 창출에서 찾았다.

> 기업의 기능, 목표, 그리고 하는 일을 이윤 동기나 거기서 비롯된 이윤극대화에서 찾는 것은 부적절하다. … 기업의 목적에 대한 유일하게 타당한 정의는 바로 '고객 창조'다. (The profit motive and its offspring maximization of profits are just as irrelevant to the function of a business, the purpose of a business, and the job of managing a business. … There is only one valid definition of business purpose: to create a customer.)
>
> —Drucker, 2001, pp.19～20

민간 온라인 배달 플랫폼은 스스로는 말할 것도 없고 이를 이용하는 공급자들도 위에서 드러커가 제시한 기업의 목적에 부합하는 일을 하고 있다고 할 수 있다. 창업 초기 영세사업자를 벗어나 기업가를 꿈꾸는 사람과 기업의 성장을 꿈꾸는 사람에게 온라인 배달 플랫폼이 부과하는 수수료는 고통스러울 수 있지만 이를 이용함으로써 얻게 되는 새로운 기회가 더 큰 가치로 다가온다는 것이다. 반면 공공배달앱은 비용 절감을 통한 이윤극대화 효과를 이용하는 공급자들에게 강조함으로써 이들이 진정한 기업가가 되는 것을 의도치 않게 방해한다고 할 수 있다.

2021년 7월 한국금융연구원은 노동, 자본, 그리고 총요소생산성이 지금까지의 궤적을 따라갈 경우, 중립적 시나리오의 상황에서 한국 경제의 잠재성장률이 2010년 3.99%에서 2020년 2.12%로 떨어졌고 2030년 0.97%로 1%에 미치지 못하며 2040년에는 0.77%, 그리고 2045년에는 0.60%까지 떨어질 것으로 전망했다. 아마도 실질성장률은 이보다 낮을 것이다. 이 위기를 타개하는 데 있어 많은 새로운 기업가들의 출현이 절실히 필요하며 이 일에 공공배달앱은 그 취지와 달리 큰 역할을 하지 못할 것으로 보인다. 물론 공공배달앱은 비용에 매우 민감할 수밖에 없는 한계 사업자나 소비자에게는 도움이 될 수 있다. 이때 공공배달앱은 일종의 온라인복지정책이 되는 셈이다. 그러나 이럴 경우 기존 복지정책 안에서의 해결이 이의 대안으로 쉽게 제시될 것이다.

마지막으로 그래도 누군가는 공공의 역할에 미련이 남아 있을 수 있다. 즉, 정부가 본격적으로 뛰어들어 직접 더 많은 자본을 투입하고 최고로 우수한 인력을 대규모로 채용해 경쟁력 있는 온라인 플랫폼을 개발하고 운영하면 시간이 지나 의미 있는 변화를 만들어내지 않겠냐는 희망을 당연히 품을 수 있다. 그런데 우리는 제2장에서 "개별 온라인 플랫폼의 성공은 무한한 온라인 공간을 얼마나 유한하게 혹은 그렇게 보이게 만들 수 있는가에 달려 있는 셈이다" 라고 했다. 바로 이것 때문에 정부의 의지, 능력 혹은 시간과 상관없이 공공 온라인 플랫폼이 그 일말의 기대마저 충족시키지 못할 것이라고 얘기할 수 있다. 정부 혹은 정부가 지원하는 사업은 본질적으로 국민 모두에게 열려 있을 수밖에 없는데 이 원칙이 위에서 인용한 온라인 플랫폼의 성공 공식과 정면으로 배치되기 때문이다. 정부는 공식적으로 모두를 위한 존재며, 선택이나 추천과는 목적론적으로 배치된다. 전혀 세금을 내지 않는 국민에게도 세금을 내는 국민과 동등하게 국방과 치안 서비스를 제공하는 것을 떠올리면 금방 이해할 수 있다. 공공 온라인 플랫폼은 일정 자격을 갖춘 모든 공급자를 구별 없이 공평하게 받아들이고 그렇게 취급해야 한다.

만약 그렇지 않다면 공공이 아닌 것이다. 그 덕분에 선택이나 추천과 거리를 둘 수밖에 없는 공공 온라인 플랫폼에서 소비자들은 정보의 과잉을 경험하기 더 쉽다. 이것이 소비자들을 끌어들이지 못하고 밀어냄으로써 공급자들의 불만을 키우고 결국 도움을 주고자 했던 모두가 공공 온라인 플랫폼을 외면하는 전혀 뜻하지 않은 결과에 봉착할 가능성이 높다.

2) 온라인 플랫폼을 '필수설비(essential facilities)'라고 할 수 있을까?

시장경제에서 원칙적으로 모든 주체는 스스로의 '경제적 이해(economic interest)'에 따라 자유롭게 행동한다. 소비자는 원하는 재화와 용역, 이의 규모, 그리고 공급자를 선택할 수 있고, 반대로 공급자는 생산할 재화와 용역, 이의 규모, 그리고 소비자를 선택할 수 있다. 무엇인가를 선택한다는 것은 다른 무엇인가를 선택하지 않을 수 있음을, 그리고 같은 맥락에서 무엇인가를 더 선호한다면 다른 무엇을 덜 선호할 수 있음을 의미한다. 이는 정상적인 사회라면 금지하고 있는 인종, 국적, 종교, 성(性), 외모 등이 아닌 경제적 이해에 따라 소비자는 공급자를, 그리고 공급자는 소비자를 배제하거나 차별할 수 있음을 가리킨다. 사람들이 일상에서 쉽게 접할 수 있는 대량구매 고객에 대한 가격우대, 유통망에 따라 차이나는 제품의 양과 가격, 도서나 오지에 대한 배달 서비스 거부나 추가비용 부과 등이 허용되는 이유가 바로 여기에 있다.

공급자가 공급을 강요받지 않을 권리는 해당 공급자가 완전경쟁을 저해하는 독과점 사업자로 판명되더라도 여전히 보장된다. 완전경쟁은 그만큼 시장경제에 근본적이라고 할 수 있다. 그런데 20세기 들어와 이 권리에도 제한이 가해지기 시작했다. 그것은 바로 1912년 미국 대법원이 *United States vs. Terminal Railroad Association of St. Louis* 소송에서 내린 판결로 거슬러 올라가는 '필수설비조항(Essential Facilities Doctrine)' 이다[Piropato (2000), Pitofsky, et al (2002), Guggenberger (2021), etc]. 당시 세인트루이스를 통과하는 철로를 지배하고 있던 지역철도회사들의 협의체인 Terminal Railroad Association에 대해 법원은 이 협의체에 가입하지 않은 철도회사가 세인트루이스를 통과하는 또 다른 철도를 자체적으로 건설하는 것이 불가능하고 이들이 세인트루이스를 통과하려면 그 시설이 반드시 필요하다는 두 가지 이유를 들어 회원이 아닌 다른 철도회사에도 이에 대한 접근을 허용할 것을 명령했다. 즉, 어떤 기업이 스스로의 경제적 이해에 따라 투자해 어떤 재화나 용역의 공급 능력을 갖추고 결과적으로 해당 시장의 지배적인 사업자가 되었더라도 이 재화나 용역의 공급 능력이 그 시장에서 다른 공급자들이 사업을 영위하는 데 필수적인 설비라고 판단될 경우 그 기업은 경쟁관계에 있는 다른 공급자들에게도 이를 이용할 수 있도록 해야 한다는 것이다. 그 근본 취지는 '병목이론(bottleneck theory)'으로도 불리는 경쟁을 보장함으로써 "관련 기업이 필수설비를 이용해서 공급의 한 단계에서 다른 단계로, 그리고 한 시장에서 다른 시장으로 지배력을 확대하는 것을 방지하기 위함이다(lest its control of an essential facility allow it to extend its monopoly power from one stage of production to another, and from one market into another)" (Piropato 2000, p.370)."

이후 있었던 중요한 판례 몇 가지를 들면 다음과 같다. 1973년에 있었던 *Otter Tail Power Co. vs. United States* 판결에서 미네소타 주의 민간전력생산회사인 Otter Tail Power가 투자해서 설치한 설비에 대해 다른 경쟁기업들의 접근을 막았던 것을 대법원은 필수설비조항을 들어 금지시켰다. 미국 국내외의 장거리전화 시장에 대한 접근을 놓고 진행된 *MCI Communications Corporation vs. AT&T* 분쟁에서 1983년 법원은 AT&T가 투자해서 설치한 국내 장거리전화 설비를 MCI가 이용할 수 있도록 해야 한다고 판결하면서 〈표 4-3〉과 같이 네 가지의 필수설비를 증명할 기준을 제시하였다.

표 4-3 필수설비의 네 가지 기준

① 독점기업이 필수설비를 통제하고 있음(control of the essential facility by a monopolist)
② 해당 필수설비를 경쟁기업이 현실적으로, 그리고 합리적으로도 다시 설치할 수 없음(a competitor' s inability practically or reasonably to duplicate the essential facility)
③ 경쟁기업에 대해 필수설비를 소유한 기업이 이의 사용을 불허함(the denial of the use of the facility to a competitor)
④ 독점기업이 필수설비 사용을 경쟁기업에 허용할 수 있음(the feasibility of providing the facility)

출처 : Guggenberger, 2021, p.293.

필수설비조항은 철도, 전기, 전화 등 소위 말하는 전통적인 네트워크 산업에만 머물지 않았다. 1999년 앨라배마 연방지방법원은 당시 그래픽 반도체를 생산하던 Intergraph가 인텔에 대해 인텔이 가지고 있던 마이크로프로세서 관련 지적재산권에 대한 접근을 허용해 달라고 제기한 *Intergraph Corp vs. Intel Corp* 소송에서 필수설비조항을 들어 Intergraph의 손을 들어주었다. 당시 법원은 인텔이 PC용 마이크로프로세서 시장의 65% 가까이를 점유하고 있어 필수설비조항의 조건들을 만족시킨다고 보았던 것이다. 하지만 2000년 연방순회항소법원은 인텔이 제기한 항소에서 Intergraph와 인텔이 경쟁자가 아니라는 이유를 들어 필수설비조항의 조건들을 충족시키지 못했다고 판단해 위의 판결을 뒤집었다. 그러나 이 판결과 관계없이 이보다 몇 달 앞서서 인텔이 연방거래위원회(Federal Trade Commission ; FTC)와 경쟁기업들에게 마이크로프로세서 관련 지적재산권에 대한 접근을 허용하기로 합의해 그 판결의 파급력은 크지 않았다. 미국 법무부가 마이크로소프트사의 운영체계를 필수설비로 보았다는 것은 잘 알려져 있다. 마이크로소프트에 대해 제기한 반독점법 위반 소송인 *United States vs. Microsoft*(일명 "Microsoft Ⅲ")에서 2000년 법원은 마이크로소프트가 반독점행위를 통해 소프트웨어 시장에 대한 지배력을 남용했고 인터넷 브라우저를 운영체계에 연동시킴으로써 반독점법(Sherman Act)을 위반했다고 판결했다(Priopato, 2000, p.394). 여기서 필수설비조항이 명시적으로 인용되지 않았지만 법원은 경쟁자들이 Windows를 대체할 수 있는 운영체계를 만드는 것이 현실적으로 불가능하다고 언급하면서 마이크로소프트의 PC 운영체계에 대한 자유로운 접근은 컴퓨터 제작회사나 개발회사에 필수적이라고 주장했다. 그런데 어떤 기업이 한 시장에서 필수적인 설비를 갖췄다는 것은 그 기업이 그만큼 '선도자(first mover)' 혹은 혁신자에 가깝다는 것을 가리킨다. 따라서 필수설비조항을 폭넓게 적용할 경우 혁신자체를 질식시킬 위험이 있다. 위의 소송들에서 "혁신"을 한 축으로, 그리고 "경쟁"을 반대 축으로 하는 논쟁이 치열하게 전개되었고 미국의 사법체계는 이 사이에서 적절한 균형을 유지하기 위해 노력했다고 말할 수 있다.

전통적인 네트워크 산업에서 시작된 필수설비조항의 적용이 지식산업의 발전과 함께 지적재산권으로까지 확대되었다. 이 양자를 결합했다고 볼 수 있는 온라인 플랫폼에도 이의 적용 시도가 멀지 않았다는 것은 그리 많은 상상력을 필요로 하지 않는다. 실제로 미국에서 거대 온라인 플랫폼 기업인 아마존을 향한 필수설비조항 적용 주장이 그 강도를 더해가고 있다. 이전에는 여러 가능한 정책 중 하나(Khan, 2017, pp.797~802)로 제시되다가 최근에는 "온라인 플랫폼은 현대의 철도산업과 다를 바 없다(Digital platforms are the railroads of the modern era)" (Guggerberger, 2021, p.237)"는 주장이 의미하는 것처럼 일부에서는 반드시 채택해야 하는 정책으로 바뀌고 있다. 만약 아마존이 필수설비로 판정된다면 아마존은 더 이상 공급자들을 자체의 경제적인 이유로 차별하거나 배제할 수 없고 '자체 상표(private brand label)' 제품을 우대할 수 없을 뿐만 아니라 다른 온라인 플랫폼 경쟁자들에게도 그동안 개발하고 이용해 온 알고리즘을 포함한 모든 지적재산권을 개방해야 할지 모른다. 그러면 아마존은 필수설비가 될 운명이라고 말할 수 있을까? 이를 부정하거나 긍정할 수 있는 이유가 다음과 같이 찾아진다.

우선 아마존은 근본적인 조건을 충족시킬 수 없기 때문에 필수설비가 될 수 없다. 앞에서 제시한 필수설비의 네 가지 기준을 만족시키는 독점기업은 그 설비를 제거하거나 운영을 중지할 경우 관련 시장을 사라지게 만들 능력이 있다. 즉, 앞의 판례에서 언급한 독점기업들은 글자 그대로 '필수적(essential)'인 설비를 생산하거나 운영하였다고 할 수 있다. 그런데 아마존은 그런 존재가 아니다. 아마존은 분명 전 세계적으로 온라인 플랫폼을 지배하고 있지만 온라인 플랫폼은 아무리 커도 전자상거래(E-commerce)의 한 부분이다. 또한 아마존이 영업을 중지한다고 하더라도 인터넷은 아무 상관없이 잘 작동할 것이다. 이런 특징은 "페이스북이나 트위터를 중지시키더라도 인터넷은 잘 돌아갈 것이기 때문에 이들은 과거 AT&T에 비견될 존재가 결코 아니다(Unplug Facebook or Twitter, and the web works equally fine, which was hardly the case with AT&T)" (Amenta, et al, 2021)는 말로도 잘 요약된다. 아마존이 사라진다면 많은 공급자와 소비자들은 큰 불편을 겪을 것이지만 온라인의 특성상 그에 대한 대안을 쉽게 발견하거나 만들어낼 것이다. 만약 그렇지 않다면 소위 말하는 제4차 산업혁명은 처음부터 없었던 것이다. 필수적인 설비는 익숙하지만 익숙하다고 해서 모두 필수적인 설비가 아니며 바로 여기에 아마존이 해당한다고 할 수 있다.

그러나 아마존은 시장지배력 확대를 위해 '설비(facilities)'를 확충하면서 경제에 필수적인 존재가 되고 '필수설비'로 나아가고 있다. 아마존은 전 미국에 걸쳐 곳곳에 물류센터를 설치하고 빠른 서비스를 위해 항공기를 포함한 자체 수송 능력을 갖춰나가고 있다. 덕분에 아마존이 아니면 물리적으로 공급자와 소비자를 연결하는 것이 어려워지는 지역이 늘어나고 있다. 이런 아마존의 물류처리 능력 확충이 아이러니하게 아마존을 필수설비로 만드는 아킬레스건이 되고 있음은 1997년 8월 4일부터 16일 동안 18만 5천 명이 참가해 미국 노동운동 역사상 드문 큰 승리를 쟁취한 것으로 알려진 UPS(United Parcel Service)의 파업으로도 반증된다. 1996년 224억 달러 매출에 10억 달러가 넘는 수익을 기록했던 UPS는 당시 매일 평균적으로 1,200만 개의 물량을 소화했고 전국에 걸쳐 약 200만 개의 사업체가 UPS의 서비스에 사업을 의지(UPI, Aug $, 1997)해 1997년의 파업은 1981년에 있었던 항공 관제사들의 파업에 비교되기도 하였다. 이제 아마존에서 물류를 책임지는 노동자들이 파업할 경우 미국 경제가 마비되는 시대가 점점 다가오고 있는 만큼 상식에 근거해서 아마존을 필수설비가 아니라고 변호하는 것이 점점 더 어려워진다고 할 수 있다. 아마존은 오프라인에서의 지배력 때문에 의도하지 않게 필수설비가 될 수 있다.

위의 아마존에게 상반된 운명을 가져올 조건에 대한 논의는 특정 온라인 플랫폼 기업을 필수설비로 판정하는 데 있어 온라인에서의 지배력뿐만 아니라 오프라인, 즉 물류처리 능력도 기준이 되어야 한다는 것을 보여준다. 이는 반대로 미국의 아마존처럼 온라인과 오프라인 모두에서 지배력을 확대하는 경우가 아니라면 필수설비 판정은 그만큼 동의를 얻기가 쉽지 않음을 의미한다. 이를 국내에 적용하면 아마존을 따라가고 있는 쿠팡은 필수설비에 다가가고 있지만 다른 온라인 플랫폼은 그렇지 않다고 말할 수 있다. 정책 실행에 앞서 온라인 플랫폼 기업들에 대한 좀 더 세심한 관찰과 분류가 있어야만 혁신과 경쟁이라는 두 마리 토끼를 모두 잡을 수 있을 것이다.

3) 온라인 플랫폼에서의 네트워크 효과 혹은 록인(lock-in), 오해와 이해

빠르게 성장하고 있는 온라인 플랫폼 기업에 대해 제기되는 경계의 목소리에서 공통되는 단어 하나는 '승자독식(winner-takes-all)' 가능성이다(Khan 2017, p.785). 이를 뒷받침하는 논리로 이들 기업이 누리는 네트워크 효과(network effect)와 정보 축적 능력(Khan 2017, p.772)이 자주 동원된다. 개념으로서 네트워크 효과는 온라인의 정의가 유선전화, 철도 등과 같이 '유선(fixed line)' 에 머물던 20세기 초반에 탄생했다. 경제학적으로 "다른 사람들의 행동과 자기의 행동을 일치시킬 때 얻을 수 있는 이익(an explicit benefit when you align your behavior with the behavior of others)" (Easely, et al, 2010, p.509) 쯤으로 해석될 수 있는 이 효과를 유선전화를 설치한 가구가 한 가구씩 늘어날 때마다 유선전화이용이 가져다주는 효용은 기하급수적으로 증가한다는 예보다 더 피부에 와 닿게 설명할 수는 없을 것이다.

온라인의 범위가 무선과 인터넷으로까지 확장되면서 네트워크 효과는 온라인 플랫폼 기업의 빠른 성장 혹은 영향력 확대를 설명하는 틀로도 여겨지게 되었다. 즉, 어떤 온라인 플랫폼을 이용하는 수요자와 공급자가 늘어날수록 더 많고 다양한 재화나 용역이 거래되고 이것이 더 많은 수요자와 공급자를 끌어들여 거래되는 재화나 용역의 양과 종류를 늘리면서 관련 온라인 플랫폼 기업은 더욱 성장한다는 것이다. 이 과정에서 작은 네트워크 효과를 발휘하는 온라인 플랫폼 기업은 차례로 퇴출되고 궁극적으로 하나의 거대한 온라인 플랫폼 기업이 시장을 독점하게 되면서 수요자와 공급자들은 더 이상 선택의 여지는 없어지고 경제적 결정권이 제한받는 '록인(lock-in)(잠금효과 혹은 자물쇠효과)' 에 귀착한다는 것이다. 이 논리를 따를 경우 온라인 플랫폼 기업의 성장은 네트워크 효과 하나 때문이라도 막아야 하는 문제가 되어버린다.

그런데 최근 유럽에서의 경험과 비판적인 연구들은 "사용자가 동시에 여러 플랫폼을 이용하는 것" 으로 해석되는 '멀티호밍(multi-homing)' 이 온라인에서 아직 대세임을 보여주고 있다. 이에 대해 누구는 시간이 더 경과하면 '록인(lock-in)' 현상이 보다 분명해질 것이라고 주장할 것이다. 하지만 고정된(fixed) 네트워크가 지배하던 시대에 만들어진 개념을 현재의 고정되지 않은(unfixed 또는 mobile) 네트워크가 지배하는 세상에 그대로 적용하는 것이 옳은지와 동시에 이런 환경변화가 어떤 효과를 가져올 수 있는지를 우선 질문하고 답하는 것이 필요해 보인다.

동유럽 리투아니아의 PPMI(Public Policy and Management Institute)는 2021년 1월에 유럽에서 온라인 플랫폼을 이용하는 공급자들의 행태에 대해 Rand Europe 등이 참여한 연구결과를 발표했다. 이 연구는 2020년 10월에 Alchemer 조사 소프트웨어를 이용해서 9개 EU 국가(벨기에, 체코, 독일, 스페인, 프랑스, 아일랜드, 리투아니아, 네덜란드, 스웨덴)의 1,990명 공급자들로부터 확보한 설문 결과를 포함하고 있다. 공급자들은 도·소매업(24%), 숙박과 관광(15%), 제조업(14%), 통신, 컴퓨터 프로그래밍(8%) 등 여러 분야에 걸쳐 있었고 이들 중 20%가 250명 이상을, 반면 23%가 1~9명을 고용하고 있어 그 규모도 다양하였다. 공급자들의 국적을 보면 벨기에가 147명으로 가장 적었고 프랑스가 279명으로 가장 많았다.

유럽에서 온라인 플랫폼 공급자들의 다수가 하나 이상의 플랫폼을 이용하는

그림 4-1 한 개 이상의 플랫폼을 사용하는 공급자 비율

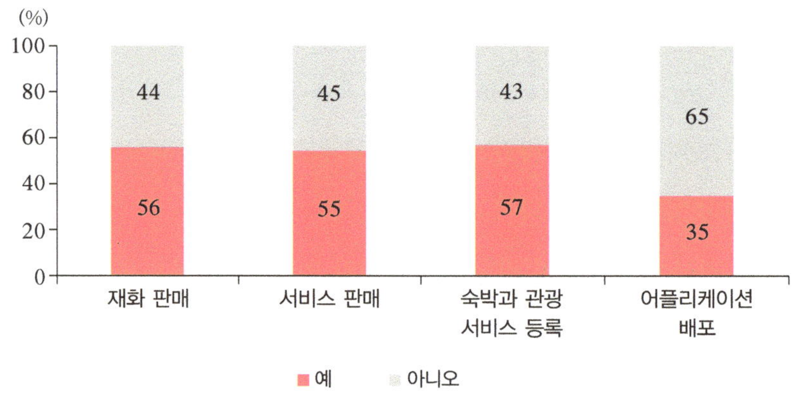

출처 : PPMI, 2021, p.21 [Figure 5].

것으로 나타났다. 재화 판매의 경우는 56%, 서비스 판매는 55%, 그리고 숙박과 관광서비스 등록의 경우는 57%로 50%를 넘었다. 어플리케이션 배포는 35%로 가장 낮았다.

한 개 이상 복수의 플랫폼을 이용한다고 대답한 공급자들을 상대로 그 이유를 다시 물었을 때 모두 “더 많은 고객을 확보하는 데 도움을 주기 때문이다” 라고 가장 많이 답했다. “하나의 플랫폼에 대한 의존을 낮추기 위해서” 라는 대답에 상대적으로 낮게 동의한 것을 알 수 있다.

그림 4-2 한 개 이상의 온라인 플랫폼을 이용하는 이유

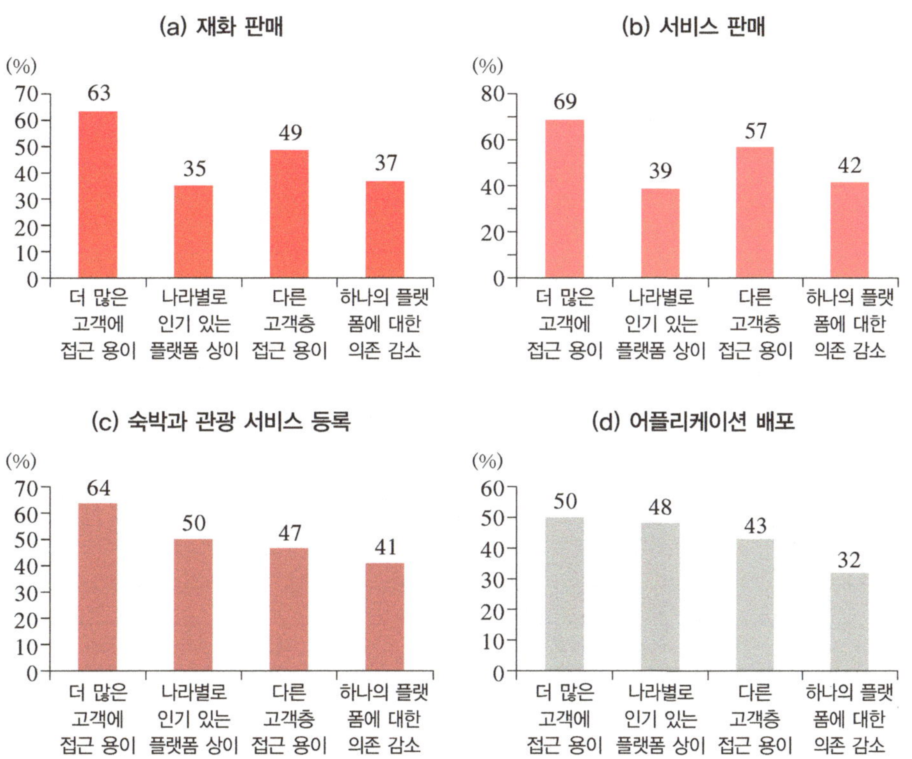

주 : 복수의 답변에 의거.

출처 : PPMI, 2021, p.39 [Figure 10].

하나의 온라인 플랫폼만을 이용한다고 한 공급자들에게 그 이유를 다시 물었다. 모두 자체의 경영상의 판단이라고 할 수 있는 "하나의 플랫폼으로 충분하다", "다른 플랫폼이 부과하는 비용이 더 비싸다" 혹은 "하나 이상의 플랫폼 운영은 부담스럽다"에 가장 많이 동의했다. 반면에 "현재의 플랫폼이 다른 플랫폼 이용을 어렵게 한다"나 "다른 플랫폼이 없다"와 같이 구조적인 문제를 지적한 경우는

그림 4-3 하나의 온라인 플랫폼을 이용하는 이유

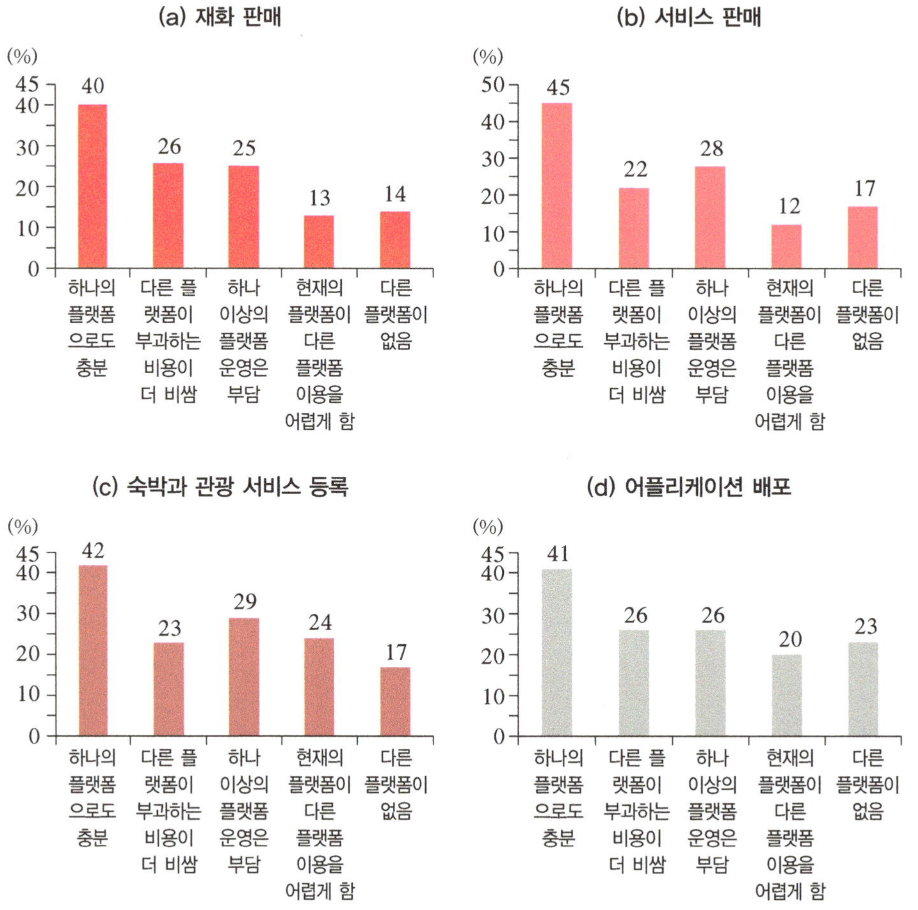

주 : 복수의 답변에 의거.
출처 : PPMI, 2021, p.44 [Figure 12].

상대적으로 적었다.

"현재의 플랫폼이 다른 플랫폼 이용을 어렵게 한다"고 답한 공급자들에게 그 이유를 좀 더 구체적으로 물었다. 이를 보면 현재 이용하는 플랫폼의 경쟁력이라고 할 수 있는 "현재의 플랫폼이 다른 플랫폼에서는 불가능한 서비스를 제공한다"나 "현재의 플랫폼이 이를 더 이용하도록 혜택을 제공한다"에 답한 경우가 일종의 갑(甲)의 횡포라고 볼 수 있는 "현재의 플랫폼이 계약에 의거 다른 플랫폼 이용을 제한한다"나 "현재의 플랫폼이 다른 플랫폼에서 고객에게 더 나은 조건을 제시하지 못하도록 한다"라고 답한 경우보다 많았다.

그림 4-4 현재의 플랫폼이 다른 플랫폼 이용을 어렵게 하는 이유

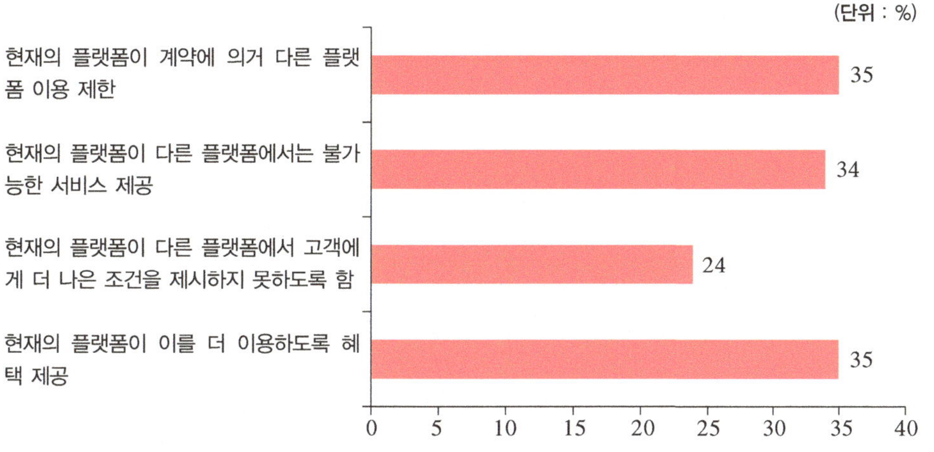

주 : 복수의 답변에 의거.
출처 : PPMI, 2021, p.45 [Figure 14].

온라인 플랫폼을 이용하는 소비자들 역시 멀티호밍을 한다는 것을 쉽게 추정할 수 있다. 2020년 10월 현재 전 세계적으로 약 27억 명이 페이스북을 이용한 것으로 나타났다. 그 다음으로 WhatsAPP(20억 명), YouTube(20억 명) 등의 순서였다.

그림 4-5 2020년 10월 현재 전 세계 SNS 플랫폼 이용자 수

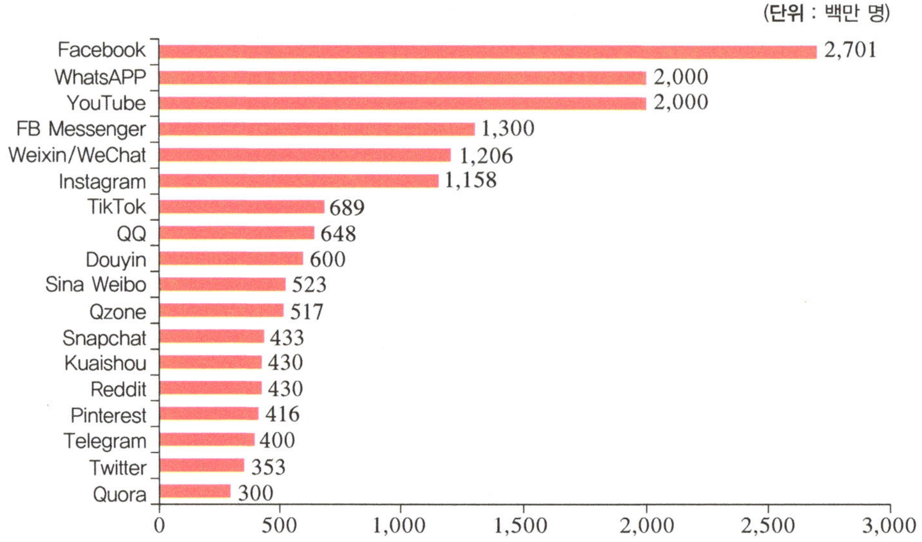

출처 : DIGITAL 2020 : OCTOBER GLOBAL STATSHOT
(https://datareportal.com/reports/digital-2020-october-global-statshot).

그런데 하나의 SNS 플랫폼을 이용하는 사람들이 다른 SNS 플랫폼을 얼마나 이용하는지, 즉 어느 정도로 SNS 플랫폼 이용이 중첩되는지를 살펴본 결과 우선 어느 한 플랫폼만을 이용하는 사람은 거의 없다는 것을 확인할 수 있었다. 그 다음으로 상대적으로 많은 이용자를 보유한 플랫폼일수록 그 중첩비율이 높아지는 것을 발견할 수 있었다. 〈표 4-4〉는 페이스북 이용자가 다른 SNS 플랫폼을 이용할 비율이 Reddit 이용자들의 경우보다 월등히 높다는 것을 보여준다. 오히려 상대적으로 이용자가 적을수록 다른 플랫폼을 이용하지 않는, 곧 멀티호밍을 하지 않을 확률이 높아졌다. 따라서 적어도 SNS 플랫폼의 경우 록인(lock-in)의 가능성은 아직 높지 않다고 할 수 있다.

다른 연구들은 온라인 플랫폼에서 멀티호밍이 앞으로도 예외적이 아닌 일반적인 현상일 수 있음을 강하게 시사하고 있다. 에반스 등(Evans, et al)(2017~

표 4-4 전 세계 16~64세 SNS 사용자들 중에서 플랫폼 중첩 비율 (단위 : %)

	다른 플랫폼을 사용하지 않는 사람	FB	YT	IG	RD	SC	TW	TT	PR
FB	3.7	100	90	73	16	30	52	38	33
YT	5.1	82	100	72	16	30	51	37	32
IG	1.0	86	92	100	19	36	59	43	37
RD	1.0	82	90	83	100	61	74	60	62
SC	1.1	83	91	87	33	100	66	60	50
TW	1.0	87	93	84	24	39	100	45	40
TT	1.5	85	90	82	26	48	60	100	43
PR	1.0	85	92	82	31	46	62	50	100

주 : FB(Facebook), YT(YouTube), IG(Instagram), RD(Reddit), SC(Snapchat), TW(Twitter), TT(TikTok), 그리고 PR(Pinterest).

출처 : PPMI, 2021, p.30 〈Table 7〉 [Kemp, S. (2020). Digital 2020 : October Global Statshot. Datareportal. Retrieved from : (https://datareportal.com/reports/digital-2020-october-global-statsho)].

2018)은 네트워크 효과가 내포하는 이론적인 불안정성을 지적했다. 즉, 어떤 온라인 플랫폼 기업이 네트워크 효과로 빠른 시간 안에 시장을 지배할 수 있게 되었다면 같은 원리로 빠른 시간 안에 붕괴할 수 있음을 가리킨다고 했다. 이안시티(Iansiti)(2021)는 선행연구를 검토하고 네트워크 효과는 아직 어디서도 엄격하고 객관적으로 증명되지 않은 개념이라고 주장했다. 그는 또한 주(Zhu)(2019)와 함께 1990년대 PC 전성기에 운영체계인 윈도우즈가 영원히 개인들이 사용하는 디지털 장치 시장을 지배할 것으로 보였지만 여러 운영체계에 걸쳐 작동하는 인터넷 기반 어플리케이션이 보급되자 소위 말하던 윈도우즈의 네트워크 효과가 크게 줄어들기 시작했다는 사실을 예로 들면서 온라인 플랫폼에서 네트워크 효과를 달리 생각해 봐야 하는 몇 가지 요인들을 아래와 같이 제시하기도 했다.

첫째, 온라인 플랫폼의 네트워크 구조는 시장마다 다르다. 관련 온라인 플랫폼이 사업규모를 유지하는 능력이 그 네트워크 구조로부터 영향 받기 때문에 네트워크 효과를 일반화할 수 없다고 했다. 이들은 우버(Uber)와 에어비앤비를 비교했다. 우버와 같은 차량 공유 플랫폼은 그 서비스 수요와 공급이 대부분의 경우 특정 지역을 벗어나지 않기 때문에 전국적인 시장지배력을 행사하기 어렵지만 전국을 넘어 전 세계적인 사람의 이동을 전제한 숙박 공유 플랫폼인 에어비앤비의 경우는 상대적으로 쉽다고 했다. 둘째, 우회(by-pass) 가능성이다. 모든 온라인 플랫폼들이 보이는 약점 중 하나는 수요자와 공급자가 온라인 플랫폼의 도움 없이 직접적인 장기거래관계를 구축하는 '탈중개화(disintermediation)'에 속수무책이라는 것이다. 그들은 창립된 지 5년 만인 2015년에 문을 닫은 주택청소 전문 온라인 플랫폼인 홈조이(Homejoy)가 겪은 어려움을 그 예로 들었다. 셋째, 한계비용이 "0(零)"에 수렴하는 온라인의 기본적 특성이다. 오프라인에서 플랫폼을 개발하고 추가하는 것은 많은 비용이 필요하지만 온라인은 아주 적은 비용만 있으면 충분하기 때문에 수요자와 공급자 모두 다수의 플랫폼을 비교하고 평가할 가능성에 항상 열려 있다고 주장한다. 그들은 차량 공유 플랫폼인 우버와 치열하게 경쟁하고 있는 리프트(Lyft)를 그 예로 들었다.

온라인 플랫폼에서 네트워크 효과는 이론적으로는 가능하지만 아직은 입증되지 않았다고 말할 수 있다. 생각보다 시대착오적인 개념일 수 있음을 또한 확인하였다. 그만큼 온라인 플랫폼에서 네트워크 효과와 관련된 정부의 정책 수립과 집행에 있어 신중함이 요구된다고 하겠다.

4) 온라인 플랫폼 기업의 정보 축적, 「1984년」의 실현?!

시장으로서 플랫폼은 재화나 용역의 공급자와 수요자 양쪽 모두로부터 정보를 모으는 것으로 시작한다. 이렇게 모은 정보를 활용해 더 다양하고 많은 재화나 용역의 공급자와 수요자를 끌어들임으로써 경제적 잉여를 확대해 플랫폼은 그 수입원을 증가시킨다. 이런 성장은 정보와 관련해 선순환을 가져와 더 많은 정보가 모이게 만들고 이것이 플랫폼을 더 큰 성장으로 이끈다. 온라인 플랫폼은 바로 이런 정보 축적의 선순환 구조가 공간의 제약 없이 무한대로 확장함을 의미한다.

온라인 플랫폼 기업이 명시적인 자본과 정보 축적의 결합으로 인식되면서 이들의 성장에 경계심을 가지는 사람들이 많아지고 있다. 마침내 하버드대학교 경영대학원 교수인 주보프(Zuboff, Shoshana, 1951~)(2020)는 아래와 같이 스스로 정의한 '감시자본주의(surveillance capitalism)'의 도래를 경고하고 나서기까지 하였다.

> 1. 은밀하게 행하는 갈취, 예측, 그리고 판매를 목적으로 마음대로 이용할 일종의 원자재로서 사람들의 경험을 사적으로 취하는 새로운 경제 질서, 2. 재화와 용역의 생산이 사람들의 행동을 개조시키는 새로운 전 세계적인 설계에 종속된 일종의 기생적 경제논리, 3. 인류 역사에 유례 없는 규모로 집중되는 부, 지식, 그리고 권력으로 특징지워지는 자본주의의 범죄적인 돌연변이, 4. 감시경제의 토대, 5. 19세기와 20세기 산업자본주의가 생태계를 위협했던 것처럼 21세기 인류에 등장한 심각한 위협, 6. 사회 전체에 대한 지배와 시장민주주의를 심각하게 위협하는 새로운 도구적 권력의 원천, 7. 완전한 확실성에 근거해서 새로운 집단적인 질서를 부과하고자 하는 움직임, 8. 국민주권의 전복으로 해석될 수 있는 위로부터 시작된 쿠데타에 의한 핵심적 인권의 탈취 시도(1. A new economic order that claims human experience as free raw material for hidden commercial practices of extraction, prediction, and sales; 2. A parasitic economic logic in which the production of goods and services is subordinated to a new global architecture of behavioral modification; 3. A rogue mutation of capitalism marked by concentrations of wealth, knowledge, and power unprecedented in human history; 4. The foundational framework of a surveillance economy; 5. As significant a threat to human nature in the twenty-first century as industrial capitalism was to the natural world in the nineteenth and twentieth; 6. The origin of a new instrumentarian power that asserts dominance over society and presents startling challenges to market democracy; 7. A movement that aims to impose a new

collective order based on total certainty ; 8. An expropriation of critical human rights that is best understood as a coup from above; an overthrow of the people's sovereignty)

주보프는 온라인 플랫폼 기업의 성장을 그동안 자본주의가 가져올 수 있는 모든 폐해의 단계적인 실현으로 간주하고 있는 듯하다. 그리고 지금까지 온라인 플랫폼 기업에 대해 제기된 다양한 비판들도 정도의 차이를 두고 이에 동의한다고 해도 과언은 아니다. 그런데 이는 하부구조, 즉 경제적 토대가 상부구조, 즉 그 사회의 법률, 정치, 문화 등을 결정한다는, 그리고 최근 2001년 노벨 경제학상을 수상한 미국의 스티글리츠(Stiglitz, Joseph, 1943~)(2019)가 미국의 현 정치체제를 "one dollar, one vote rather than one person, one vote(한 사람에 하나의 투표권이기보다는 1달러에 하나의 투표권의 지배)" (p.167)로 묘사한 것이 상징하는 경제적 결정론을 온라인 플랫폼의 시대에 무비판적으로 적용한 결과라고 할 수 있다. 예를 들어 민주적 절차에 의해 구성된 정부라도 국민의 목소리보다는 온라인 플랫폼 기업의 이해를 철저하게 대변하고 들어줄 것이라는 가정은 경제적 결정론의 대변인이라고 할 수 있는 마르크스와 엥겔스가 1848년 「공산당선언(Manifesto of the Communist)」에서 했던 주장인 "현대 국가의 정부는 전체 부르주아가 가지고 있는 공통의 문제를 처리하는 일종의 위원회에 불과하다(The executive of the modern state is but a committee for managing the common affairs of the whole bourgeoisie)" (Tucker, 1978, p.475)의 연장선상에 있다고 할 수 있기 때문이다.

따라서 온라인 플랫폼 기업이 감시자본주의를 가져와 마치 영국의 소설가인 오웰(Orwell, George, 1903~1950)이 그의 책 『1984』에서 그렸던 것과 같은 사회로 변화시킬 것이라는 주장에 대한 반론은 마르크스와 반대되는 위치에서 출발할 수밖에 없고 이를 가능케 해준 인물이 바로 독일의 철학자인 헤겔(Hegel, Georg

Wilhelm Friedrich, 1770~1831)이다. 마르크스가 『자본론(Capital)』 Vol. 1, 2판 서문에서 그의 변증법에 대해 "헤겔은 마치 물구나무서기를 하고 있는 것과 같다. 신비롭게 보이는 겉껍질 속에 있는 합리적인 핵심을 발견하고자 원한다면 똑바로 세워져야만 한다(With him it is standing on its head. It must be turned right side up again, if you would discover the rational kernel within the mystical shell)(Marx, 1977, p.103)" 라고 한 언급은 이에 대해 충분한 이유를 제공한다.

그런데 영국의 러셀(Russell, Bertrand, 1872~1970)(1972)이 "헤겔 철학은 매우 어려운데 아마도 모든 위대한 철학자들 가운데 가장 어렵다고 말해야 할 것이다(Hegel's philosophy is very difficult—he is, I should say, the hardest to understand of all the great philosophers)" (p.730)라고 한 것처럼 헤겔은 쉬운 접근을 거부한다. 덕분에 영어권 철학자들은 그의 철학을 거의 읽지 않는 것은 말할 것도 없고 관심조차 두지 않는다(Grayling, 2019, p.297)는 주장이 있을 정도다. 당연히 헤겔에게 그 책임을 묻는 시도도 꾸준히 있었다. 1820년 헤겔이 있던 베를린 대학교에 강사로 임명되었던 쇼펜하우어(Schopenhauer, Arthur 1788~1860)는 "헤겔은 '무식한 지적 사기꾼(illiterate charlatan)' 으로 '황당한 말도 안 되는 신비주의적인 주장(the craziest mystifying nonsense)' 을 설파해 전 세대를 지적으로 타락시켰다" (Grayling, 2019, p.299)는 말을 남겼다고 한다. 최근 "헤겔 자신조차도 아마 자기가 한 말을 모두 이해하지 못했을 것이다(No one, perhaps not even Hegel, has understood all of it)" (Warburton, 2011, p.126)라는 주장이 제기되고 있을 정도다. 이런 난해한 헤겔을 그나마 영어권에서 얘기할 수 있게 된 데에는 코제프(Kojève, Alexandre, 1902~1968)의 공이 크다. 그는 러시아 태생의 모든 유럽 언어를 유창하게 구사했던 철학자로, 시카고대학교의 고전철학자였던 블룸(Bloom, Alan, 1930~1992)에 따르면 6년 이상을 할애해서 헤겔의 대표작인 『정신현상학(The Phenomenology of Spirit)』을 한 줄 한 줄 읽고 이해해 헤겔 철학의 최고 권위자가 되었다고 한다(Kojève, 1969, P ix). 덕분에 그의 설명이 헤겔의 것이 아닌 코제프의 것, 즉 코제프주의라는 비판을 처음부터 들어야 했다. 그가 1933년부터 1939년까지 프랑스 파리의 사회과학고등연구원의 전신인 École des hautes études에서 했던 헤겔에 대한 강의를 모은 것을 영어로 번역 출판한 것이 '헤겔 입문'이 아닌 '헤겔 읽기 입문' 정도로 해석할 수 있는 *Introduction to the Reading of Hegel*(1969)로 영어권에서 헤겔에 대한 입문서로 활용되고 있다. 1992년에 후쿠야마(Hukuyama, Francis, 1952～)가 펴낸 『역사의 종말(The End of History and the Last Man)』은 코제프의 헤겔 해석에 대한 훌륭한 대중적 입문서라고 할 수 있는데, 헤겔로부터 후쿠야마에까지 이르는 지식의 여정은 『뉴요커(The New Yorker)』(2018. 10. 3)의 "Francis Fukuyama Postpones the End of History"에 잘 그려져 있다.

헤겔에 따르면 모든 생물은 생존에 필요한 것을 '갈구(desire)' 한다고 한다. 동물은 생존하는 데 필요한 에너지를 얻기 위해 먹어야 하고 인간은 먹을 것을 넘어 최소한의 주거와 의복 또한 보장되어야 한다. 이런 욕구를 '사라지게 만들(negate)' 때 모든 생물은 만족을 얻는다. 그런데 헤겔은 인간에게는 이런 자연스러운 욕구에 더해 다른 인간으로부터 '인정(recognition)' 받고자 하는 욕망, 곧 자기의 가치나 자기를 대변하는 가치를 다른 사람들도 원하는 가치로 만들고자 하는 욕망(Kojève, 1960, p.7)이 있다고 얘기한다. 예를 들어 동물 중에서는 오로지 인간만이 명예를 위해 목숨을 바친다. 명예가 더럽혀졌다는 이유로 스스로 혹은 가까운 사람의 목숨을 끊기도 하고 명예를 위해서 위험을 무릅쓰기도 한다. 또한 사회갈등의 많은 부분이 '존중(respect)'의 부족에서 기인한다는 것은 벌써부터 잘 알려져 있다. 문제는 자신이 아닌 다른 인간도 역시 같은 욕망이 있기 때문에 갈등은 불가피하고 자신의 욕망을 만족시키려면 다른 인간의 인정받고자 하는 욕망을 '사라지게 만들지(negate)' 않으면 안 된다는 것이다. 그리고 헤겔은 최초의

두 인간이 치룬 이 투쟁을 역사의 시작으로 보았다.

이 투쟁을 통해 승자와 패자가 가려지는데 헤겔에 따르면 승자가 원하는 것은 인정, 즉 승자의 가치를 패자가 받아들이는 것(Kojève, 1960, p.7)이고 이는 다른 인간인 패자가 죽는다면 얻을 수 없는 것이기에 승자는 패자로부터 승자로 인정받고 그를 살려둔다고 했다. 여기서 승자는 '주인(Master)', 그리고 패자는 '노예(Slave)'인 관계가 성립한다. 그런데 주인으로서의 삶은 결코 쉽지 않다. 항상 누군가가 그에게 도전해 올 것을 경계하고 감시해야 하는 운명이기 때문이다. 노예의 삶도 마찬가지다. 노예는 주인에 의해 언제라도 그 목숨을 빼앗길 수 있다는 것을 알기 때문에 주인의 자연적인 욕구를 만족시켜 줄 것들을 생산하며 목숨을 부지하게 된다. 그런데 헤겔은 주인에게는 또 다른 딜레마가 더해진다고 한다. 주인은 원래 같은 자유로운 인간으로부터 인정받는 것을 원하기 때문에 이런 주인과 노예의 관계로부터 완전한 만족을 결코 얻을 수 없다는 것이다. 이는 조직에서 상사가 부하직원의 자신에 대한 찬사보다는 경쟁관계에 있는 다른 동료로부터의 칭찬을 더 높게 평가하기 쉽다는 것을 상상하면 어렵지 않게 동의할 수 있다. 이렇게 만족하지 못한 주인은 다른 만족하지 못한 주인과 또 한 번 인정을 놓고 목숨 건 투쟁에 나서기 쉬우며 역사에 넘쳐나는 성과를 알 수 없는 많은 정복전쟁이 이를 증명한다고 볼 수 있다.

그런데 더 이상의 정복전쟁이 불가능한 상황이 도래할 경우 새로운 문제가 발생한다. 헤겔에 따르면 주인은 노예를 지배하고 이들을 통해 자연적인 욕구를 해결하지만 무기력하고 발전은 기대할 수 없는 존재로 더욱 전락한다고 한다. 그런데 반대로 노예는 주인의 자연적인 욕구 해결을 위한 생산을 강요당해 자연을 연구하고 이에 노동을 가하는 과정에서 스스로를 발전시킬 기회를 갖게 된다고 한다. 유럽에서 절대왕정이 성립한 이후 지배층은 민중들을 착취하며 사치와 향락에 젖어들었지만 현재까지 가치를 인정받는 위대한 문화유산들이 그 민중들에 의해 만들어지기 시작했다는 것이 좋은 예다. 즉, 자유로워 보이는 주인은 노예에 생존을 의지하는, 실제로는 부자유스런 존재가 되어버리고 노예는 겉으로는 주인에 종속되어 있지만 실제로는 자연에 대해 잠재력을 마음껏 실현하는 자유로운 존재로 탈바꿈한다는 것이다. 헤겔은 바로 이런 자연에 대한 연구와 생산을 통해 자연을 정복하고 자연으로부터 자유를 얻게 되는 노예들, 즉 주인 없는 노예이자 노예 없는 주인들을 사유재산 소유자 혹은 자본가로 보았다(This Slave without a Master, the Master without a Slave, is what Hegel calls the Bourgeois, the private property owner)(Kojève, 1960, p.63). 이들은 '자본(capital)'을 섬긴다. 여기서 시민혁명은 투쟁을 통하지 않고 세습이나 왕권신수설과 같은 초자연적인 이유를 들어 지위를 유지하던 무기력한 주인에 대한 이런 새로운 노예들의 집단적 거부로 해석될 수 있다.

헤겔은 프랑스 대혁명이 가져온 가치와 제도를 전 유럽에 전파한 나폴레옹전쟁을 역사의 마지막 단계가 시작된 것으로 보았다. 그는 주인과 노예의 대립관계 혹은 구별이 사라질 때 역사가 멈춘다고 본 것이다(Kojève, 1960, p.43). 현대 민주주의 국가에서도 사람들이 가지고 있는 다른 사람들로부터 인정받고 주인이 되고자 하는 욕망은 여전하지만 이제 주인이 되고자 하는 사람은 노예가 되었을 사람과 공식적으로 평등한 존재로서 같은 법의 지배를 받아야 하며 그들이 투표하는 선거를 통해 일정 기간, 일정 권력을 행사하는 직업정치인, 즉 '유사주인(pseudo-Master)' (Kojève, 1960, p.63)에 머물 수밖에 없다. 물론 아직 변하지 않았거나 변하는 데 시간이 걸리는 것들도 있다. 한국을 포함한 몇몇 민주주의 국가의 선거에서 볼 수 있는 것처럼 유사주인들은 더 이상 목숨을 걸고 투쟁하지 않지만 목숨을 건 것과 진배없는 투쟁을 이어나가고 있다. 유사주인들의 삶은 확실히 이전보다 예측 가능해졌지만 미국의 정보기관에서 일했던 스노든(Snowden, Edward, 1983~)이 이의 불법행위를 폭로한 것처럼 잠재적인 경쟁자 혹은 도전자에 대한 유사주인 혹은 유사주인이 되고자 하는 사람들의 경계와 감시는 새로운 형태로 계속되고 있다고 볼 수 있다.

표 4-5 주인(Master)과 노예(Slave) 간의 변증법

1단계	
주인	**노예**
지배자 소비자 독립된 존재 확고한 자기 이미지(자부심, 통제력) 자연에 대해 소극적(여가)	지배를 받는 자 생산자 의존적 존재 연약한 자기 이미지(공포, 봉사) 자연에 대해 적극적(노동)
2단계	
주인	**노예**
단순한 해소(negation)(노예의 의지와 독립적인 자의식에 대한) 스스로의 발전은 더 이상 없음(이런 역할에 있어)	창의적인 해소(negation)(다른 사람이 요구하는 바를 만족시키는 과정에서 자연에 변화를 가함) 점차적인 자기발전(이런 역할에도 불구하고)
3단계	
주인	**노예**
우월하다는 환상에 근거한 불안정한 자의식, 싹트는 의존적 존재라는 인식	자유, 싹트는 잠재적으로 독립적 존재라는 인식

출처 : Fox (2005), p.126.

헤겔이 그린 이상적인 자본가 혹은 기업인은 유사주인이 되고자 노력할 하등의 이유가 없으며, 이는 온라인 플랫폼 기업에도 적용된다. 정보에 대해서도 전자와 후자는 확연하게 태도가 다르다. 온라인 플랫폼 기업은 축적된 정보를 양적·질적으로 시장을 확대하는데, 즉 '포용적(inclusive)'인 목적으로 그러나 주인 혹은 유사주인이 되고자 하는 사람은 잠재적인 경쟁자를 구별하고 제거하기 위해, 즉 '배타적(exclusive)'인 목적으로 사용하고자 할 것이기 때문이다. 현대의 독재국가에 정치범 수용소라는 단어가 늘 따라다니고 민주주의 국가에서도 심심치 않

게 목격되는 정치적 경쟁자들 간의 상대를 파멸시키기 위한 정보 수집 총력전은 이를 증명하고도 남음이 있다. 따라서 이상적인 상황에서 많은 정보를 축적하는 온라인 플랫폼 기업이 감시자본주의를 가져올 가능성은 전혀 없다고 할 수 있다.

그런데 온라인 플랫폼 기업이 헤겔의 이상적인 자본가의 길을 걷는 것을 거부한다면 감시자본주의의 출현은 현실이 될 수 있다. 그 형태로 두 가지가 가능하다. 하나는 온라인 플랫폼 기업을 소유한 자본가가 주인이 되고자 나설 경우다. 그동안 자본가가 주인의 지위에 도전한 경우는 없지 않았다. 한국에서는 1992년 2월 8일 통일국민당을 창당하고 제14대 대통령선거에 나섰던 고(故) 정주영 현대그룹 명예회장이 대표적이다. 미국에서도 그 사례가 있다. 부동산개발업자였던 트럼프(Trump, Donald, 1946~)가 제45대 미국 대통령(2017~2021)을 지냈고, 거대 온라인 플랫폼 기업인 페이스북의 창업자인 저커버그(Zuckerberg, Mark, 1984~)가 한때 2020년 대통령선거 출마를 준비한다는 말(*The Atlantic*, Jan 20, 2017)이 있었다. 하지만 이들의 시도는 일반적이기보다는 예외에 속한다고 할 수 있다. 이들이 얻을 수 있는 지위는 주인이 아닌 유사주인에 불과하며 이때 얻는 것보다 잃는 것이 더 클 수 있다는 것을 누구나 알고 있다. 온라인 플랫폼 기업의 소유주만이 달라야 할 이유가 없다. 다른 하나는 보다 현실적인 것으로 온라인 플랫폼 기업과 유사주인 간에 협력관계가 만들어지는 경우다. 온라인 플랫폼 기업이 축적하는 정보는 포용적이어서 유사주인이 필요로 하는 배타적인 정보와 그 성격이 다르지만 정보라는 공통점 때문에 언제라도 전환 가능할 것이다. 자본주의 국가에서 이전까지 자본가가 제공하는 물질에 의존한 유사주인들이 자본가를 위한 위원회를 운영했다면 감시자본주의 하에서는 온라인 플랫폼 기업들이 축적한 정보를 또 다른 매개로 이해를 일치시킬 것이다. 어쩌면 유사주인들은 물질보다 정보에 더 가치를 부여할지 모른다. 이때 온라인 플랫폼 기업은 축적한 정보를 그 비용으로 지불하고 정치적인 영향력을 사려 할 것이다. 이럴 경우 『1984』는 “one dollar, one vote(1달러당 하나의 투표권)" 와 "one byte of information, one vote(1바이트의 정보당 하나의 투표권)" 이라는 두 원칙의 결합에 의해 실현될 것이다.

따라서 감시자본주의의 출현을 정말로 걱정한다면 온라인 플랫폼 기업에 축적되는 정보가 아니라 그 축적된 정보가 정치적으로 이용되는 것을 막는 방법을 우선 강구해야 한다. 만약 정치자금과 관련된 법과 제도가 "one dollar, one vote" 의 노골적인 실현을 조금이나마 어렵게 만들었다는 데 동의한다면 "one byte of information, one vote" 의 실현을 조금이나마 어렵게 만들 방법의 시급성과 그 효과에 동의하지 않을 까닭이 없기 때문이다.

5) 온라인 플랫폼을 막으면 골목상인은 행복해질까?

일부에선 진작부터 온라인 플랫폼의 소위 말하는 골목상권 진출에 대해 비판을 제기해 왔다. 정치권은 경제적 약자 보호의 입장에서 필요하다고 생각하는 제도를 준비하면서 온라인 플랫폼 기업에 대해 이를 자제해 줄 것을 요구해 왔다. 마침내 국회는 2021년 10월 5일 원하던 답을 들을 수 있었다. 이날 제21대 국회 정무위원회 공정거래위원회 국정감사장에 증인으로 참석했던 김범수(1966년~) 카카오이사회 의장은 "골목상권을 침해하는 사업에는 절대로 진출하지 않을 것" 이고 "만약 그 부분이 좀 관여돼 있다면 반드시 철수하겠다" (연합뉴스 2021년 10월 5일)고 말했다. 이에 앞서 카카오는 9월 14일 「보도자료」를 통해 "골목상권 논란 사업 철수 및 혁신사업 중심으로 개편, 파트너 지원 확대를 위한 기금 5년간 3천억 원 조성, 케이큐브홀딩스 사회적 가치 창출 집중" 등 사회적 책임을 강화하기로 한 결정을 발표(카카오, 2021년 9월 14일)하기도 했다.

그러면 온라인 플랫폼 기업의 골목상권 진입이 일탈이라고 말할 수 있는가? 무엇보다 이론적인 측면에서 그 답은 "아니다" 이다. 앞에서 가져온 [그림 4-6]은

그림 4-6 온라인 플랫폼과 한계소비자와 한계생산자

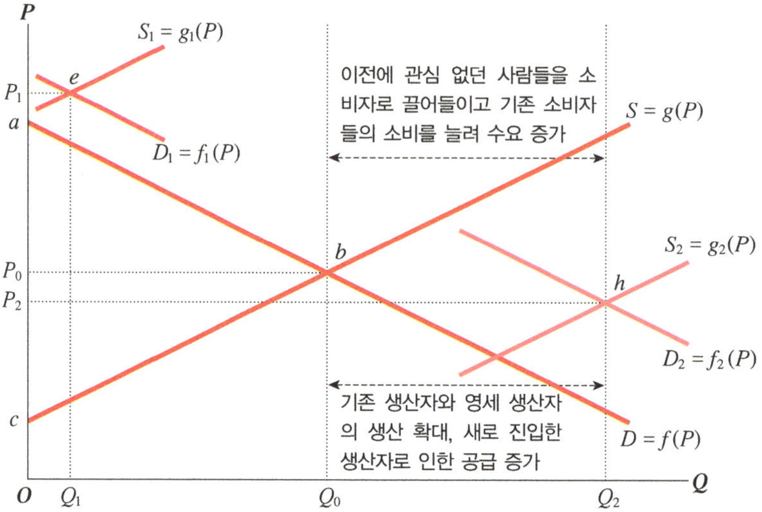

온라인 플랫폼 덕분에 판매량이 Q_0에서 Q_2로 확대되어 경제가 그만큼 성장할 수 있음을 보여준다. 여기서 b는 통상적인 의미의 시장과 오프라인 플랫폼을 매개로 달성한 균형이고, h는 온라인 플랫폼이 시장에 진입한 이후의 균형이다. 수요와 공급이 h에 다가갈수록 소비자의 관련 재화나 용역에 대한 주관적인 평가는 낮아지고 생산자의 생산비는 높아진다고 할 수 있다. 따라서 $Q_2 - Q_0$는 온라인 플랫폼이 그 수입원인 경제적 잉여를 확대하기 위해 한 편에서는 이전에는 관심이 없었던 사람들을 소비자로 끌어 모으고 기존 소비자들의 소비를 늘려 수요를 증가시키며, 다른 한 편에서는 기존 생산자와 이전까지 경쟁력이 낮아 생산 증대를 주저하였던 일종의 영세사업자가 생산을 늘리고 이 시장에 관심이 없었던 다른 생산자들이 진입할 수 있도록 함으로써 공급을 증가시켰기 때문에 가능했다고 할 수 있다. 이렇게 한계소비자와 한계생산자를 시장에 끌어들여 수요와 공급을 증가시키려는 노력은 온라인 플랫폼 기업이 신규 가입 회원에게 파격적인 혜택을 주고 최근 문제가 되고 있는 골목상권에 진입하는 등의 형태로 나타난다고 할 수 있다.

그림 4-7 2021년 10월 25일 현재 마켓컬리의 신규 가입 회원 혜택

출처 : 마켓컬리(http://www.kurly.com).

따라서 온라인 플랫폼 기업이 골목상권에 관심을 갖고 다가가는 것은 경제적으로 지극히 합리적인 행위라고 볼 수밖에 없다. 당연히 이런 온라인 플랫폼 기업의 행위는 이전의 경쟁력 있는 큰 생산자가 골목상권에 진입해 경쟁력 없는 영세 생산자들을 몰아내고 공급을 독점하는 것과 전혀 다르다. 무엇보다 제2장에서 논의한 것처럼 온라인 플랫폼 기업은 공급자가 아니며, 이상적이라면 관련 시장에서 공급자 수 축소가 아닌 증대와 경쟁을 강화하는 이전까지의 독점기업과는 상반된 논리를 추구하기 때문이다. 그러므로 상대적으로 경제적 약자인 골목상권과 비교해서 온라인 플랫폼 기업은 생산자 대기업과 마찬가지로 경제적 강자일 수 있지만 그 종류가 다르고 그 효과 또한 다르다고 말할 수 있다. 물론 어떤 경쟁력 있는 온라인 플랫폼 기업이 다가가는 시장에서 이미 다른 영세한 온라인 플랫폼 기업이 활동하고 있을 때 "온라인 플랫폼 골목상권"에의 진입이라는 표현은

가능할 수 있고, 이런 드문 경우를 제외해야 하는 것은 말할 것도 없다.

골목상권과 관련해서 온라인 플랫폼은 골목상권 밖에서 혁신을 가져오는 '외부적 창조적 파괴자(Creative Destroyer Without)'의 역할을 다시 한 번 할 수 있다. 가장 최근인 2021년 9월 30일 인천광역시의회에서 발의한 「인천광역시 골목상권 공동체 육성 및 활성화 지원 조례안」은 골목상권을 "일정 지역 안에서 소상공인이 밀집하여 영업하는 구역", 그리고 골목경제를 "일정 지역 안에서 소상공인, 자영업자, 주민 등의 경제주체가 공동체로 연대되어 사회적 가치 실현 및 인적·물적 자원의 지역 내 순환을 가능하게 하는 모든 경제활동"으로 정의하고 있다. 이로부터 골목상인의 전형을 어렵지 않게 유추할 수 있다. 영세한 규모로 골목이 상징하는 지리적으로 넓지 않은 시장에 사업체를 두고 있으며 고객도 대부분 같은 골목에 거주하거나 이로부터 멀리 떨어져 살지 않는 이웃들이라고 보면 크게 틀리지 않는다. 그런데 여기에 온라인 플랫폼이 진입한다면 사업체의 위치, 업종, 그리고 골목공동체 일원으로서의 기능에 큰 변화를 주지 않고도 그 시장이 골목을 넘어 전국 혹은 전 세계로 확장되는 혁신을 경험할 수 있다.

일반적으로 수제나 빈티지 품목과 공예품은 이전에는 벼룩시장에서 자주 접하곤 하던 골목상권이 생산하거나 취급하는 대표적인 재화라고 할 수 있다. 그런데 이미 전 세계적으로 이에 특화된 온라인 플랫폼 기업인 Etsy(엣시, http://etsy.com)가 뉴욕에 본사를 두고 2005년부터 영업하고 있다. 2018년 한 해 동안 사람들은 엣시를 이용 39억 3천만 달러 규모의 물품을 거래했고 이를 통해 엣시는 6억 370만 달러의 매출, 그리고 4,125만 달러의 순이익을 기록(Wikipedia)한 것으로 알려져 있다. 따라서 미국과 전 세계에서 골목상인들이 이전의 방식으로 골목경제를 통해서도 매출을 올렸겠지만 엣시 덕분에 시장을 골목을 넘어 미국 전역 혹은 전 세계로 확장하면서 39억 달러가 넘는 매출을 추가했다고 얘기할 수 있다. 한국에서도 골목상인과 전 세계적인 온라인 플랫폼의 협력 사례를 찾을 수 있다. 2019

그림 4-8 국내 골목상권과 해외 온라인 플랫폼의 협력 사례

(a) 아마존에서 팔리는 영주대장간의 호미

(b) 이베이에서 팔리는 알루미늄 도시락세트

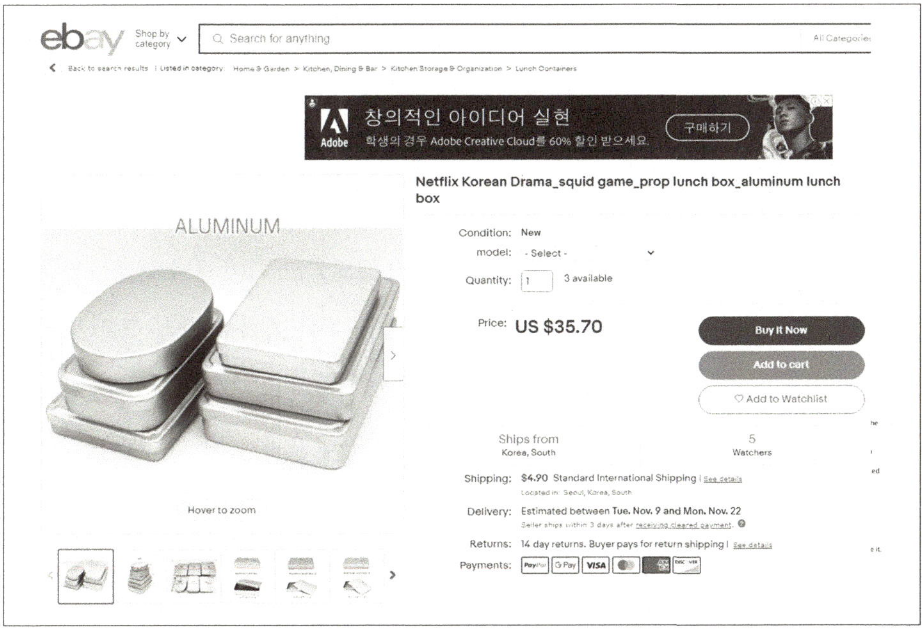

출처 : 아마존(http://www.amazon.com)과 이베이(http://www.ebay.com) (2021년 10월 21일 접근).

년에는 경상북도 영주시에 있는 3명이 일하는 '영주대장간'이 만든 개당 2,000원에 팔던 한국의 전통 농기구인 호미가 아마존을 통해 미국 시장에서 20달러 이상의 가격으로 팔린다는 것(조선일보, 2019년 2월 17일)이 화제가 되었었는데 지금도 그 인기는 여전해 보인다. 가장 최근에는 넷플릭스(Netflix)를 통해서 2021년 9월 17일부터 9부작으로 방영된 '오징어게임'의 전 세계적인 흥행을 배경으로 과거 학교급식이 제공되지 않던 시절에 중고등학교 학생들이 점심을 학교에 가져가기 위해 사용했던 상표 없는 알루미늄 도시락세트가 이베이에서 35달러가 넘는 가격에 팔리는 것을 보고 있기도 하다.

논리적으로 경쟁력 있는 온라인 플랫폼 기업이 이미 다른 영세한 온라인 플랫폼 기업이 활동하고 있는 플랫폼 시장에 진입할 때만이 온라인 플랫폼에서 "골목상권 진입"이라는 말이 성립된다고 얘기했다. 그런데 이에 대해 제기되는 우려가 어느 정도로 타당성을 가질지는 당연히 기존 온라인 플랫폼 기업이 연결시켜 주는 소비자와 생산자에게 이런 진입이 얼마나 혜택을 줄지에 달려 있다.즉, 관련 재화와 용역의 소비자와 생산자 모두에게 경쟁력 있는 온라인 플랫폼 기업의 진입이 이득이 될 수 있다면 이는 바람직하다고 말할 수밖에 없다. 그리고 현재 진행되는 논의 중에서 대리운전이 이에 해당한다. 다음 [그림 4-9]에서 알 수 있듯이 전화를 이용해 시작한 대리운전 플랫폼의 역사는 오래되었고 이미 중소업체들이 자리잡고 있다. 덕분에 현재 전화로 호출하는 비율이 80%, 카카오 같은 앱을 통해 호출하는 비율이 20%로 추산된다(조선일보, 2021년 10월 14일). 문제는 기존의 대리운전 플랫폼이 대체된다면 소비자와 생산자 모두에게 큰 이득이 될 것으로 보인다는 것이다. 부산 대리운전노조의 주장에 따르면 현재 대리운전요금이 1만 원이면 각종 비용을 뺀 기사의 순수입은 5,500원에 불과하지만 카카오의 대리운전 온라인 플랫폼인 '카카오대리'의 수수료는 0~20%이고 보험료도 회사가 납부해 기사 입장에서는 카카오대리가 차라리 낫다고 한다(조선일보, 2021년 10월 14일).

그림 4-9 온라인 플랫폼 대기업의 골목상권 진입에 반대의 목소리

소상공인들 "온라인 플랫폼 골목 침탈 심각 … 청문회 열라" 뉴시스 2021년 10월 20일

[서울=뉴시스] 권안나 기자 = 소상공인업계가 최근 중소벤처기업부 국정감사에서 뜨거운 감자로 떠오른 온라인 플랫폼의 골목상권 침탈과 불공정 행위에 대해 청문회와 법안 제정을 촉구했다.

20일 소상공인연합회는 서울 여의도 소상공인연합회 사무실에서 기자회견을 열고 온라인 플랫폼 대기업 대상 청문회 개최와 온라인 플랫폼 공정화법 신속 제정을 국회에 촉구했다.

이기재 소공연 온라인 플랫폼공정화 위원장은 "카카오, 야놀자를 비롯한 온라인 플랫폼 빅테크 기업들의 소상공인 골목상권 침탈은 소상공인들에게 코로나만큼이나 무섭게 다가오고 있다"며 "이는 한정된 국정감사 기간에만 다룰 일이 아니며, 국회에서 청문회를 개최하여 집중적으로 다뤄야 할 시급한 소상공인 현안"이라고 했다.

온라인 플랫폼 대기업 대표들이 이번 국감을 통해 중소기업 적합업종 협의안에는 관심을 보였지만, 막상 상생 협의는 진전되지 않고 있다는 게 이들의 주장이다.

이 위원장은 "무분별한 골목상권 침탈에 나서고 있는 카카오 김범수 의장을 비롯해 온라인 플랫폼 대기업 대표들이 이번 국정감사 증인으로 채택된 상황에서 소상공인들은 '플랫폼 국감'을 기대했지만 원론적인 대답만 되풀이해 소상공인들에게 실망감만 안겨주고 있다"고 언급했다.

장유진 한국대리운전총연합회장은 "카카오는 적합업종 협의안에 관심을 보이는 모습을 보였지만 의사결정권이 없다는 등 시간을 끌어 왔으며 결국 상생안을 수용하지 못하겠다고 답변했다"며 "김범수 의장이 국감에서 말했던 성실하게 임하겠다는 상생의 모습이 이거냐"고 했다.

장 회장은 이어 "돈 안 되는 곳에서는 철수했지만 전화콜 대리운전 시장에서는 철수한다는 말을 하지 않는다"며 "30년 동안 이어온 전통시장인 전화콜 대리운전 소상공인들을 더 이상 괴롭히지 말아 달라"고 호소했다.

또 플랫폼 공정화법에 수수료 부과 기준 등의 사항을 반영하고 책임소재를 명확히 해야 한다는 주장도 제기됐다.

정경재 대한숙박업중앙회장은 "숙박앱이 입점업체에 최저가 보장을 강요하고 수수료 등으로 이득을 취하면서도 미성년자 예약 문제 등 책임은 숙박업체에 모두 떠넘기고 있다"며 "숙박업주 상당수는 숙박앱 태동기에 무료 서비스를 덥석 물어버린 것에 후회하고 있지만 이미 의존도가 높아진 상황"이라고 했다.

이어 "논의 중인 온라인 플랫폼 공정화법에 수수료 부과 기준 및 절차, 판매대금 정산방식이 반드시 반영돼야 한다"며 "숙박앱 사업자 이익을 자사 프랜차이즈 확장에만 사용하지 말고 재투자하는 상생이 필요하다"고 덧붙였다.

소상공인들은 국감에서 해소되지 못한 온라인 플랫폼 상생 문제에 대해 청문회를 개최해 집중적으로 다뤄야 한다고 강조했다.

소공연 측은 "미국이나 유럽은 이미 4~5년 전부터 거대 IT 기업들에 대한 플랫폼 청문회를 열어 사회적 논의를 진행하고 있다"며 "국회는 청문회 개최와 함께 온라인 플랫폼 공정화법 제정에 속도를 더해 온라인 플랫폼 대기업들의 무분별한 시장 침탈을 막고 소상공인들에 대한 최소한의 울타리를 만들어 달라"고 촉구했다.

출처 : 소상공인들 "온라인 플랫폼 골목 침탈 심각 … 청문회 열라", 뉴시스 2021년 10월 20일

골목상권은 주요한 경제적 변화가 늦게 미치는 시장이라고 해도 과언이 아니다. 덕분에 경제적 어려움과 성공을 골목이 같이 공유하는 공동체적인 특성을 아

직 간직하고 있어 많은 사람들이 여기서 향수를 느낄 만하다. 그러나 바로 이런 이유로 골목상인이 개별적으로 어려움에 맞섰을 때에야 비로소 직면하는 혁신해야 할 필요성과 그 기회를 잃어버렸다고 할 수 있다. 정책도 고갈되고 있다. 골목상권을 포함한 지역의 상권을 살리는 것을 목적으로 도입한 '지역화폐'는 2020년 전국 229개의 지방자치체들이 약 9조 원 규모로 발행했는데 보조금 지급으로 인한 사중손실과 운영을 위한 부대비용을 합한 경제적 순손실이 2,260억 원에 달했고 지역화폐 사용이 검증된 일부 업종에서만 유의미한 매출 증가가 기록되었을 뿐 해당 지역의 고용을 증가시켰다는 증거는 발견되지 않아(송경호 · 이환웅, 2020년, pp.6~7) 그 지속 가능성에 큰 의문이 제기되고 있다. 골목상권에 닥치고 있는 더 큰 문제는, 아마존에서 호미를 팔아 이름을 알리고 있는 '영주대장간' 조차 70대인 생산인력의 뒤를 이을 사람을 2019년 2월 현재 아직 구하지 못했다(조선일보, 2019년 2월 17일)는 사실에서 알 수 있듯이 스스로를 재생산할 능력조차 빠르게 잃어가고 있다는 것이다. 진정으로 골목상권을 보호해 골목상인의 웃는 얼굴을 보고 싶다면 경쟁력 있는 온라인 플랫폼 기업의 골목상권 진입을 긍정적으로 바라보는 것이 그 첫걸음이라고 하겠다.

2. 정부가 해야 할 것들

정부가 해야 할 일 중에서 가장 중요한 것은 온라인 플랫폼 시장에 경쟁을 지속적으로 불어넣고 이를 유지하는 것이다. 온라인 플랫폼이 가져올 수 있는 모든 긍정적인 효과는 '공정한 거래(fair trade)'를 전제하기 때문이다. 다음으로 필요한 것은 혹시라도 모를 온라인 플랫폼 기업의 경제력 남용을 사전에 방지하는 것이다. 특히 온라인 플랫폼 이용자들의 '개인 사생활(privacy)' 침해 가능성은 '인권(human right)'과도 관련될 수 있기 때문에 가능한 한 최대한으로 대비하는 것이 타당해 보인다.

1) 온라인 플랫폼 안팎의 공정한 거래환경 조성과 유지

첫째, 온라인 플랫폼 기업의 도전을 최대한 허용해야 한다. 한 시장에서 성공적으로 정착한 온라인 플랫폼 기업이 공급자와 소비자를 연결하면서 축적한 정보를 이용해 개발하고 개선한 알고리즘을 인근 시장이나 혹은 종류가 전혀 다른 시장에도 적용해 볼 수 있는 기회가 충분히 주어져야 한다. 당연하게 이들은 정부에 자신들의 알고리즘을 지적재산권으로서 보호해 줄 것을 요구할 것이다. 온라인 플랫폼 기업들의 사적인 이윤동기가 열게 되는 새로운 기회가 전체 한국 경제에 주는 의미는 이들의 알고리즘을 공공재로 전환했을 때의 효과보다 더 클 것이다.

둘째, 온라인 플랫폼 기업들 간의 공정한 경쟁을 촉진해야 한다. 이를 위해 온라인 플랫폼에서 불공정을 판정하는 기준을 기존의 '매출(revenue)' 이 아닌 판매금액 혹은 '거래액(transactions)' 으로 전환해야 한다. 한국의 「독점규제 및 공정거래에 관한 법률」은 1980년 12월 31일에 처음 제정되었다. 이후 1990년 1월 13일 전면 개정을 통해 제1사업자가 시장을 100분의 50 이상 지배하거나 상위 3개

표 4-6 「독점규제 및 공정거래에 관한 법률」의 '시장지배적 사업자'

제4조(시장지배적 사업자의 추정) 일정한 거래분야에서 시장점유율이 다음 각 호의 어느 하나에 해당하는 사업자(일정한 거래분야에서 연간 매출액 또는 구매액이 40억 원 미만인 사업자는 제외한다)는 제2조(定義) 제7호의 시장지배적 사업자로 추정한다. 〈개정 2007. 8. 3.〉

1. 1사업자의 시장점유율이 100분의 50 이상
2. 3 이하의 사업자의 시장점유율의 합계가 100분의 75 이상. 다만, 이 경우에 시장점유율이 100분의 10 미만인 자를 제외한다. [전문개정 1999. 2. 5.]

출처 : 국가법령정보센터.

사업자의 시장점유율 합계가 100분의 75 이상일 경우 이를 시장지배적 사업자로 규정하였고 이 정의를 바탕으로 해당 기업들에 대한 규제를 이어오고 있다.

시장이 경쟁적이려면 전통적 · 자연발생적인 시장과 만들어진 시장인 플랫폼 모두 경쟁적이어야 한다. 플랫폼이 경쟁적이려면 오프라인 플랫폼과 온라인 플랫폼 모두 경쟁적이어야 한다. 이는 어떤 산업에서 자연발생적인 시장이 경쟁적이고 온라인 플랫폼(플랫폼)이 비경쟁적이라면 전체가 경쟁적이라고 말할 수 없고 반대로 자연발생적인 시장이 비경쟁적이고 온라인 플랫폼이 경쟁적이라면 역시 전체가 경쟁적이라고 말할 수 없다는 것을 가리킨다.

그림 4-10 경쟁이 보장되는 시장의 모습

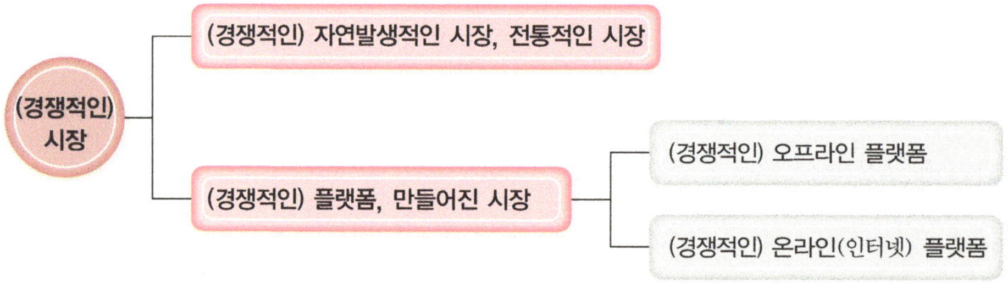

문제는 정부가 온라인 플랫폼에서 경쟁적 환경을 조성하기 위해 채택하는 방법이 자연발생적인 시장에서와 달라야 할지 모른다는 것이다. 일단 시기적으로 보았을 때 「독점규제 및 공정거래에 관한 법률」은 분명 온라인 플랫폼의 등장을 전혀 상상하지 않은, 자연발생적인 시장이 전체 시장을 지배하던 시절에 만들어진 것이다. 기업들의 매출액 합계가 관련 시장의 크기를 결정하였던 상황에서 개별 기업들의 매출액을 기준으로 시장지배적인 사업자를 구분하고 이들의 영업을 제한한 것은 분명 타당성이 있다. 그러나 온라인 플랫폼이 빠르게 성장하는 지금에 있어서는 부분적으로만 맞는 말이다.

먼저, 온라인 플랫폼에서는 매출액과 실질적인 시장지배력 사이에 큰 괴리가

표 4-7 **2021년 12월 27일 현재 주요 온라인 플랫폼 기업들의 업종**

기업명	업종
네이버(라인 포함)	포털 및 기타 인터넷 정보매개 서비스업
카카오	포털 및 기타 인터넷 정보매개 서비스업
쿠팡	통신판매업
우아한형제들(배달의 민족)	응용 소프트웨어 개발 및 공급업

출처 : 전자공시시스템(http://dart.fss.or.kr).

있다. 현행 산업분류체계를 따를 경우 네이버나 카카오가 시장지배적인 사업자가 되려면 예를 들어 '포털 및 기타 인터넷 정보매개 서비스업'의 전체 기업 매출액 합계에서 각각이 차지하는 비중이 50%를 넘어서야 한다. 쿠팡의 경우에는 '통신판매업', 그리고 배달의 민족은 '응용 소프트웨어 개발 및 공급업'에서 이 기준을 충족시켜야 한다. 즉, 이들이 관여하는 모든 산업, 부문 혹은 시장에서 이들을 통한 거래규모 혹은 거래액이 전체를 압도해도—글자 그대로 시장을 지배해도—이들이 속한 업종에서 그 매출이 전체의 50%를 넘지 않는다면 결코 시장지배적 사업자가 될 수 없는 일종의 모순이 발생하고 있다. 이렇게 현재 공정거래를 촉진하기 위해 각국이 적용하는 법규가 시대에 뒤처졌다는 인식은 아래의 인용이 보여주는 것처럼 벌써부터 주요 선진국들을 중심으로 공유되고 있다.

> 디지털 플랫폼의 특징을 반영한 반독점법의 개정이 유럽에서, 그리고 아마도 미국에서 시도될 것으로 보인다. 이런 개정을 통해 새로운 기술이 주도하는 사업들에 어떻게 반독점법을 적용하고 잠재적으로 온라인 플랫폼의 힘을 어떻게 제한하고 줄이느냐를 좀 더 명확히 할 것으로 기대된다. 이런 시도는 궁극적으로 표현의 자유, 민주주의, 그리고 평등의 시각에서 온라인 플랫폼에 대해 보다 넓게 제기되는 우려를 조금이나마 해소시켜 줄 수 있을 것이다. (Updates to antitrust laws to reflect the specifics of digital platforms are anticipated in the EU and perhaps in the US. These updates could

clarify how antitrust applies to the new technologically driven businesses and potentially reduce or inhibit the power of the platforms, which in turn could potentially ameliorate some of the broader concerns about speech, democratic process, and equality.)

—Fukuyama, 2020, p.9

따라서 온라인 플랫폼 기업의 실질적인 시장지배력을 가늠하려면 매출액만이 아닌 혹은 매출액이 아닌 다른 기준이 필요한데 관련된 모든 시장에서의 거래액 합계가 가장 적합해 보인다. 제2장의 '[그림 2-6] 플랫폼 기업의 수입원'에서 온라인 플랫폼 기업이 경제적 잉여인 Δabc를 수입, 즉 매출의 원천으로 한다는 것을 확인했다. [그림 2-6]이 상정한 시장에서 만약 모든 거래가 온라인 플랫폼을 통해서 이루어진다면 ΔOP_0bQ_0는 공급자 전체의 매출액 합계이자 이 온라인 플랫폼을 통한 거래액이 된다. 그런데 이 온라인 플랫폼은 여기서 생산자잉여인 ΔcP_0b와 이에 비례해서 증가하는 소비자잉여 ΔabP_0를 수입원으로 한다. 즉, 해당 시장만을 놓고 본다면 매출액은 오직 간접적으로 온라인 플랫폼의 지배력을 평가할 수 있을 뿐이며 보다 직접적으로는 거래액이 정확하다고 할 수 있다. 그리고 [그림 4-11]은 온라인 플랫폼의 특징인 양면성에 이 논리가 부합함을 보여준다. 각각의 산업, 부문 혹은 시장에서 자연발생적인, 전통적인 시장은 기존의 매출액에 의거한 감시와 규제를 하고 온라인 플랫폼은 거래액을 기준으로 감시와 규제를 한다면 시장 전체에서 경쟁적 환경을 조성하고 유지할 수 있을 것이다.

셋째, 온라인 플랫폼을 감시하고 규제하는 독립적인 기구의 설립을 긍정적으로 고려할 필요가 있다. 미국을 기준으로 얘기한다면 이런 특정 산업에 초점을 맞춘 기구는 결코 낯선 것이 아니다. 증권거래위원회(Securities and Exchange commission ; SEC), 연방항공청(Federal Aviation Administration, FAA), 미국 식품의약국(Food and Drug Administration ; FDA), 그리고 미국 연방통신위원회

그림 4-11 시장지배력, 자연발생적인 시장 vs 온라인 플랫폼

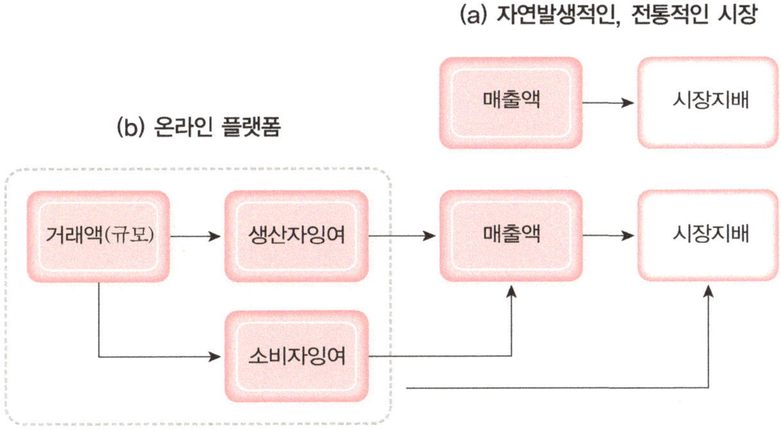

(Federal Communications Commission ; FCC)가 각각 주식시장, 민간항공운항시장, 식품과 의약품 시장, 그리고 통신시장을 감시하고 규제하고 있다. 온라인 플랫폼의 커지는 영향력에 비하면 이런 논의가 때늦은 감도 없지 않다. 특히 미국과 영국에서는 대형 기술기업을 대상으로 정부가 제기한 반독점소송이 최종 선고까지 오랜 시간이 걸려 그 시의성을 상실하는 경우가 대부분이었다는 반성에 의거해서 온라인 플랫폼을 시의 적절하게 감시하고 규제하는 새로운 조직을 만들어야 한다는 목소리가 높아지고 있다(*The New York Times*, Oct 22, 2020).

넷째, 온라인 플랫폼 기업이 공급자가 되는 것은 일정 수준에서 허용하는 것이 바람직하다. 최근 온라인 플랫폼 기업 중 일부가 공급자로 나서는 것에 대한 비난여론이 높아지고 있다(한겨레신문, 2021년 9월 28일). 그런데 제2장의 '[그림 2-18] 가격선도자로서의 오프라인 플랫폼'과 '〈표 2-11〉 아마존의 자체 상표 제품 비중(%)'을 통해 온라인 플랫폼 기업이 공급자가 되어 시장에서 마치 완전경쟁적 상황에 있는 것처럼 행동할 경우 시장에 공급되는 전체 재화나 용역의 가격을 낮추고 그 공급량을 늘리는 가격선도자의 역할을 수행할 수 있음을 확인했다. 공급자들도 온라인 플랫폼 기업과 같이 이윤을 추구할 뿐이다. 이는 이들이 여건만 주어지면 시장을 독점하려 할 것이라는 점을 가리킨다. 이들을 제어하는데 시장, 즉 온라인 플랫폼보다 적합한 존재는 없다. 공급자가 된 온라인 플랫폼 기업의 매출을 해당 온라인 플랫폼 기업을 통한 거래량의 작은 부분으로 제한한다면 경제 전체적으로 이득을 볼 수 있을 것이다.

다섯째, 온라인 플랫폼과 관계를 맺는 모든 법인격들이 공정한 권리를 누릴 수 있어야 한다. 온라인 플랫폼을 이용하는 소비자에게는 온라인 플랫폼이 한 약속을 반드시 지켜야 할 것이다. 온라인 플랫폼에 재화나 용역을 공급하는 생산자는 파트너로서 상법이 보장하는 동등한 권리를 부여받고 필요할 경우 이를 충분히 행사할 수 있어야 한다. 현재 온라인 플랫폼 노동자들은 15～65세 전체 취업자 2,400만 명의 0.92%인 약 22만 명으로 하루 8.7시간, 월 19.4일 일하고 238만 원의 소득을 올리는 것으로 추정(한국노동연구원, 2020년 12월 30일)되고 있다. 그러나 아래의 인용이 보여주는 것처럼 노동자로서 권리가 자주 침해받는 것으로 나타났다.

> 임금근로자의 임금체불은 고용노동부와 산하 지방노동청에서 가장 엄격하게 관리하고 있는 사안 중 하나다. 그러나 '개인사업자'로 일하는 플랫폼 노동자는 이러한 보호를 제대로 받지 못하고 있다. 보수 미지급 경험은 화물운송과 대리운전, 퀵서비스에서 특히 높았다. 화물운송은 77%, 대리운전은 75%, 퀵서비스는 70%가 일을 하고도 보수를 지급받지 못한 경험이 있다고 대답하였다. 나아가 퀵서비스의 26%, 대리운전의 18%, 화물운송의 15% 가량의 응답자가 한 달에 한 번 이상 이런 경험을 한다고 대답해서 일을 하고도 보수를 지급받지 못하는 경험이 상당히 빈번하다고 볼 수 있다.
>
> — 국가인권위원회, 2019년 11월

온라인 플랫폼 기업은 온라인 플랫폼 시장에서 경제적으로 가장 약자라고 할 수 있는 온라인 플랫폼 노동자들의 권리와 이의 행사를 보장해야 한다.

여섯째, 온라인 플랫폼에 적응하지 못하는 한계기업들을 온라인 플랫폼을 규제함으로써 보호하려는 시대착오적인 자세는 버려야 한다. 세상은 무질서의 지속적인 증가로 해석 가능한 엔트로피(entropy)의 지배를 받는다. 보다 일상적으로는 "해치는 것이 이득을 가져오는 것보다 훨씬 쉽고 그 영향 또한 더 크다(harms are easier to inflict and have larger effects than benefits)" (Pinker, 2018, p.28)는 말로도 이해될 수 있다. 그리고 믿음에 기초한 정부 정책을 평가하는 표현으로 이보다 피부에 와 닿는 것은 아마도 없을 것이다. 정말로 변화에 적응 못하는 한계기업들에 대한 지원을 '복지(welfare)'를 통해 제공해 자발적인 퇴출을 유도하는 것이 온라인 플랫폼의 긍정적인 효과를 극대화하는 데 도움이 될 것이다.

2) 미들웨어 그리고/혹은 메타버스를 이용한 개인정보 보호

거대 온라인 플랫폼에 개인정보가 모이고 축적되는 가운데 혹시 발생할지 모르는 이들의 '개인 사생활(privacy)' 침해에 대한 대비책이 지금까지는 주로 법과 제도를 통해 찾아졌다고 할 수 있다. 하지만 최근 이런 노력에 기술 또한 추가될 수 있다는 주장이 제기되고 있다. 대표적으로 후쿠야마 등(Fukuyama, et al. 2020)은 "복잡한 이기종(異機種) 환경에서 응용프로그램과 운영환경 간에 원만한 통신을 이룰 수 있게 해주는 소프트웨어(네이버 지식백과)"로 정의할 수 있는 '미들웨어(middleware)'가 가지고 있는 잠재력을 강조하고 있다. 기본적인 아이디어는 온라인 플랫폼과 이용자 사이에 미들웨어를 설치해 이용자가 입력하는 정보가 온라인 플랫폼에 전달되지 못하도록 만들어 개인정보와 온라인 플랫폼을 구조적으로 분리한다는 것이다.

미들웨어는 [그림 4-12]가 보여주는 것처럼 컴퓨터에서 응용프로그램이 작동하는 데 꼭 필요한 존재는 아니다. 미들웨어가 없다고 하더라고 각기 다른 운영

그림 4-12 미들웨어(middleware)의 기능

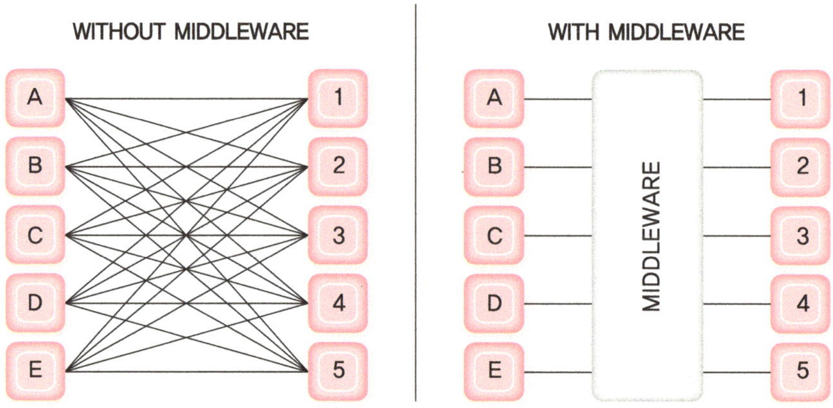

출처 : Onion (2015).

환경에 적합한 각기 다른 응용프로그램을 만들면 되기 때문이다. 그러나 미들웨어가 있다면 하나의 미들웨어가 각기 다른 운영환경을 연결하고 응용프로그램들을 이 미들웨어에 연결할 경우 모든 운영환경에서 작동하기 때문에 분명 편리함과 경제성이 크게 향상된다.

이런 편리함과 경제성을 위한 기술이 기업의 경제력 남용을 제어할 수 있는 수단으로 떠오른 것은 미국 정부가 마이크로소프트사에 대해 제기한 반독점규제 소송(United States vs. Microsoft)을 통해서다. 2001년 2월에 시작되어 2001년 6월에 판결에 이른 이 소송에서 미국 정부는 마이크로소프트사가 OEM PC 제작사들과 PC 사용자들이 Internet Explore를 제거하고 Netscape나 Java 같은 다른 응용프로그램을 설치하는 것에 대해 법적, 그리고 기술적인 제한을 가함으로써 PC 시장에서 독점적인 지위를 불법적으로 유지하고 있다고 비난했다(Wikipedia). 소송 전 미국 법무부는 마이크로소프트사를 두 개로 분할할 것을 고려하기도 했는데 "이런 과격한 조치의 배경에는 바로 미들웨어가 더 자유롭게 활동할 수 있는 세상을 만들기 위함(the rationale for such a harsh remedy was largely to make the world safe for middleware)" (*The New York Times*, May 29, 2000)이었다고 한다. 즉, 마이크로소프트의 윈도우즈라는 운영환경에서 언제나 제한 없이 미들웨어가 작동할 수 있다면 어떤 응용프로그램도 설치하고 작동할 수 있다는 뜻이며 그만큼 윈도우즈가 제공하는 자체 응용프로그램의 지배력은 약화될 것이다. 또한 미들웨어를 통해 어떤 운영환경에서도 모든 응용프로그램을 사용할 수 있기 때문에 PC 운영환경시장에서 갖는 윈도우즈의 지배력도 낮추는 효과를 가져 올 것이기 때문이다.

그림 4-13 미들웨어가 PC OS 시장에 갖는 의미

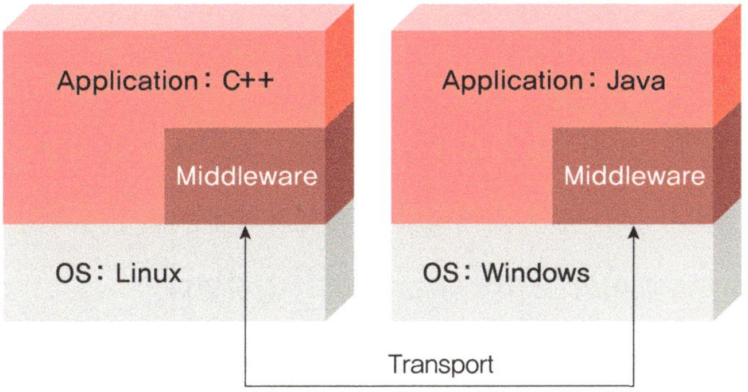

출처 : Basso, Brandon, et al (2010), [Figure 2].

후쿠야마 등(Fukuyama, et al. 2020, pp.27~30)은 유럽연합이 시행하고 있는 '일반데이터보호규칙(General Data Protection Regulation ; GDPR)'의 한계를 지적하는 것으로부터 출발하였다. GDPR이 개인에 대한 정보 수집과 처리, 그리고 사용을 제한하고 소비자가 명시적으로 허가하지 않을 경우 정보가 다른 목적을 위해 사용되는 것을 금지해 이론상으로 온라인 플랫폼이 개인정보를 무단으로 이용 다른 시장으로 진출하는 것을 막거나 늦출 수 있지만 다음의 네 가지 문제에 직면해 있다고 했다. 첫째, GDPR의 적용이 이메일 주소, 이름, 거주지 주소, 신용

카드 정보 등 소비자가 자발적으로 제공한 정보에만 해당하는지 아니면 관련 온라인 플랫폼에서 소비자가 클릭한 것, 이후 따라간 링크 등 온라인 플랫폼과 소비자가 상호작용해 발생하는 메타데이터에도 적용되는지가 불분명하다. 둘째, 어쩌면 이미 온라인 플랫폼이 통제를 벗어나 있는지 모른다. 즉, 온라인 플랫폼들은 겉으로 들어나고 감시가 가능한 방법 이외의 더 많은 직 · 간접적인 방법으로 개인정보를 모으고 있고 또한 앞으로도 그럴 것이다. 셋째, 온라인에서 개인정보 보호를 강화하면 온라인 플랫폼 시장에 진입하려는 신규 사업자들은 필요한 정보를 모으고 축적하는 데 어려움을 겪을 수밖에 없어 기존의 거대 온라인 플랫폼의 시장지배력을 더 공고히 하는 결과를 가져올 수 있다. 넷째, GDPR 자체가 방대하고 복잡한 법체계로 이의 이행 혹은 우회에 수많은 유능한 법조인을 고용할 수 있는 기존의 거대 온라인 플랫폼이 신규 사업자들보다 유리할 수밖에 없다. 따라서 그들은 현재의 개인정보 보호체계가 거대 온라인 플랫폼들의 시장지배력과 혹시 이로부터 파생될지 모를 정치적 영향력을 제어하기에는 역부족이기 때문에 기술적인 도움, 즉 미들웨어의 도입이 필요하다고 주장하였다.

후쿠야마 등(Fukuyama, et al. 2020, pp.30～38)은 이용자와 온라인 플랫폼 사이에서 이용자가 자유롭게 선택할 수 있는 정보 수집과 처리를 전문으로 하는 미들웨어들이 경쟁하는 환경을 아래와 같이 제시하고 있다.

> 이들 미들웨어들이 예를 들어 페이스북, 아마존, 애플, 트위터, 그리고 구글과 서로 연결되고 이들과 소비자 사이에서 소비자가 그들이 원하는 방향으로 정보를 입력할 수 있게 도와주고 현재 이들 거대 온라인 플랫폼이 이용하고 있는 알고리즘에도 영향을 줄 수 있도록 한다는 것이다. 미들웨어가 소비자와 온라인 플랫폼 간에 이뤄지는 거래를 단절시킬 이유는 없다. 소비자가 선택하는 제3자가 제공하는 서비스로서 현재 거대 온라인 플랫폼들이 투명하지 않게 자체적으로 제공하는 편집적인 판단을 대신 수행한다고 할 수 있다. … 달리 말하면 미들웨어는 온라인 플랫폼에 대한 독립적인 진입 절감을 제공

하는 셈이다. 물론 온라인 플랫폼들은 소비자들에게 서비스 시작에 대한 주도권을 넘기는 것에 반대할 것이지만 말이다. 간단히 얘기해서 소비자는 온라인 플랫폼을 통해 미들웨어를 이용하거나 미들웨어를 통해 온라인 플랫폼에 접근할 수 있게 된다. 어떤 경우든 미들웨어가 그 사용자의 선호에 맞춰 이용하거나 접근하고자 하는 웹사이트의 기능을 재단한다고 할 수 있다. (These products would interconnect with Facebook, Amazon, Apple, Twitter, and Google APIs and allow consumers to shape their feeds and influence the algorithms that those dominant platforms currently employ. Middleware would not necessarily disintermediate services between the consumer and the internet platform; rather, as a third-party service chosen by the consumer, it would make editorial judgements that are currently provided (usually without transparency) by the platform. … Alternatively, middleware could offer an independent entry point into the platform (though the platforms would likely oppose losing the point of service to the customer). In short, users could utilize middleware via a platform or access a platform via middleware. In either case, middleware can tailor the functionality of those websites to the preferences of their users.)

—Fukuyama, et al 2020, p.31

당연히 컴퓨터공학 분야에서 벌써부터 미들웨어를 눈여겨 보기 시작했다. 난디 등(Nandi, et al 2011)은 온라인 플랫폼이 소비자에게 재화나 서비스를 추천할 때 미들웨어를 이들 사이에 두면 소비자 정보와 선호를 온라인 플랫폼에 노출시키지 않아 개인 사생활 침해를 방지할 수 있다고 주장하였다.

이들에 따르면 이 방법이 특정 소비자의 과거 소비정보를 이용하는 '콘텐츠 기반(content-based)', 그리고 특정 소비자와 유사한 부류의 다른 소비자들의 소비정보를 이용하는 '협업필터링(collaborative filtering)'의 두 가지 추천 시스템 모두에서 적용 가능하다고 한다. [그림 4-15]와 〈표 4-8〉을 보면 이용자가 특정 재화나 용역 혹은 그 범주를 온라인 플랫폼에서 찾을 경우 그 흔적 혹은 정보는

그림 4-14 후쿠야마 등 제시 온라인 플랫폼에서의 미들웨어의 역할

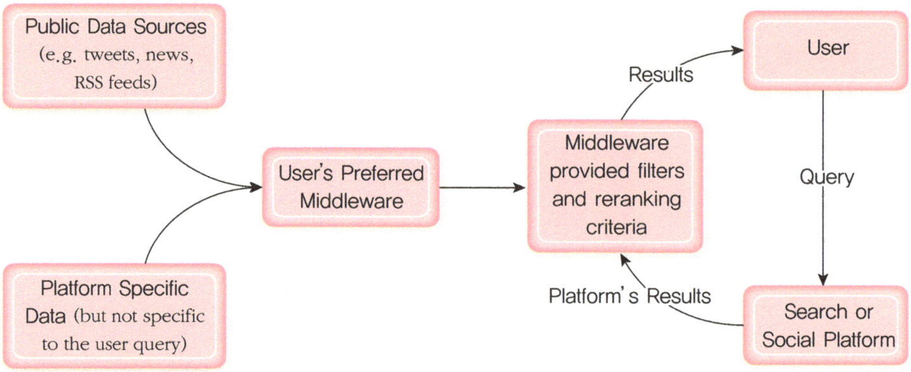

출처 : Fukuyama, Francis. et al (2010), P32 [Figure 4].

그림 4-15 '개인정보 보호 특화(P3, Privacy Reserving Personalization)' 미들웨어가 기능하는 온라인 플랫폼

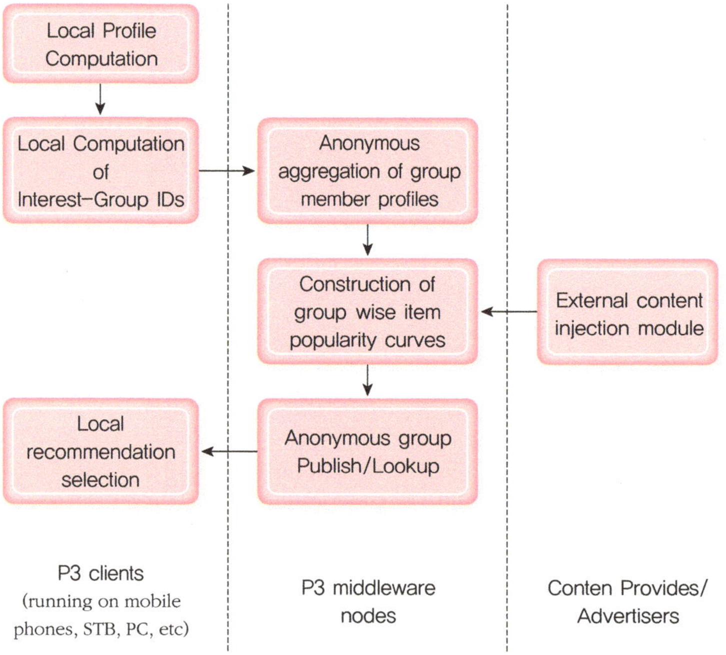

출처 : Nandi, Animesh , et al (2011), [Figure 1].

온라인 플랫폼이 아닌 미들웨어에 익명으로 저장되게 설계되었음을 알 수 있다. 협업필터링을 통한 추천은 미들웨어의 몫이고 콘텐츠 기반 추천은 협업필터링에 의한 추천이 만들어지고 난 후 온라인 플랫폼과의 소통을 통해서 형성돼 추천에 있어 온라인 플랫폼의 역할이 크게 줄어든다. 반면에 많은 미들웨어가 경쟁하고 이용자가 이를 자유롭게 선택할 수 있는 환경이기 때문에 이용자에게 추천하는 재화나 서비스가 지금처럼 온라인 플랫폼이 이를 독점할 때보다 그 정확도가 떨어질 가능성은 있다. 그러나 이런 불편함은 개인 사생활 침해 가능성을 방지하기 위해 지출하는 약간의 비용이라는 데 동의할 이용자가 그렇지 않은 이용자들보다

표 4-8 '개인정보 보호 특화(P3)' 미들웨어의 단계별 기능 예시

단계	주요 내용
Step 1 (Local Profile computation)	원하는 분야에 남아 있는 이용자의 활동 흔적을 수집, 이 흔적이 이용자 프로파일이 될 수 있게 분석하고 정리
Step 2 (Local Computation of Interest Group IDs)	Step 1에서 얻은 이용자 프로파일과 이미 공개된 통계만을 사용해서 이용자가 속할 그룹 결정
Step 3 (Anonymous aggregation of group member profiles)	다음 단계로 미들웨어에서 Step 2에서 결정한 그룹에 속한 모든 구성원들의 프로파일을 익명으로 통합
Step 4 (Construction of group-wise popularity curves)	Step 3에서 모은 그룹 전체의 프로파일을 가지고 그룹 구성원들의 소비행태에 대한 통계의 도움을 받아 그룹에 적합한 잠재적인 추천을 형성, 특히 그룹의 '가장 인기 있는(top-K)' 아이템을 선정하고 이를 이 그룹에 대한 협업필터링 추천으로 간주
Step 5 (External content injection module)	그룹에서 가장 인기 있는 것으로 간주되는 아이템을 가지고 온라인 플랫폼과 소통, 이를 통해서 그룹 구성원의 선호에 부응하는 콘텐츠 기반 추천 확보
Step 6 (Anonymous Publish/Lookup of group recommendations)	내부적인 협업필터링과 외부적으로 온라인 플랫폼과 소통해서 얻은 콘텐츠 기반이 합쳐 추천하는 재화나 용역을 그룹 구성원들이 익명으로 접근하거나 검토 가능
Step 7 (Local recommendation selection)	추천하는 재화나 용역이 개별 이용자에게 전달

출처 : Nandi, Animesh, et al (2011), pp.3~4.

많을 것이다.

하지만 최근의 기술발전으로 이런 문제 또한 온라인 플랫폼이 쉽게 극복할 수 있을 것으로 보인다. 그것은 바로 "진짜 세상과 연결된 가상적인 인공 환경(a hypothetical synthetic environment linked to the physical world)" (Lee, et al, 2021, p.1)으로 해석될 수 있는 "초월(transcending)"을 뜻하는 "메타(meta)"와 "universe(세계)"의 합성어인 "메타버스(metaverse)"다. 물론 새롭게 사람들의 상상력을 사로잡는 기술이 늘 그랬던 것처럼 현재 메타버스를 둘러싸고 긍정과 부정적인 시각이 난무한다. "메타버스가 진짜 세상에 평행한 또 다른 거대한 실체로 등장할 것이다(the metaverse will occur as another enormous entity in parallel to our physical reality)" (Lee, et al, op cit. p.66)라는 긍정적인 전망이 있는가 하면 이미 메타버스가 주장하는 모든 것은 실현되었고 그 장밋빛 미래는 애초에 실현 불가능하다는 내용을 담은 "The metaverse is bullshit(메타버스는 사기다)" (*PC Gamer*, Oct 30, 2021)와 같은 부정적인 의견도 있다. 그런데 진짜 세상과 가상적인 인공 환경의 연결을 긍정론이 꿈꾸는 수준으로 발전시키지 못하고 기술이 진짜 세상의 완벽한 반영에만 머문다고 해도 온라인 플랫폼에서의 개인 사생활 보호 문제는 상당 부분 해결될 것으로 보인다. 이 상황이 피부에 와 닿지 않는다면 2002년에 전 세계적인 흥행에 성공했던 미국 영화배우 톰 크루즈(Cruise, Tom, 1962~) 주연의 영화 "마이너리티 리포트(Minority Report)"를 떠올리면 된다. 영화에서는 예언자들이 미래의 범죄 장면들을 꿈꾸면서 범죄 의도가 있는 잠재적인 범죄자들을 지목하면 공권력이 사전에 이들을 격리하는 것으로 그려졌다. 여기서 "예언자들"이라는 단어를 "메타버스", "범죄"를 "재화나 용역 구입", "공권력"을 "온라인 플랫폼", 그리고 "격리"를 "제공"으로 바꾸기만 하면 된다. 즉, 온라인 플랫폼이 진짜 세상을 완벽하게 반영한, 이용자들이 모두 구현되는 메타버스를 만들고 운영하고 실험할 수 있다면 어느 순간에는 구태여 이

그림 4-16 "마이너리티 리포트" 극장 포스터

출처 : Google.

용자들의 정보를 모으지 않더라도 완벽에 가깝게 각 이용자들에게 재화나 용역을 추천하고 제공할 수 있다.

현실적으로 [그림 4-17]이 보여주는 것처럼 미래 그 시점이 올 때까지 미들웨어가 이용자와 온라인 플랫폼 사이에서 이용자의 정보를 관리하고 온라인 플랫폼은 메타버스 기술을 발전시키며 그 결과를 이용자에 대한 재화와 용역의 추천에 적극 사용하는 절충적인 모습이 한동안 계속될 것으로 생각된다. 후쿠야마 등(Fukuyama, et al. 2021)은 이런 상황이 전개된다면 최근 선진국들에서 논의되고 있는 온라인 플랫폼에 특화된 감시와 규제 기구 설립만으로는 개인 사생활을 충분히 보호하지 못할 것이라고 주장한다. 구체적으로 미들웨어들 간의 경쟁이 보장되어야 하고, 미들웨어들의 온라인 플랫폼들에 대한 자유로운 접근이 허용되어

그림 4-17 온라인 플랫폼과 미들웨어, 그리고 메타버스

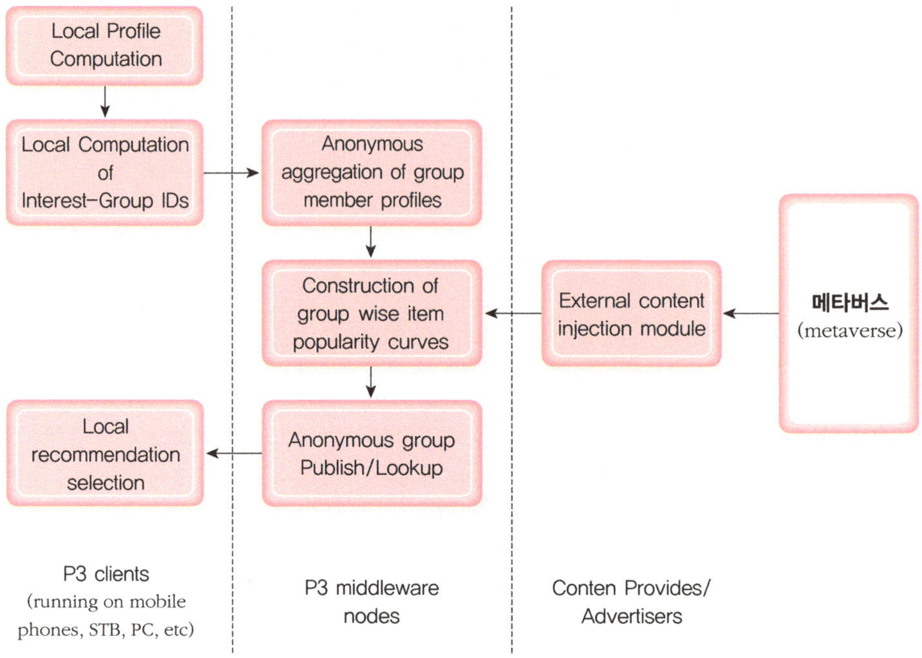

출처 : Nandi, Animesh, et al (2011), [Figure 1] 이용.

야 하며, 이 두 집단 사이에서 어떻게 수익을 나눌 것인가 등의 문제가 당연하게 해결되어야 하기 때문이다. 이런 면에서 그들이 신설기구에 특별히 미들웨어를 이해하고 다룰 수 있는 조직을 포함해야 한다는 주장은 새겨들을 가치가 있다.

결론, 그리고 미래

5장

앞으로 온라인 플랫폼에 대한 이상적인 환경이 조성되고, 온라인 플랫폼 기업들 또한 이상적으로 행동한다고 했을 때 과연 우리는 어떤 미래를 기대할 수 있을까? 결론부터 말하면 '똑똑한 손(intelligent hands)' 이 경제를 이끄는 사회다. 여기서 "똑똑하다(intelligent)" 는 수식어를 사용한 이유는 지금보다 더 정보와 지식에 기초한 산업으로 온라인 플랫폼이 진화할 것이라는 믿음이며 "손(hands)" 은 그 주역이 될 온라인 플랫폼 기업들을 가리킨다.

1980년대 말에서 1990년대 초에 걸쳐 세계는 20세기의 대표적인 사회개조 실험이 실패하는 것을 목격했다. 그때까지 사회주의를 표방했던 국가들은 북한, 쿠바 등 극소수를 제외하고 모두 사회주의를 공식적으로 폐기하고 시장경제를 받아들였다. 2020년에 2017년 달러로 추정한 구매력기준(PPP) GDP 약 23조 달러로 세계 1위, 그리고 2021년 7월 추정 인구 13억 9천만 명으로 역시 세계 1위(The World Factbook)를 차지한 21세기 초강대국 중국이 여전히 '사회주의적 시장경제(socialist market economy)' 를 내세우고 있지만 여기서 " '사회주의' 는 하나의 형용사고 목표는 '시장경제' (Qian, et al, 2000, p.6)" 라는 주장을 받아들이면 이제 시장경제는 유일무이한 제도인 셈이다.

그런데 오해하지 말아야 할 것은 당시 시장경제가 사회주의에 승리할 수 있었던 것은 시장경제가 '최선(best)' 이어서라기보다는 '차악(lesser evil)' , 곧 사회주의가 더 나빴기 때문일 가능성이 높다. 이는 시장경제가 그동안 주장해 온 장점을 실현하기 위해서는 지속적으로 무엇이 이를 방해하는지를 찾고 타계하려는 노력이 필수적이라는 것을 가리킨다. 그리고 바로 이 작업에서 온라인 플랫폼이 크게 기여할 수 있다.

경제학의 아버지인 아담 스미스(Smith, Adam, 1723~1790)는 시장경제가 어떻게 작동하는지를 아래와 같이 '이기심(self-interest)' 과 '보이지 않는 손(invisible hands)' 의 두 가지 개념으로 설명하였다. 그는 *The Wealth of Nations*의

도입부분이라고 할 수 있는 Vol 1. Book I, Chapter Ⅱ에서 '이기심'을 모든 경제적 행위의 근원으로 언급하였다. '보이지 않는 손'은 같은 책(Vol. 1)의 끝부분인 Book Ⅳ, Chapter Ⅲ에서 무역에 관한 문제를 다루면서 제시하였다. 이런 배치에 있어 아마도 '보이지 않는 손'이라는 말이 더 은유적이었던 점이 적지 않게 작용한 것으로 보인다.

> 우리가 저녁식사를 확신할 수 있는 것은 정육점 주인, 양조장 주인 혹은 빵집 주인의 자애로움 때문이 아니라 그들 자신의 이익에 대한 고려 때문이다. (It is not from the benevolence of the butcher, the brewer, or the baker, that we expect our dinner, but from their regard to their own interest.)
>
> —Smith, vol. 1, 1976, p.18

> 보통 그는 다른 사람들의 이익을 증진시킬 생각도 없고 어느 정도로 그의 행위가 이런 결과를 가져올지도 모른다. 해외보다 국내 산업을 선호한다면 그 자신의 안전을 위함이며 가장 큰 가치를 창조하는 방향으로 관련 산업을 나아가게 해 자신의 이익을 확대하기 위함이고 다른 경우처럼 이 과정에서 그의 의도가 전혀 아니었던 목적을 '보이지 않는 손'에 이끌려 추구하게 된다. … 그 자신의 이익을 쫓는 과정에서 그는 자주 그가 의도했던 것보다 더 효율적으로 사회 전체의 이익을 증가시킨다. (He generally, indeed, neither intends to promote the public interest, nor knows how much he is promoting it. By preferring the support of domestic to that of foreign industry, he intends only his own security; and by directing that industry in such a manner as its produce may be of the greatest value, he intends only his own gain, and he is in this, as in many other cases, led by an invisible hand to promote an end which was no part of his intention. … By pursuing his own interest he frequently promotes that of the society more effectually than when he really intends to promote it.)
>
> —Smith, vol. 1, 1976, p.477

이로부터 개인의 이기심이 최대한 발휘된다면 보이지 않는 손에 의해 균형이 달성되고, 사회 전체의 이득 또한 극대화될 것이라는 자유방임주의(自由放任主義, Laissez-faire)가 시작되었음을 알 수 있다. 나중에 프랑스의 경제학자인 월라스(Walras, Leon, 1834～1910)가 스미스가 얘기하지 않았던 어떻게 보이지 않는 손이 작동하는지의 빈틈을 채워 넣게 된다. 그는 경쟁시장에서 균형에 도달하는 과정을 '시행착오(trial and error)'로 해석할 수 있는 '테톤먼트(Tâtonnement, Tatonnement)'라고 칭하면서 '경매(auction)'를 이의 가장 이상적인 형태로 제시했다(Walras, 1954, pp.83～84).

따라서 제2장의 [그림 2-5]가 보여주었던 통상적 의미의 시장은 [그림 5-1]과 같이 바꿀 수 있다. 즉, 소비자와 생산자를 연결하는 데 있어 시행착오는 필수적이며 이 과정에서 시간과 자원의 낭비는 불가피하다. 대형 유통매장들이 긴 진열대 위에 많은 물건을 채우고 고객을 기다리는 이유도 바로 이것 때문이라고 할 수 있다.

그림 5-1 시행착오가 포함된 통상적 의미의 시장

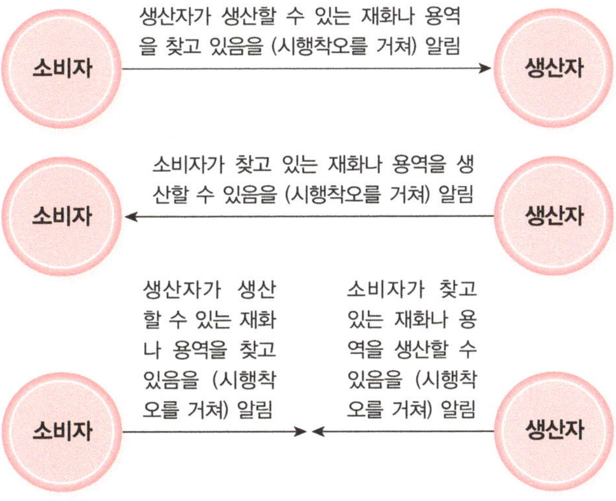

주 : 화살표 방향은 정보의 흐름을 의미.

이럴 경우 우리가 그동안 겪었던 크고 작은 경제적 어려움들을 새롭게 해석할 수 있다. 한 경제를 구성하는 여러 시장들 중에서 비중이 크면서 다수를 점하는 시장들에서 하나의 균형으로부터 새로운 균형으로 이동하면서 겪는 시행착오가 너무 많은 시간과 자원의 낭비를 가져왔을 때 발생하는 현상으로 이해할 수 있기 때문이다.

20세기에 들어와 '이성(reason)'을 동원한 정부 정책을 통해 이 시행착오를 줄이려는 노력이 본격화되면서 정부는 절대적 · 상대적으로 규모가 커졌는데, 이런 시도의 극단적인 형태가 사회주의라고 할 수 있다. 이런 면에서 사회주의 국가들이 공통적으로 채택했던 명령경제(command economy)' 혹은 '계획경제(planned economy)'는 '보이지 않는 손'과 대비되게 '보이는 손(visible hands)'이 이끈 경제로 부를 수 있다. 계획경제는 국가가 생산할 재화와 용역, 그리고 그 양을 결정 · 배정하고 이를 국민들에게 배급하는 형태로 언뜻 보면 '보이지 않는 손'에 따라다니는 시행착오를 없앤 것 같았지만 국가가 운영하는 상점 밖에 늘어선 소비자들의 긴 줄이 상징하던 생산과 소비 사이에 존재하는 큰 시차, 좁은 선택의 폭, 양을 중시하는 바람에 희생된 품질 등의 문제를 해결하지 못해 결국 누구도 만족시키지 못하고 자멸하고 말았다.

그런데 '보이는 손'보다 더 깊고 많은 정보와 지식을 이용한 온라인 플랫폼이 경제를 이끈다면 '보이지 않는 손'의 경우보다 시행착오는 크게 줄이면서 그에 버금가는 긍정적인 효과를 가져와 '보이지 않는 손'과 '보이는 손'이 이끄는 경제의 대안이 될 수 있다. 이런 면에서 온라인 플랫폼이 이끄는 경제를 '보이지 않는 손', 그리고 '보이는 손'과 대비해서 '똑똑한 손(intelligent hands)'이 이끄는 경제라고 불러도 손색이 없을 것이다. 온라인 플랫폼 하에서 생산과 소비의 주체는 '보이지 않는 손'이 지배했을 때와 다를 바 없이 여전히 민간이다. 그런데 '보이는 손'이 상상한 것보다 더 똑똑한 '똑똑한 손'이 수요와 공급을 이전보다 빠르게 일치시켜 생산과 소비 사이의 시차는 더 줄어들 것이다. 또한 '똑똑한 손'이 그 종류, 양, 그리고 품질에서 소비자의 선호와 생산자의 능력에 맞춰 재화와 용역을 생산하고 구입할 수 있게 해주기 때문에 겉보기에 선택의 폭은 줄어들지만 꼭 필요한 재화와 용역이 거래되고, 만족도는 '보이지 않는 손'의 경우와 비교해 높으면 높았지 결코 낮지 않을 것이다.

표 5-1 **똑똑한 손, 보이지 않는 손, 그리고 보이는 손의 비교**

	똑똑한 손 (Intelligent hands)	보이지 않는 손 (Invisible hands)	보이는 손 (Visible hands)
생산결정 주체	개인(개별 기업)	개인(개별 기업)	공공 혹은 정부(할당)
소비결정 주체	개인(개별 기업)	개인(개별 기업)	공공 혹은 정부(배급)
소비와 생산 간의 시차	작음	중간	큼
선택의 폭	중간	큼	낮음
만족도	높음	높음	낮음

주 : 비교 표시는 상대적.

온라인 플랫폼을 설명하는 단어로 등장한 "중매쟁이(Matchmakers)"(Evans, et al, 2016)를 세분하면 위의 세 개의 손과도 1 : 1 조응관계가 성립한다. '보이는 손'은 '강압적인(heavy-handed) 중매쟁이'라고 할 수 있다. 강압적인 중매쟁이는 결혼 적령기의 남녀를 본인들의 의사와 상관없이 짝지어주는 존재다. 당연히 이렇게 결혼한 부부가 만족할 확률은 낮아야 정상이다. '보이지 않는 손'은 '비간섭적인(light-handed) 중매쟁이'라고 할 수 있다. 결혼 적령기의 남녀를 본인들이 서로 마음에 들어 할 때까지 계속 소개시켜 주는 존재다. 당연히 시간과 자원이 낭비되는 것은 피할 수 없다. '똑똑한 손'은 '똑똑한(intelligent) 중매쟁이'라고 할 수 있다. 똑똑한 중매쟁이는 결혼 적령기 남녀의 객관적인 조건과 스스로가 밝힌 선호뿐만 아니라 빅데이터를 통해 그들이 스스로 깨닫지 못하는 특성까지 파악해서 최적의 남녀를 만나게 해주는 존재다. 보통의 경우 시간과 자원의 낭비가 줄고 결혼 후 만족도도 높아지리라고 쉽게 예상할 수 있다.

'똑똑한 손'이 더 똑똑해지면 경제가 어떤 모습으로 변할지도 상상해 볼 수 있다. 조심스럽게 현재 우리에게 닥친 어려운 문제들이 어느 정도 해결되는 경제를 그려볼 수 있다. 이럴 수 있는 근거는 정보가 축적되고 이를 이용할 지식이 발전한다면 온라인 플랫폼은 어떤 재화나 용역에 대한 수요와 공급이 '발생한 후(*ex post*)'에는 시행착오를 더 줄일 뿐만 아니라 '미리(*ex ante*)' 어떤 재화나 용역에 대한 충분한 수요와 공급을 발생시켜 전체 경제에 바람직한 결과를 가져올 능력을 갖추게 될 것이기 때문이다. 먼저 경제활동을 하는 모두의 문제라고 할 수 있는 구인과 구직에 대해 더 '똑똑해진 손'이 어떤 대답을 내놓을지를 얘기할 수 있다.

다음과 같은 가정을 해보자. X산업에 있는 기업 A는 미래가 유망한 Z산업에 진출할 수 있는 자본을 보유하고 있다. Y산업에 있는 기업에서 근무하는 근로자 B는 Z산업에서 기업이 성공하는 데 꼭 필요한 능력을 가지고 있다. 따라서 기업 A가 Z산업에 진출해 성공하려면 반드시 근로자 B가 있어야 한다. 근로자 B가 자신의 능력을 최대한 발휘해서 경제적으로 성공하려면 반드시 Z산업에 진출하려는 기업 A를 만나야 한다.

표 5-2 X산업의 기업 A와 Y산업의 근로자 B

주체	특징	산업
기업 A	Z산업에 진출할 수 있는 자본력 보유	X산업에 소속
근로자 B	Z산업에서 성공하는 데 필요한 능력 보유	Y산업에 속한 기업에서 근무

지금까지 구인·구직 온라인 플랫폼은 산업 Z에서 기업 A와 근로자 B의 행복한 만남을 기업 A나 근로자 B 혹은 양자가 동시에 그 여정을 '시작한 후(*ex post*)'에야 주선했다고 볼 수 있다. 먼저, 근로자 B가 현재에 만족하지 않고 Z산

업으로 옮길 의사를 표명하고 일자리를 찾거나 Y산업에 속한 기업에서 더 이상 일하지 못하게 되었을 때가 있을 것이다. 다음으로 기업 A가 Z산업으로의 진출을 결정하고 필요한 인재 모집에 나서는 경우가 있을 것이다. 마지막으로 양자가 동시에 서로를 찾는 것을 상상해 볼 수 있다. 당연히 구인 · 구직 온라인 플랫폼이 얼마나 똑똑한가에 따라 그 여정과 결과가 달라질 것이다. 구인 · 구직 온라인 플랫폼이 똑똑할수록 그만큼 쉽게 산업 Z에서 기업 A와 근로자 B를 만나게 해줄 것이지만 그렇지 않다면 그만큼 어려울 것이다.

그런데 구인 · 구직 온라인 플랫폼이 정말로 '똑똑해진다면' 기업 A와 근로자 B가 그 여정을 시작하기 '이전(*ex ante*)'에 이들의 Z산업에서의 만남을 성사시킬 수 있을 것이다. 즉, 현재의 직장을 잘 다니고 있는 근로자 B에게 Z산업에 진출할 기업 A를 소개하고 기업 B에게는 가지고 있는 자본과 근로자 B의 결합을 통해 미래가 유망한 Z산업에서 성공할 수 있음을 알려주는 것이다. 조금만 주의를 기

그림 5-2 정말로 똑똑한 구인 · 구직 온라인 플랫폼의 역할 예

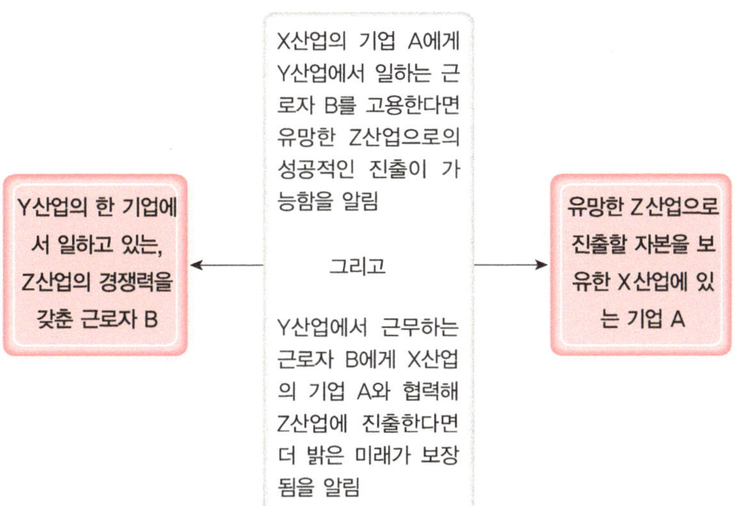

주 : 화살표는 정보의 흐름을 의미.

울이면 구인·구직에 있어 온라인 플랫폼이 이에 다가가는 것을 볼 수 있다. 헤드헌팅 회사들은 기업의 요청에 따라 다른 기업에서 일하고 있는 인재들에게 새로운 기회를 소개하는 기능을 한다. 전 세계적인 비즈니스 중심의 소셜 네트워크 서비스인 '링크드인(LinkedIn)'에서 자본력 있는 사람들과 경쟁력을 갖춘 사람들이 서로를 통해 미래를 그려보고 있다. 메타버스는 구인·구직 온라인 플랫폼이 정말로 똑똑해지는 데 중요한 역할을 할 것으로 보인다. 모든 것을 가늠해 보고 나서 기업 A와 근로자 B가 Z산업에서의 업무환경과 역할을 가상으로 경험해 볼 수 있다면 이들의 만남이 불행해질 가능성은 거의 사라질 것이기 때문이다. 따라서 상식적인 의미의 좋은 직업과 나쁜 직업의 구분과 이로부터 적지 않게 기인하는 소득의 불균형은 계속되겠지만 자발적이지 않은 실업은 더 이상 없는 세상을 '정말로 똑똑한(super intelligent)' 구인·구직 온라인 플랫폼을 통해 꿈꿀 수 있다고 하겠다.

위에서 온라인 플랫폼이 스스로의 이익을 위해 현재 가장 시급한 경제적 과제인 일자리와 투자기회, 더 나아가 새로운 산업을 창출하고 경제를 도약시킬 수도 있다는 것을 확인했다. [그림 5-3]은 이런 잠재력의 온라인 플랫폼이 그들의 이익 추구를 우리 사회가 보다 정의로워지는 데 꼭 필요하다고 믿고 있는 문제의 해결이라는 과제와 조율한다면 '보이는 손' 혹은 '보이지 않는 손'이 상상하는 것보다 더 빠르고 효율적으로 그 목표에 도달할 수 있게 됨을 보여준다. 예를 들어 괄호 안에 요즘 이슈가 된 'ESG(Environment, Social and Governance) 경영'을 넣는다면 온라인 플랫폼 없이 어떻게 이를 실천할 생각을 할 수 있을까라는 의문이 들 정도다. 기업이 아무리 ESG를 추구하고 소비자가 아무리 ESG에 민감하다고 해도 '보이지 않는 손'만 작동한다면 시간이 걸리고, 이들이 서로를 찾는 동안 자원은 낭비되어 그 효과는 기대에 미치지 못할 것이다. 그러나 온라인 플랫폼을 가운데 위치시키면 상황은 완전히 달라진다. 온라인 플랫폼이 ESG를 적극적

그림 5-3 더 나은 사회를 만드는 데 있어 필수불가결한 온라인 플랫폼

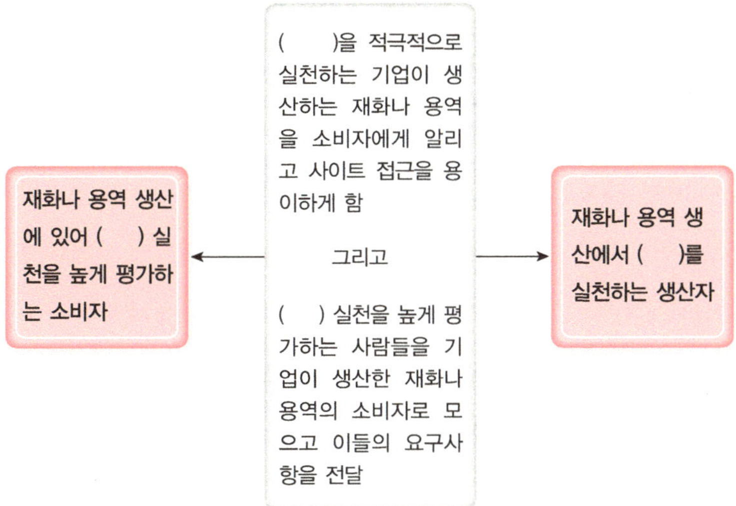

주 : 화살표는 정보의 흐름을 의미.

으로 실천하는 기업이 생산한 재화와 용역을 이를 적극적으로 고려하는 소비자에게 알리고 접근을 더 용이하게 하며 반대로 생산자에게는 ESG에 민감한 소비자를 안정적으로 확보해 주고 그들의 요구사항을 전달해 준다면, 즉 ESG와 관련해서 '똑똑한 손' 이 된다면 그 목표는 가장 짧은 시간 안에 가장 적은 자원을 사용하여 성취할 수 있을 것이다.

같은 맥락에서 [그림 5-3]의 괄호 안에 남녀평등, 지역균형발전 등을 넣고 본다면 온라인 플랫폼이 한국을 진정한 선진국으로 만드는 데 있어 얼마나 중요한 역할을 할지를 금방 알아차릴 수 있다. 무엇보다 괄호 안에 '노동자의 권리 보호와 증진' 이라는 말을 넣는다면 18세기 자본주의가 시작한 이래로 계속되고 있는 노사갈등에 있어 혁명적인 변화도 가능하다. 그동안 한국을 포함한 모든 자본주의 국가들에서 파업으로 대표되는 노동자들의 사용자를 대상으로 한 집단행동은 당연한 것이었다. 그런데 만약 온라인 플랫폼이 '노동자의 권리 보호와 증진' 에 초점을 맞춰서 소비자와 생산자를 연결한다면 노동자들이 집단행동에 '나서기 전에(*ex ante*)' 관련 기업이 생산한 재화와 용역의 수요와 공급, 그리고 그 기업의 경영에 영향을 줘서 노동자들이 원하는 바를 수용하도록 함으로써 그들의 추가적인 수고를 덜어줄 수 있을 것이다. 한국의 대표적인 전국 단위 노동조합인 한국노총과 민주노총이 가지고 있는 노동 관련 정보와 지식을 바탕으로 온라인 플랫폼으로 스스로 변신하거나 이를 적극적으로 기존 온라인 플랫폼의 행태에 반영시킨다면 미래 어느 시점에선가 파업은 구시대의 유물이 되어 있을지 모른다.

특히 온라인 플랫폼은 장래 인류의 생존을 보장하는 데도 없어서는 안 될 존재라고 할 수 있다. 그것은 바로 기후변화에 대한 대응이다. 문재인 대통령은 2020년 12월 10일 2050년까지 인간의 활동에 의한 온실가스 배출을 최대한 줄이고, 남은 온실가스는 흡수 · 제거해서 실질적인 배출량을 영(零)으로 만드는 것을 목표로 하는 "대한민국 탄소중립선언"을 발표했다. 이를 실천하기 위해 정부가 무엇을 할지를 얘기한 부분을 보면 "2050년까지"라는 지구상 모든 국가가 반드시 지켜야 하는 시한이 정해진 절박한 과제에 이것만으로 충분한지 의문이 들게 만든다. 생산 혹은 소비에서 어떻게 탄소중립을 촉진할지는 말했지만 정말로 핵심적인 사항인 어떻게 탄소 중립적으로 생산한 재화와 용역을 소비자와 만나게 할지에 대해서는 말을 아꼈다. 캐나다에서 에너지와 문명을 연구하는 스밀(Smil, Vaclav, 1943～)(2018, pp.395～397)에 따르면 역사적으로 석탄, 석유, 천연가스 등의 순서대로 새로운 에너지원이 세계 에너지시장에서 큰 부분을 차지하기까지 2～3세대, 50～75년이 걸렸다고 한다. '보이지 않는 손'이 이 일을 맡는다면 2050년이라는 시한을 지키는 것은 불가능할 것이다. '보이는 손'이 맡는다면 그 비효율로 인해 탄소중립으로부터 더 멀어질 것이다. 2050년까지와 탄소중립이라는 불가능해 보이는 두 가지 목표를 동시에 달성하려면 '똑똑한 손'의 도움이 반드시 있어야 한다.

표 5-3　2020년 12월 10일 '대한민국 탄소중립선언'의 일부

첫째, 산업과 경제, 사회 모든 영역에서 '탄소중립'을 강력히 추진해 나가겠습니다.

재생에너지 중심으로 에너지 주공급원을 전환하고, 재생에너지, 수소, 에너지 IT 등 3대 에너지 신산업을 육성하겠습니다.

둘째, 저탄소 산업 생태계 조성에 힘쓰겠습니다.

저탄소 신산업 유망 업체들이 세계시장을 선점할 수 있도록 지원하겠습니다.

대기업부터 스타트업까지 서로 협력할 수 있는 플랫폼을 구축하여 혁신 생태계를 조성하겠습니다.

원료와 제품, 그리고 폐기물의 재사용·재활용을 확대하여 에너지 소비를 최소화하는 순환경제를 활성화하겠습니다.

셋째, 소외되는 계층이나 지역이 없도록 공정한 전환을 도모하겠습니다.

지역별 맞춤형 전략과 지역 주도 녹색산업 육성을 통해 지역주민의 일자리와 수익을 창출할 것입니다.

정부의 책임이 무겁습니다.

우리 정부에서 기틀을 세울 수 있도록, 말씀드린 세 가지 목표를 달성하기 위해 과감히 투자하겠습니다.

기술개발을 확대하고, 연구개발 지원을 대폭 강화하겠습니다.

출처 : 청와대(https://www1.president.go.kr/articles/9646).

그림 5-4 보이지 않는 손, 보이는 손, 그리고 똑똑한 손의 변증법적인 관계

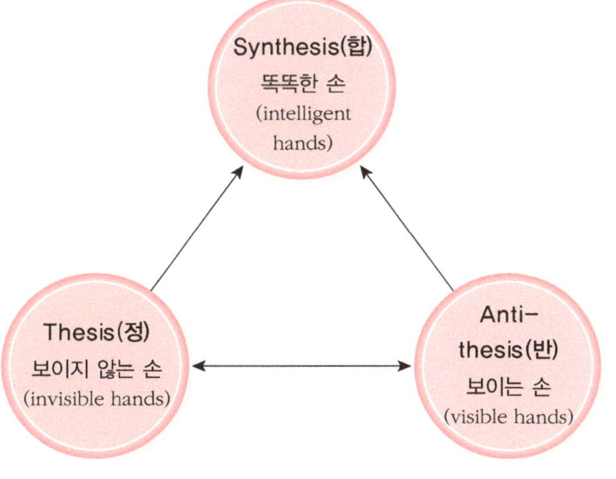

'보이지 않는 손', '보이는 손', 그리고 '똑똑한 손'의 관계를 잘 알려진 변증법적 발전 도식에 끼워넣을 수 있다. '보이지 않는 손'이 정(正)이라면 '보이는 손'은 반(反)이고 '똑똑한 손'은 합(合)이라고 할 수 있다. 당연히 '비간섭적인 중매쟁이', '강압적인 중매쟁이', 그리고 '똑똑한 중매쟁이'도 마찬가지다. '똑똑한 손'은 '보이지 않는 손'의 개인 주도라는 장점과 '보이는 손'의 이성의 적용이라는 장점의 변증법적인 결합 혹은 전자의 비이성적인 시행착오 허용과 후자의 개인의 자유 무시라는 각자가 갖고 있던 문제점을 변증법적으로 극복한 것으로 이해할 수 있다. 그만큼 온라인 플랫폼이 경제를 이끄는 사회의 등장은 인류 역사가 다른 단계로 접어듦을 가리킨다고 하겠다.

헤겔은 1806년 예나(Jena)에서 프로이센을 침공하던 나폴레옹 군대의 대포 소리를 들으며 역사가 끝난다고 선언했다고 한다(Fukuyama 1989, p.4). 그로부터 200년이 조금 못되는 시점에 후쿠야마는 사회주의 국가들의 몰락을 보면서 비로소 역사가 끝난다고 주장했다. 그 이후 법률이 정한 기간 동안만 집권하는 지도자를 보통, 평등, 직접, 비밀, 그리고 자유의 원칙에 따라 국민들이 투표로 선출하는 것이 상식이 되었으니 그의 말이 얼추 맞았다고도 할 수 있다. 그러나 경제적으로는 1998년에 한국도 겪었던 아시아 금융위기, 2000년의 IT 버블 붕괴, 2008년의 서브프라임 금융위기 등 역사가 끝났다고 말하기에 너무나 중요한 경제적 사건들이 꼬리에 꼬리를 물고 있다. 이들 주요 경제적 위기들이 새로운 균형을 찾는 데 너무 많은 시간과 자원을 낭비한 때문이라고 한다면, 역사가 정말 끝나려면 이를 반드시 해결해야 한다는 것을 의미하고 마침 '똑똑한 손'이 그 역할을 할 수 있을 것으로 생각된다. 후쿠야마는 당시 자본주의의 모순을 극복하기 위해 주요 국가들이 채택했던, 정부가 적극적으로 경제에 개입하는 '수정자본주의(修正資本主義, revised capitalism)'면 충분할 것으로 기대했던 듯하다. 그는 역사가 끝난 이후에 대해 '흥미진진함(exciting)'은 사라진 '지겨움(boredom)'만이 남아 사람들은 과거를 '그리워할 것(nostalgia)'(Fukuyama 1989, p.18)이라고 말했다. 그의 이런 주장은 지금이 아닌 미래, '똑똑한 손'이 경제를 이끄는 사회에 훨씬 더 적합해 보인다.

참고자료

김주영 (2015), 「통일 이후 북한지역 교통SOC 확충 소요예산 추정 및 제원 마련방안」, 『이슈페이퍼』 2015-01, 한국교통연구원.

박문수 · 이순학 (2020), 「숙박공유 확산이 기존 숙박산업에 미치는 영향과 시사점」, 『Issue Paper』 2020-14, KIET.

박한재 · 장선구 · 이진형 (2016), 『정석 미시경제론』, 서울, 비앤엠북스.

송경호 · 이환웅 (2020), 「지역화폐의 도입이 지역경제에 미친 영향」, 『조세재정브리프』, 통권 제105호, 한국조세재정연구원, 9월 15일.

이제호 (2018), 「플랫폼 전략의 빛과 그림자 : 인텔 사례를 중심으로」, 『경영논집』, 제52권 통합본, 12월, pp.107~128.

「[입찰공고] 춘천시 공공배달앱 불러봄내 운영관리 용역」, 강원정보문화진흥원, 2021년 2월.

「대형유통업체의 판매수수료율 등 유통거래 실태조사결과 발표」, 공정거래위원회 보도자료, 공정거래위원회, 2020년 12월 8일.

「2019 O2O 서비스 시장조사」, 과학기술정보통신부와 정보통신산업진흥원, 2019년 12월.

「2019년 SW 융합실태조사」, 과학기술정보통신부와 소프트웨어정책연구소, 2020년.

「국내 O2O 서비스 시장 2.9조 원 규모로 확대」, 보도자료, 과학기술정보통신부, 2020년 2월 5일.

「관계부처 합동 '인공지능 반도체 산업 발전전략' 확정」, 보도자료, 관계부처합동, 2020년 10월 13일.

「'인공지능 강국' 실현을 위한 인공지능 반도체 산업 발전전략」, 보도자료, 관계부처 합동, 2020년 12월 12일.

「플랫폼노동 종사자 인권상황 실태조사」, 국가인권위원회, 2019년 11월.

「온라인플랫폼 중개 거래의 공정화를 위한 입법과제」, NARS 정책연구용역보고서, 국회입법조사처, 2020년 12월.

「2021～2025년 국가재정운용계획과 국가채무관리계획 주요내용」, 기획재정부, 2021년 8월.

「지능형 반도체 기술 개발을 위한 기획 연구」, 정책연구 18-29, 정보통신정책연구원, 2018년 12월.

「인천광역시 골목상권 공동체 육성 및 활성화 지원 조례안」, 인천광역시의회, 2021년 9월 30일.

「대한민국 탄소중립선언」, 청와대(https://www1.president.go.kr/articles/9646).

「온라인쇼핑 동향」, 통계청, 2021, 2020 그리고 2019년.

「플랫폼경제종사자 규모 추정과 특성 분석」, 기본사업 2018-89, 한국고용정보원, 2018년.

「플랫폼노동자의 규모와 특징」, 『고용·노동브리프』 제104호(2020-11), 한국노동연구원, 2020년 12월 30일.

「한국 서비스업의 R&D 현황과 수출경쟁력 진단」, 『Trade Focus』, 한국무역협회 국제무역통상연구원, 2020년 3월.

「외래관광객조사」, 한국문화관광연구원, 문화체육관광부. 2020년.

「공공앱 771개 중 139개 없앤다」, 보도자료, 행정안전부, 2018년 12월 17일.

「치킨집 현황 및 시장여건 분석」, KB금융지주 경영연구소, 2019년 6월 3일.

「2020년 설비투자 전망」, 『산은조사월보』, KDB산업은행, 2020년 1월.

「대규모유통업의 거래유형분석과 정책방향」, 『KDI Focus』, 2021년 3월 3일(통권 제 106호).

「향후 우리나라의 잠재성장률경로 추정」, KIF금융분석보고서 2021-01, 한국금융연구원, 2021년 7월.

"소상공인들 '온라인플랫폼 골목침탈 심각 … 청문회 열라'", 뉴시스, 2021년 10월 20일.

"K반도체 '기업투자 510조 + 稅혜택' 승부수", 동아일보, 2021년 5월 14일.

"'흙수저' 김범수 한국 최고부자 됐다", 매일경제, 2021년 7월 30일.

"'배민 잡겠다' … 대구서 나온 배달앱 '돌풍'", 매일경제, 2021년 9월 2일.

"하루 주문건수 1건도 안돼 … 외면당하는 '공공배달앱'", 문화일보, 2021년 6월 11일.

"쿠팡, 뉴욕증시 첫날 49.25달러 마감 … 시총 100조원(종합)", 서울신문, 2021년 3월 12일.

"신세계 VIP 클럽", 신세계백화점(http://www.shinsegae.com).

"'이제 안 망해요' 치킨불패, 지난해 폐점률 1%, 3년 연속 폐점률 1위 치킨집, 지난해 사상 최대 호황", 아시아경제, 2021년 2월 16일.

"카카오 김범수 '골목상권 침해 사업 관여 시 반드시 철수'", 연합뉴스, 2021년 10월 5일.

"기술력 부족에 업계 이해도도 낮아 … 예견된 공공배달앱의 실패?", 이투데이, 2021년 3월 22일.

"아마쥬가 먼디? '아마존에서 대박 난 '메이드 인 영주' 호미'", 조선일보, 2019년 2월 17일.

"'대중을 위한 사업, 방해하지 마라' '경쟁자 죽이기는 그쪽이 하고 있다'", 조선일보, 2021년 1월 27일.

"글로벌 기업 소집한 바이든 '美에 반도체 투자하라' ", 조선일보, 2021년 4월 25일.
"[최원석의 디코드] 삼성의 '시스템반도체 1등 전략' 에 꼭 필요한 3가지", 조선일보, 2021년 5월 6일.
"새벽 3시 반 '현본' 앞에 돗자리를 폈다 … 수습기자의 롤렉스 '오픈런' 체험기", 조선일보, 2021년 8월 9일.
"[기자의 시각] 대리운전 업체가 골목상권?", 조선일보, 2021년 10월 14일.
"[비정상적인 유통구조]유통산업발전을 위해 '백화점 특약매입제' 개선해야", 중앙일보, 2016년 9월 30일.
"[기자수첩] 임대업으로 변신한 '백화점' 문제는 '상생' ", 프라임경제, 2018년 4월 2일.
"심판이 선수로 뛰는 '온라인 플랫폼' 의 독점, 어떻게 풀까", 한겨레신문, 2021년 9월 28일.
"100년 역사 美 · 英 · 獨 백화점 줄 파산 … 롯데 · 현대 · 신세계 '선방' 비결은", 한국경제신문, 2020년 8월 18일.
"사회가 울리는 강력한 경종, 사회적 책임 다하는 성장 하자" 카카오, 파트너와 함께 성장 위한 쇄신과 상생 강화하기로", 보도자료, 카카오, 2021년 9월 14일.
"송재하 우아한형제들 CTO", 포브스-중앙시사매거진, 2021년 7월 23일.
"한국 최고 부자는? '흙수저' 김범수 VS '금수저' 이재용", KBS NEWS, 2021년 7월 30일.
"MBC 스트레이트, 카카오 · 야놀자 등 거대 플랫폼 기업이 내민 값비싼 청구서 집중취재", 스트레이트, MBC, 2021년 8월 22일.
"대학생 선호기업, 카카오 1위 … 이공계는 삼성전자", NEWSIS, 2021년 8월 4일.
"대학생이 일하고 싶은 기업 2위 '삼성' … 1위는?", YTN, 2021년 7월 21일.

국가법령정보센터 (http://www.law.go.kr).

산업통계분석시스템 (http://istans.or.kr).

증권정보, 네이버 (http://www.naver.com).

한국광고총연합회 광고통계 (https://www.adic.or.kr/stat/).

KOSIS 국가통계포털 (http://kosis.kr).

Amenta, Carlo ; Boldrin, Michele and Stagnaro, Carlo (2021), Digital Platforms May Be Monopolistic Providers, But They Are Not Infrastructure, *Promarket*, The Stigler Center at the University of Chicago Booth School of Business, Jan 26.

Basso, Brandon ; Kehoe, Benjamin and Hedrick, Karl J. (2010), A Multi-level Modularized System Architecture for Mobile Robotics, *ASME 2010 Dynamic Systems and Control Conference Proceedings Paper*, Cambridge, Massachusetts, September 12-15.

Chancellor, Edward (2000), *Devil Take the Hindmost : A History of Financial Speculation*, NY, Plume.

David, Paul A. (1984), Clio and the Economics of QWERTY, *American Economic Review*, vol 75, no 2, pp.332～337.

Drucker, Peter (2002), The Discipline of Innovation, *Harvard Business Review*, August, pp.95～102.

Drucker, Peter F. (2001), *The Essential Drucker*, NY, Harper.

Easley, David and Kleinberg (2010), *Networks, Crowds, and Markets : Reasoning about a Highly Connected World*, NY, Cambridge University Press.

Evans, David S. and Schmalensee, Richard (2016), *Matchmakers : The New Economics of Multisided Platforms*, MA, Harvard Business Review Press.

Evans, David S. and Schmalensee, Richard (2017～2018), Debunking the

'Network Effects' Bogeyman, *Regulation*, Winter, pp.36～39.

Feynman, Richard P. (2011), *Six Easy Pieces*, NY, Basic Books.

Fox, Michael A. (2005), *The Accessible Hegel*, NY, Humanity Books.

Fukuyama, Francis (1989), The End of History?, The National Interest, Summer, pp.3～18.

Fukuyama, Francis (2006), *The End of History and The Last Man*, NY, Free Press.

Fukuyama, Francis ; Richman, Barak ; Goel, Ashish ; Katz, Roberta R. ; Melamed, Douglas A. and Schaake, Marietje (2020), *Report of the Working Group on Platform Scale*, Program on Democracy and the Internet, Stanford PACS, Nov.

Fukuyama, Francis ; Richman, Barak ; Goel, Ashish ; Katz, Roberta R. ; Melamed, Douglas A. and Schaake, Marietje (2021), *Middleware for Dominant Digital Platforms : A Technological Solution to a Threat to Democracy*, Cyber Policy Center, Stanford.

Garrity, John and Husar, Arndt (2021), Digital Connectivity and Low Earth Orbit Satellite Constellations, *ADB Sustainable Development Working Paper Series* No. 76, ADB, April.

Gertner, Jon (2012), *The Idea Factory, Bell Labs and the Great Age of American Innovation*, NY, Penguin Books.

Grayling, A.C. (2019), *The History of Philosophy*, NY, Penguin Books.

Guggenberger, Nikolas (2021), Essential Platforms, *Stanford Technology Law Review*, vol 24:2, pp.237～343.

Iansiti, Marco (2021), *Assessing the Strength of Network Effects in Social Network Platforms*, Working Paper 21-086, Harvard Business School.

Kelvin P.L. Pun, Jason Rotanson, Chee-Wah Cheung and Alan H.S. Chan (2019), Application of Fuzzy Integrated FMEA with Product Lifetime Consideration for New Product Development in Flexible Electronics Industry, *Journal of Industrial Engineering and Management*, 12(1), pp.176～200.

Khan, Lina (2017), Amazon's Antitrust Paradox, *The Yale Law Journal*, 126 : 710, pp.710～805.

Kojève, Alexandre (Trans. by James H. Nichols, Jr.) (1969), *Introduction to the Reading of Hegel*, Ithaca, Cornell University Press.

Lee, Lik-Hang ; Braud, Tristan ; Zhou, Pengyuan ; Wang, Lin ; Xu, Dianlei ; Lin, Zijun ; Kumar, Abhishek ; Bermejo, Carlos and Hui, Pan (2021), All On Needs to Know about Metaverse : A Complete Survey on Technological Singularity, Virtual Ecosystem, and Research Agenda, *Journal of LATEX Class Files*, vol 14, no 8, Sep, pp.1～66.

Martens, Bertin (2016), *An Economic Policy Perspective on Online Platforms*, JRC Technical Reports, European Commission.

Marx, Karl (1977), *Capital*, Vol. One, NY, Vintage Books.

Marx, Karl and Engels, Frederick (1902), *Manifesto of the Communist Party*, NY, Balefire Publishing.

Mill, John Stuart (1987), *Principles of Political Economy*, NY, Augustus M. Kelly Publishers.

Nandi, Animesh ; Aghasaryan, Armen and Bouzid, Makram (2011), p.3 : A Privacy Preserving Personalization Middleware for recommendation-based services, *Conference 4th Hot Topics in Privacy Enhancing Technologies Symposium (HotPETS 2011) held in conjunction with PETS*

2011, Proceeding Paper, July.

Onion, Bill (2015), What is Middleware and Why Should You Care?, briteskies, Jan 29. (https://blog.briteskies.com/blog/what-is-middleware-and-why-should-you-care).

Pinker, Steven (2018), *Enlightenment Now, The Case of Reason, Science, Humanism, and Progress*, NY, Penguin Books.

Pitofsky, Robert ; Patterson, Donna and Hooks, Jonathan (2002), The Essential Facilities Doctrine Under United States Antitrust Law, *Antitrust Law Journal*, vol 70, pp.443~462.

Popper, Karl (1962), *Conjectures and Refutations, The Growth of Scientific Knowledge*, NY, Basic Books.

Priopato, Marissa A. (2000), Open Access and the Essential Facilities Doctrine : Promoting Competition and Innovation, *University of Chicago Legal Forum*, vol 200, no 1, pp.369~411.

Qian, Yingyi and Wu, Jinglian (2000), China' s Transition to a Market Economy : How Far across the River?, *Center for international Development Working Paper* No. 69, Stanford University, August.

Ricardo, David (1973), *The Principles of Political Economy and Taxation*, London, Everyman' s Library.

Ridley, Matt (2011), *The Rational Optimist*, NY, Harper Perennial.

Rifkin, Jeremy (2015), *The Zero Marginal Cost Society: The Internet of Things, the Collaborative Commons, and the Eclipse of Capitalism*, NY, St. Martin' s Griffin.

Russell, Bertrand (1972), *The History of Western Philosophy*, NY, A Touchstone Book.

Schumpeter, Joseph A. (1994) [1942], *Capitalism, Socialism and Democracy*, London, Routledge.

Smil, Vaclav (2018), *Energy and Civilization, A History*, Boston, MIT Press.

Smith, Adam (1976), *An Inquiry into the Nature and Causes of The Wealth of Nations*, Chicago, The University of Chicago Press.

Stiglitz, Joseph E. (2019), *People, Power and Profits*, NY, W.W.Norton & Company.

Tucker, Robert C. editor (1978), *The Marx-Engels Reader*, 2nd ed, NY, W.W.Norton & Company.

Varian Hal R. (2003), *Intermediate Microeconomics*, 6th ed., NY, W.W. Norton& Company.

Walras, Leon (1954), *Elements of Pure Economics*, NY, Routledge.

Warburton, Nigel (2011), *A Little History of Philosophy*, New Haven, Yale University Press.

Zhu, Fend and Iansiti, Marco (2019), Why Some Platforms Thrive and Others Don' t, *Harvard Business Review*, Jan-Feb.

Zuboff, Shoshana (2020), *The Age of Surveillance Capitalism : The Fight for a Human Future at the New Frontier of Power*, NY, Public Affairs.

The World Factbook, CIA (https://www.cia.gov/the-world-factbook).

The Manhattan Project, the Apollo Program, and Federal Energy Technology R&D Programs : A Comparative Analysis, Congressional Research Service, Jun 30, 2009.

Semiconductors—the Next Wave, Deloitte, April 2019.

Fortune 500, Fortune (http://www.fortune.com).

Korea—Memorandum on the Economic Program, IMF, Dec. 3. 1997.

The Last-mile Internet Connectivity Solution Guide, International Telecommunication Union, 2020.

Projections of the Future Size of the space Economy, (https://www.jstor.org/pdf/resrep25331.7.pdf).

The Space Economy's Next Giant Leap, Morgan Stanley.

Space : investing in the Final Frontier, Research, Morgan Stanley, Jul 24, 2020.

An Introduction to Online Platforms and Their Role in the Digital Transformation, OECD, 2019.

Benefits of online platforms, Oxera, Oct 2015.

Multi-homing : obstacles, opportunities, facilitating factors, Analytical paper #7, Study on "Support to the Observatory for the Online Platform Economy, PPMI, Jan 23, 2021.

The History of Vacation Rentals, Rentals United (http://rentalsunited.com).

AI start-up funding worldwide from 2011 to 2020, Statistia.

Digital Economy Report 2019, United Nations, 2019.

WIPO IP Facts and Figures 2020, WIPO, 2020.

The Travel and Tourism Competitiveness Report 2019, World Economic Forum, 2019.

"World's 500 Richest People," Bloomberg Billionaires Index, *Bloomberg*.

"Guilt-free shopping : These eight things are worth the extra money," *CNBC*, Jul 11, 2019.

"What's behind Space X's $74 billion valuation : Elon Musk's two 'Manhattan Projects'," *CNBC*, Feb 19, 2021.

"T tonnement," Encyclopedia.com (http://www.encyclopedia.com).

"Facebook joins Amazon and Google in AI chip race," *Financial Times*, Feb 19, 2019.

"Unprecedented Decline: One-Fifth Of All American Department Stores Have Closed Since 2018," *Forbes*, Jul 21, 2020.

"All You Need to Know About amazon' s Private Label Brands," *Pattern*, Jul 2, 2021 (https://pattern.com/blog/all-you-need-to-know-about-amazons-private-label-brands/).

"The metaverse is bullshit," *PC Gamer*, Oct 30, 2021.

"Pew: Smartphone penetration ranges from 24% in India to 95% in South Korea," *Pew Research Center*, Feb 5, 2019.

"Zuckerberg 2020?," *The Atlantic*, Jan 20, 2017.

"For Microsoft, the Challenge to Windows Is in Middleware," *The New York Times*, May 29, 2000.

"Forget antitrust laws, To limit tech, some says a new regualtor is needed," *The New York Times*, Oct 22, 2020.

"Francis Fukuyama Postpones the End of History," *The New Yorker*, Sep 3, 2018.

"Strike has major economic impact at UPS," *UPI*, Aug 4, 1997.

"Etsy," Wikipedia.

"Pareto Principle," Wikipedia.

"United States v. Microsoft Corp," Wikipedia.

"Highlights From MEPTEC' s 2018 Heterogeneous Integration Symposium," *3Dincites*, Jan 2, 2019, (http://www.3dincites.com).

Airbnb (https://www.airbnb.com.au/d/guarantee).

Merriam-Webster (https://www.merriam-webster.com).

OECD (http://www.oecd.org).

WTO (http://www.wto.org).

찾아보기

가

나

다

라

마

바

사

아

자

차

카

타

파

하

지은이에 대하여

예상한(芮尙漢)

성균관대학교, 경제학 학사

University of Southern California, 경제학 석사

University of Southern California, Political Economy and Public Policy 박사

삼성경제연구소 객원수석연구원

현대경제연구원 연구위원

한 · 아프리카미래전략센터 팀장

국민대학교 산학협력교수

현, 사)한국사회경제연구원 연구위원

유)온테크 (사외)이사

온라인 플랫폼 경제학

초판 1쇄 인쇄 2022년 5월 25일
초판 1쇄 발행 2022년 5월 30일

지은이 예상한
펴낸이 박기남
펴낸곳 **율곡출판사**
08590 서울시 금천구 가산디지털1로 84(에이스하이엔드 8차), 803호
전화 (代) 02) 718-9872
팩스 02) 718-9874
home-page www.yulgokbooks.co.kr
e-mail yulgokbook@naver.com
등록 1989.11.10. 제2014-000031호
ISBN 979-11-91812-28-2 93320

값 25,000원